全民健身体系及其实现路径研究

赵新世　著

中国水利水电出版社
www.waterpub.com.cn
· 北京 ·

前　言

早在改革开放初期，全民健身就已经被提出来了，但是，当时经济发展水平还相对较低，全民健身的发展环境还不理想。近年来，在社会经济大力发展的形势下，人们的生活水平日益提高，单纯的物质生活已经满足不了人们的需求，再加上人们对健康的认识不断提升，全民健身重新被人们所了解和认识，同时，也使人们对体育运动和健康的需求得到了较好地满足，逐渐地，全民健身已经成为人们生活中不可或缺的重要组成部分，由此，不仅国民体质水平大大提升，全民健身的社会意义也充分体现了出来。

当前，全民健身运动已经在全国范围内得到了广泛的开展，并且在社会经济的保障下，全民健身体系已经逐渐建立起来，也逐渐向更完善的方向发展。但是，不可忽视的是，人们对全民健身体系的整体认识仍然存在着不足，对基础理论知识的了解较少，这样就会导致参与全民健身运动的科学理论基础不够牢固，科学的理论指导欠缺；对全民健身路径的了解也缺乏一定的系统性和条理性，从而导致人们在全民健身路径的选择上较为盲目，进而导致健身的效果大打折扣。鉴于此，特意撰写了《全民健身体系及其实现路径研究》一书，希望能够为上述问题的解决，以及全民健身运动更加广泛和深入地发展提供必要的依据和支持。本书在撰写中力求突出以下特点。

(1)采用“总—分—总”的结构，条理清晰。本书首先对全民健身的基本知识和科学理论基础进行了阐述，在此基础上，重点对全民健身的组织与管理体系、活动与指导体系、保障与监测体系进行了详细的剖析，最后，则对全民健身的不同路径进行了研究。可以说,系统性、条理性非常显著。

(2)将理论与实践有机结合起来,对全民健身体系及其实现路径进行了全面研究。同时,从现代、民族以及不同人群的角度,为人们参与全民健身运动提供了多元化的选择,能够有效激发起人们健身的兴趣和积极性。

(3)侧重点明确,立意新颖,使读者能够从中获得新颖的知识。本书的侧重点主要有两个方面:一是全民健身体系的具体分析,二是全民健身的实现路径。另外,对全民健身体系的具体分析具有一定的创新性,这也是本书的最大亮点。

由此可以看出,本书通过简洁凝练的语言、清晰明了的结构以及丰富的知识点,将理论与实践结合起来,对全民健身体系及其实现路径进行了全面且深入的剖析和探索,充分体现出了科学性、系统性、全面性、实用性、创新性、时代性等显著特点,是一本借鉴和参考价值较高的学术著作。

本书在撰写过程中,参考并借鉴了相关专家学者的研究成果和观点,在此表示最诚挚的感谢!另外,由于时间和精力有限,书中不足之处,敬请广大读者批评指正!

作　者

2018年5月

目　录

第一章　全民健身概述

近年来,中国经济有了瞩目的发展,人民的物质生活水平不断提高,老百姓的日子越过越红火。但随之而来也产生很多问题,比如我们的餐桌上大鱼大肉越来越多,生活习惯越来越不好,缺乏运动者更是大有人在引发了“现代文明病”。国家充分意识到这点,为引导人们积极参与体育锻炼,养成良好的生活习惯,全面推进《全民健身计划纲要》。全民健身,利国利民,功在当代,利在千秋。本章就来研究全民健身的基本理论,以及对《全民健身计划纲要》进行解读。

第一节　全民健身的概念与内涵

一、全民健身的概念

(一)健身的概念

通过对健身进行研究后发现,健身活动在世界不同国家和地区都有不同的称谓,所以在概念内涵上有所差异。在古代,不论是东方国家,还是西方世界,人们对健身的认识相对统一,即强健体魄、修炼身心。因此,健身在某种程度上与我国传统养生的含义基本相同。我国传统养生方法以独特的运动方式,达到维持生命、延长寿命的目的。

如今，社会经济快速发展，人们的物质生活水平不断提高，对健康的生活有着更多的需求。但社会大众对健身的认识相对浅显，很多人认为健身就是参加体育锻炼，实际上健身的含义不局限于此。健身一词在 20 世纪 90 年代提出，在当时，除了医疗手段之外，其他所有为获取健康而采用的方法与手段都被纳入健身的范畴。在众多的健身方法与手段中，人们采取体育运动方式来实现健身目的的这种方式即被称为“体育健身”或“运动健身”。

20 世纪 90 年代后，我国从国外引入大量的与健身相关的文献和资料，从此，人们对健身有着更加深刻的理解和感悟。

林建棣在《体育健身指南》中指出，从实质上来看，健身就是促使人的身体健全和体质增强。

毕春佑在《健身教育教程》中阐述的观点认为，健身即建设和健全人的身体，实际就是增强人的体质，这与上述观点完全一致。

朱金官在《健身健美手册》中阐述的观点认为，健身是指通过对一定身体锻炼方式的运用来实现促进体质强健的目的。

不同学者对“健身”含义的界定都有各自的侧重，在分析相关研究论点后可以给“健身”进行定义。健身是指采取各种体育手段，结合自然力和卫生措施，以发展身体、增进健康、增强体质和愉悦身心为目的的身体活动过程。健身中有多方面的行为，包括智力行为、肌体行为，也有社会行为，实施这些行为都是为了改善身体健康状况，所以健身的主要目的是获得健康。

现代健康新观念认为，健康不仅包含身心全面发展，同时还包括心智全面发展，以及人与社会的协调统一。但在大众群体中，并不是每个人都了解“健康”的全部概念。很多人认为，健康就是身体没有疾病，只要加强锻炼、合理膳食就可以获得健康。其实并不是这样，健康的内涵不仅仅是没有疾病那么简单。

在 1948 年世界卫生组织成立的时候，在 WHO 的宪章中明确指出：健康不仅指没有疾病和没有衰弱的表现，更重要的是在生理、心理以及社会适应方面达到完美的状态。健康包括三个层面的含义，首先是自然性的健康，人首先在自然中生活，人的组织器官以及生理功能良好，这是生物上的健康状态；其次是文化性的健康，人作为一种高级动物，拥有自己的思维，有着丰富的内心世界，人的生活就是适应自然和改造自然，从这层意义上来看，文化层面的健康就是心态以及行为规范上的健康；最后是社会性层面上的健康，人具有社会属性，健康的活动通常是个体行为，但必然会受到特定的社会制度、道德规范以及人际关系等方面的制约，因此健康的心理品质就是社会层面上的健康。总体来看，判断人是否处于健康状态，不能只看其有病没病，一定要从生理、心理以及行为等多方面综合分析，不仅要看身体上的器质性或者功能性有无异常，还应观察其有无主观不适感，身上是否具备社会所公认的不健康行为。

综上所述，健身不仅体现出传统养生的含义，而且体现发展身体、完善人体、增强体质等现代内容。人们通过运动健身，不仅使身体从弱变强，而且要使整个人从不完善到完善。所以，“养生”“发展身体”“增强体质”“完善人体”等词都可以打上健身的烙印。这些词语的内涵都可以在健身中体现出来，所以说健身是一个综合性词汇，既包括强健身体，又包括健全身心。

(二)全民健身的概念

全民健身的概念界定主要从两方面入手，即对象和方法，因此，全民健身可以界定为全体人民采取不同的手段、方法达到增强体质的目的。

蓝新光在《全民健身大视野》中提到，对我国来说，“全民健身”已经不是一个简单的词汇，它是我国社会主义现代化进程中一项重要事业，是我国亿万同胞的体育实践。在20世纪末期，全民健身是当时的体育热点，是我国独有的社会现象。“全民健身”的含义不仅仅能用“全国人民共同进行健身活动”这样直观的字面来理解，它已经成为“全民健身事业”“全民健身战略”“全民健身计划”“全民健身工作”及“全民健身工程”等的代名词，内涵更加丰富。

强身健体是全民健身的主要功能和作用，但不是唯一的。全民健身倡导积极向上、遵守规则、团结合作、公平竞争、和谐发展等精神及理念，这与我国构建社会主义核心价值观的理念基本相符。所以，我国要继续探索、深挖全民健身的作用与功能，使其在社会主义事业发展和人民生活质量方面发挥积极作用，使人们通过全民健身积极参加体育运动，将其作为一种健康的生活方式。这样，全民健身才会作为促进社会进步与发展的重要推动力，才能真正落实和谐发展、公平竞争、崇尚规则等理念。

总体来看，全民健身是指全国人民，不分男女老少，全民共同参与，积极参与体育健身活动，提高身体各项素质，从而使全国人民身体强健。全民健身的宗旨是促进国民体质和健康水平的全面提高，重点对象是儿童和青少年。全民健身倡导人每天参加一次以上的体育健身活动，学会两种以上健身方法，每年进行一次体质测定。

二、全民健身的内涵

《全民健身计划纲要》中明确指出："为了更广泛地开展群众性体育活动，增强人民体质，推动我国社会主义现代化建设事业发展，特制定本纲要。"群众性体育活动、人民体质、社会主义现代化建设事业是上述论述的重点，其中传达了重要信息，即全民健身的主体、内容和目的。

《全民健身计划纲要》中明确指出，全民健身计划的实施对象是全体国民。在全民健身中，"全民"指所有中国国民，无论男女老少，不论天南海北，甚至是旅居国外的侨民都包含在内。"健身"就是对人的身体进行健康维护，并促进体质不断增强。

综上可知，全民健身的含义在不断演化过程中逐渐向"中国特色的大众体育"层面延伸，其内涵具有以下几方面的内容。

(1)全民健身活动的法律法规与组织。

(2)全民健身活动分类与基本内容。

(3)全民健身活动设施与资源开发。

(4)中国社会体育指导员、市民健身、农民健身、学生健身、特殊人群健身。

(5)全民健身效果评价以及全民健身的国际借鉴等。

第二节 全民健身的作用与地位

一、全民健身的作用

(一)保障个体健康

在健康中国的建设中,全民健身是促进个体健康的保障。全民健身的首要作用就是要实现个体健康。

如今,广场舞、长跑、散步等健身活动已经成为大众喜闻乐见的健身方式,养生之道,健身之法一度成为社会的热潮,这所有的一切源于人们对体育的深入理解,对健康的深入认知以及全民健身的彻底领悟。

从历史上某些国家的发展经历来看,缺乏身体锻炼、健身意识不强是经济转型时期普遍存在的问题,这往往导致国民体质和健康水平逐步下滑,冠心病、癌症、糖尿病等疾病日益多发,健康问题成为社会发展的严重威胁。而全民健身是一种自立、主动、非医疗的健康干预手段,能够最有效、最大限度地提高人体身心素质。广大群众的积极参与是全民健身的基础条件,个体健康是全民健身的最基本诉求,全民健身应该以每一位国民的健康为本源,全民健康的实现是从个体健康开始的。

真正意义上的健康包括身体健康、心理健康、道德健康和社会适应能力四方面的标准,形成了以生物、心理和社会的三维立体概念,也就是三维健康观。人在全民健身中参加某项具体的身体活动，应该有适量的运动标准，通常运动心率控制在每分钟120～150次，锻炼时间在20～60分钟，锻炼频率为每周3～5次，这样可以取得较好的健身效果，有利于人体健康。

（二）推动社会健康

社会健康，是在个体健康的基础上，高于个体健康的一种更高级别的健康形态。社会健康也被称作社会适应性，指个体与社会环境相适应，具有良好的人际关系和实现社会角色的能力，由一定经济基础和上层建筑所筑成的由整体表达的健康状态。

全民健身推动社会健康的作用，要从改变生活方式开始，通过个体、家庭、社区乃至社会的群策群力，共同形成健康生活的意识，养成健康的生活方式。这是推动社会健康的重要内容，即从以治疗为中心的被动、依赖型健康干预模式，转变为以预防为中心的主动、自立型健康干预模式，其实也就是健康管理中所采取的医疗或非医疗手段进行医疗干预，在日常生活中建立的促进健康行为，消除危害健康的行为。

全面推进全民健身战略，发展全民健身运动，通过全民健身的作用和魅力一点一滴地改变人们的生活方式，这在促进健康行为中是不可或缺的。全面开展全民健身运动，增进社会健康，为老百姓的健康谋福祉，这是国家保障公民权益、政府履行职能的体现，如今也成为衡量社会文明程度的重要标尺。

全民健身，是一种积极主动、低成本、高收益的健康生活方式，已经得到了全国人民的认可，具有深厚的群众基础。全民健身活动参与人群众多，门槛低，渗透性强。广大人民群众在健身活动中充分锻炼身体，获得积极的体验，释放压力，还养成了诚实守信、公平公正的社会道德素养。由此可见，全民健身能够彻底改变社会生活方式，促进社会主义精神文明建设，促进社会主义核心价值观的践行，进而推动社会健康。

（三）实现全国健康

全国健康是超越个体健康，凌驾社会健康之上的终极健康形态，即发挥全民健身的独特作用，促进全民健身与全民健康的深度融合，推动全民健身战略的落实，在真正意义上实现全国健康。

所以，全民健身战略的落实，是真正实现全国健康，实现健康中国的迫切需要和重要举措。没有全民健康就没有全民小康，所以全民健身对于全民健康，健康中国，乃至全面建成小康社会的建设都具有重要意义。

《全民健身计划（2016—2020 年）》提出以立体构建、整合推进、动态实施的理论和方法以指导全民健身的落实，从而推动健康中国的建设，实现全国健康。“立体构建”，即全民健身的顶层设计，通过宏观思维进行合理的战略布局，从战略高度布控严谨而周密的计划，确保路线与方针政策和中央高度一致；“整合推进”，就是在全民健身工作的推进中，做到精诚团结，调集各方力量，整合资源，努力达到事半功倍的合力效应，从而实现既定目标和任务；“动态实施”，就是全民健身战略要落实下去，将全民健身理论与实践相结合，不搞教条主义和形式主义，结合实际情况不断对目标、策略、举措进行改进和调整，从而达到动态平衡。

同时，始终坚持党中央、国务院的领导，抓住全民健身和健康中国战略这两个重大历史机遇，全面探索体质健康测定与社会健身指导站、社区医院等社会资源相结合的运行模式，进一步完善国民体质测试常态化机制。以健康为中心，建立更加便利的全民健身指导体系，通过“社会营销”理论，向民众传播健康的生活方式，普及全民健身教育，使全民健身成为社会潮流。此外，要落实“四个全面”的战略布局，从促进整个国家经济社会发展的大局出发，对维护和促进国民健康进行制度性安排，从长远看，为实现中华民族伟大复兴的中国梦作出积极贡献。

此外，全民健身能缓解医保支出，解决医保难题，充分缓解医疗卫生负担。健身领域和医疗卫生领域通力合作，共同突破全国范围内个体、家庭、社区及社会等方面的健康问题，解决全民健康中所遇到的各种问题和挑战，最终真正实现健康中国的愿景。

二、全民健身的地位

(一)是健康中国的践行者

全民健身是健康中国的践行者,是健康中国建设的重要途径和手段,是将从理念提出到行动落实的重大举措。

据2012年统计报告数据显示,我国居民中,因为慢性病死亡的已达总死亡人数的86.7%,比例之高令人咂舌,且一直居高不下。像高血压、糖尿病这些慢性疾病,传统的医学手段只是通过药物和其他手段进行暂时的调节和控制,无法彻底治愈,且疗效并不稳定,时间一长人体产生抗药性,后期只能通过加大药物剂量或者改变药物种类来维持生命。此外,患慢性病患者的年轻化趋势越来越明显,这为所有人敲响警钟。很多专家学者试图攻克慢性病这一世界性难题,希望能够帮助大家摆脱"亚健康"的枷锁。多方研究证实,参加体育运动是控制慢性病最行之有效的办法。众所周知,全民健身号召人们参与到体育运动中去,是实现全民健康的非医疗干预手段中最有效的。全民参与体育健身,可以控制住慢性病的发展,实现健康管理。如今,全民健身已成为全民主动健康的战略力量,构建起攻防兼备、标本兼治的全民健康保障体系。一方面,全民健身通过作为非医疗手段干预健康,完全取代医疗手段进行疾病预防,保障人的健康;另一方面,全民健身可以作为一种"互补品",补充医学、卫生、教育等领域对健康的作用,实现多领域的协同互补,进而实现全民健身和全民健康,实现健康中国。

(二)是健康中国的推动者

全民健身是健康中国的推动者。通过全民健身的落实,可以推动健康中国建设。健康中国打破传统模式,跨界融合体育、教育等领域,全民健身作为体育领域的内容,在健康中国建设中具有特殊意义。全民健身能够促进体医融合、体卫融合，进一步降低医疗卫生开支，缓解医疗卫生压力，解决老百姓“看病难”的弊端，推动健康中国建设。全民健身的跨界融合具体表现在以下两个方面。

1.体医之融，主要体现于预防与恢复

首先在于预防。要形成“运动是预防”的思想。全民健身是全民健康的阵地，是医学治疗的前卫表现。在全民健身的工作中，为广大参与的群众制定科学的运动健身处方，加强体育运动医务监督，以保障全民健身活动科学运行，达到预期效果，同时也保障人体健康，预防运动损伤和其他疾病，达到预防的功效。

其次在于恢复。“运动是刺激”已经得到了承认和运用，出现伤病，传统做法是直接休息，而现今提倡进行一些合理运动负荷的康复训练，以保证关节不会因没有受到刺激而出现“弱化”问题。

2.体卫之融，指全民健身的外部和内部卫生环境

首先是外部环境，即全民健身活动举办地的选址、自然环境、空气质量、时间安排等。

其次是内部环境，即全民健身公共体育服务设施的卫生质量、健身场地的卫生状态、健身人员的卫生条件等。

(三)是健康中国的引领者

全民健身是健康中国的引领者。在健康中国建设中，全民健身发挥着模范带头的作用，引导着健康中国建设的方向，具体表现为以下三个方面。

1.全民健身能够引领健康中国建设的思想

参与体育运动等同于形成健康的思想，树立全民健身抵抗疾病的观念，推广“运动是良医”的理念，相信运动健身是很多慢性病

重要的非药物治疗手段。此外,广大人民群众还要有储存健康的思想意识,即开拓医保卡的健身功能,将医保卡的治病功能发展为防病功能。通过全民健身,迁移健康的阵线,做好全民健康保障,进而引领健康中国的建设,实现全民健身与全民健康的深入融合。

2.全民健身引领健康生活方式

如今,跑步、广场舞、散步等简单易行的运动健身方式非常流行。在社区、广场、公园、河岸都能看到参加健身锻炼的人们,使全民健身发展为一种社会文化,人们对体育运动的理解也向科学健身靠拢,在健身过程中寻求身心健康的共识,发展健康的生活方式,用多彩、丰富的健身形式构筑疾病防治的第一道防线,用灵动的身体活动勾勒出健康中国的宏图。

3.全民健身引领全民健康

自全民健身作为国家战略后,全国各地体育部门不断深化改革,探索全民健身与全民健康的融合机制,探索全民健身引领全民健康的创新之路,大力投入人力物力财力建设公共体育服务设施,建立全民健身服务体系,为公民参与体育健身创造更方便的条件,让广大群众真正从全民健身发展中受益。

第三节　全民健身的内容与特征

一、全民健身的内容

(一)普通健身人群活动内容

1.个体健身活动内容

在《中国群众体育现状调查结果报告》中发现,我国体育人口参与的健身活动中，排名前十的分别为长走与跑步、三大球（足球、篮球、排球）、羽毛球、游泳、体操、乒乓球、登山、跳绳、台球与保龄球、舞蹈。

从报告中的结果来看，这些活动具有一定的稳定性。和以往相比，参加太极拳、气功、武术、门球、地掷球等项目的人数略有减少，而舞蹈、球类等具有极强竞技性和娱乐性的项目则受到了更多的青睐，登山的人数也有明显增加。

2. 群体锻炼健身活动内容

据调查发现，我国城乡居民在全民健身活动参与的体育项目中，排在前九位的分别为健身健美操、武术、秧歌、交谊舞、广播操、羽毛球、气功、门球、网球。与以前相比而言，气功项目的参与者略有减少。

以往的居民健身项目中，气功类项目排名第一，而现在排在第七。基本上，有很多居民活动点将这些项目作为长期锻炼的项目，也有少数居民活动点根据季节和气候调整相应的活动项目，随着健身潮流风向更换活动项目的健身活动点也有，但较少。

之前，人们只是参与几个相对流行和普及的项目，如今随着全民健身运动稳步开展，各种各样的项目都进入到群众的视野。当前，社会不断涌现出新潮、具有创造性的大众健身锻炼项目。其中，太极柔力球就是一个很好的例子。该项目受到中老年群体的欢迎，是羽毛球与太极拳的融合，对中老年人的健康很有好处。再比如老年拐棍操，它由上海市某社区居民设计，其动作合理，形式诙谐，很有趣味，因此对老年男性有着很大的吸引力。

（二）商业健身人群活动内容

1. 商业健身概述

商业健身，即商业健身服务业，是通过向客户提供优质的体育健身产品和服务，从而满足客户的健身需求。

商业健身作为体育产业的不可或缺的一部分，在我国的大城市中发展得十分迅速。从另外角度来看，商业健身服务业也是大众体育的重要组成部分，其在大众体育中有着重要的地位和作用。然而，有人认为商业健身不属于大众体育，这只是给那些富人服务的行业，这种观点是错误的。从本质来看，商业健身当然属于大众体育的范畴。

2. 商业健身的特点

（1）不论企业还是客户，增强体质是他们共同追求的目的。

（2）商业健身服务业的客户往往具有很好的经济水平，随着社会经济与人民生活水平的提高，参与商业健身的群体不断扩大。

（3）商业健身属于大众体育健身的重要组成部分。

（4）参与商业健身，通常都能够得到专业、科学的健身指导，因而健身效果较好。

（5）商业健身中，健身设施和环境往往是比较优越的。

（6）健身者在健身过程中花费较多的资金，这是一种健康投资。

（7）商业健身服务业中，企业的根本目的是盈利。

3. 商业健身服务业的意义

（1）健身俱乐部往往拥有一流的设施与优美的健身环境，所以客户个人特定的健身目标（减肥、健身、塑形、娱乐）往往都能得到实现。

（2）在商业健身中，能够使特定社会阶层的健身与心理需要得到满足，这是“市场细分”的必然。

（3）公益性大众健身自身存在一定局限和不足，这在商业健身中能够得到弥补，因而能使公益性大众健身资源有限的问题得到解决。

（4）商业健身能够创造大量就业岗位，提高社会就业率。

(5)商业健身对于体育产业的整体发展具有积极的推动作用。

4.参与商业健身的活动内容

调查显示,在商业健身参与者参与的活动内容中,排在首位的是操类课程,具体包括搏击操、健美操、肚皮舞、瑜伽、游泳、剑道等。此外,动感单车、普拉提、跆拳道、有氧功率跑台等也很受欢迎。在一些中高档的商业健身企业中,网球、高尔夫等也是常见项目。

上述健身项目对于提高健身者的身体素质非常有益,不同项目有着各自侧重的素质,比如有的项目重点发展人的力量,有些重点发展人的柔韧,有的重点发展有氧耐力等。

上述健身项目大多是国外的运动,如跆拳道来自韩国,瑜伽来自印度等。从文化角度来看,跆拳道充满各种教育因素,如仁、礼、勇、信等;瑜伽有古老的印度文明为支撑,等等。从项目的需求人群而言,主要群体是白领阶层,他们参与到这些项目健身不仅是为了满足健身需求,更是为了追求一些精神需求,信其"道",亲其"师"。此外,不同项目对应着不同追求的人群,比如想要健美的人士往往参加力量训练与形体练习,想要减肥的人士往往参与有氧运动。

(三)全民健身中的竞赛活动

在体育运动的基本特点和形式中,竞赛是最明显的表现。竞赛是参与体育活动的基本手段之一,在全民健身活动的发展中,离不开竞赛所发挥出的杠杆作用。

如今,"全国体育大会""民族传统体育运动会"等赛事如火如荼地进行着,这是具有全民健身性质的大型综合赛事。另外,全国门球比赛、全民健身路径的比赛、全国舞龙及舞狮比赛等具有全民健身性质的大型单项竞赛活动也开展得如火如荼。从年龄来划分,全民健身中的竞赛活动有老年人的竞赛活动、青少年的竞赛活动等。

需要注意的是,全面健身活动竞赛的举办目的与手段和竞技体育赛事有所不同。所以,组织和举办大众体育竞赛活动时,切不可盲目地用竞技体育竞赛的方法进行。全民健身竞赛比的是更健康、体育素养更高,而不是竞技体育追求的“更快、更高、更强”。在现阶段,我国大部分大众体育竞赛活动都是通过对竞技体育竞赛办法的盲目套用而举办的,这需要引起有关部门的关注与重视,必须纠正这一错误做法,采取合理的对策举办大众体育赛事,明确赛事的目的、任务、内容,体现出价值。

二、全民健身的特征

(一)全民性和公益性

首先,全民健身具有全民性,这主要体现在其坚持以人为本的理念,服务全中国的国民,为大众服务,保障中国公民享有参加体育的权利,让全体国民在全民健身活动中享受到体育的乐趣。由此可见,全民健身惠及的不是一部分人和大部分人,而是全体。人人都有权利参与全民健身活动,但每个人同时也会受到一定公共规则和社会道德的约束。

另外,群众性体育事业还具有公益性特征。顾名思义,公益指的是公共利益,社会公众就是公共的具体表现。作为一项公益性社会事业,全民健身活动发展到今天离不开社会主义市场经济体制的影响,因此国家不对这项事业大包大揽,是一项福利性特征的事业。政府、社会、公民都有相应的责任,并依法承担、履行相应的责任。

(二)健身性和娱乐性

群众体育的众多需求中,有明显的本质追求就是健身性和娱乐性。

群众体育具有鲜明的健身性，这是因为经常参加体育活动能够促进人的体质健康，促进身体素质的提高，使人以更加充沛的活力投入到学习和工作之中。

群众体育同时具有娱乐性，具体来说，人们在体育活动中充分放松心情，使精神更加振奋。健身性和娱乐性相辅相成，健全的身体也包括健全的精神，精神健全以身体健全为载体。作为群众体育活动的参与主体，广大群众在自愿、主动的基础上，以直接的身体活动参与体育运动，从而达到身心健全和精神饱满的目的。

（三）多元性和灵活性

1.服务对象的多元性与灵活性

全民健身的多元性与灵活性特征体现在服务对象上。全民健身服务体系的服务对象是全体国民，青少年、中年、老年，不同阶层、不同文化程度、不同职业的人群全部包含在内。所以，全民健身活动面对的服务对象各不相同，因此要根据不同群体安排不同的服务。

2.投资主体的多元性与灵活性

多元性与灵活性还体现在全民健身的投资主体上。全民健身计划的实施肯定要投入一定数额的资金，这是开展全民健身活动的基础保障。

《全民健身计划纲要》中提出："体育部门要改善资金支出结构，逐步增加群众体育事业费用在预算中的支出比重，鼓励企事业单位、社会团体、个人资助体育健身活动。"全民健身计划的资金来源十分多元，主要由政府拨款、社会筹集和个人投入三部分组成。随着我国经济体制更加完善，全民健身计划的实施也会有更加合理的投资方式。

3.工作方式的多元性和灵活性

随着全民健身的深入发展与各项健身活动的广泛开展，会逐渐形成多元的工作体系和工作方式。这个体系中主要由政府组织、社团组织、单位组织、社区组织以及民间健身俱乐部组织组成。在整个体育组织系统中，各个机构均发挥着自身作用，显示出自身价值。政府体育机构、社会体育指导中心、体育社会团体、群众健身辅导站等各司其职，都为全民健身事业贡献力量。

第四节　我国全民健身的产生与发展

一、全民健身产生的背景

全民健身的产生，主要有以下两方面的背景原因：一是世界大众体育对我国产生了深远的影响；二是全民健身是建设中国特色社会主义的客观需求和时代发展的必然产物。

（一）世界范围内大众体育发展在中国的体现

第二次世界大战后，大众体育开始在西方国家，特别是发达国家中出现。20 世纪 60 年代，西方发达国家中开始逐渐发展大众体育，并形成一定的发展规模。20 世纪 80 年代后，大众体育发展速度持续加快，呈现出势不可当的趋势。在此背景下，世界性的民间组织、政府组织都对大众体育予以高度关注与重视。此外，世界上很多国家都结合本国的实际情况，对本国的大众体育发展规划进行科学制定，大众体育在法律层面上有了新的发展。发展规划的制定确保大众体育得以健康、可持续发展。

随着世界大众体育运动发展势头的日益强劲，许多国家深受其影响，先后对本国的大众体育发展规划进行有组织、有计划的制定，并明确了长期奋斗目标，对具体落实进行详细规划。例如，澳大利亚颁布了《生命在于运动计划》《积极澳大利亚》；加拿大颁布了有关大众体育的《积极生活》；德国制定了《家庭体育奖章制》和《黄金计划》等；新西兰的《国家运动计划》；英国的《年代体育战略规划》和《体育：提升娱乐》；比利时的《每家一公里计划》；美国提出了《最佳健康计划》和《健康公民 2010》；韩国颁布了《小老虎体育健身计划》；日本出台了《东京都增进健康计划》《国家体育促进与大众体育建议》和《迈向 21 世纪体育振兴策略》。这些计划的实施使得体育与健康、卫生、生活方式及质量等之间的联系更加密切，从而促进了大众体育的发展。

随着大众体育的广泛发展，我国也开始感受到这一趋势与现象。我国是世界上人口最多的国家，若要发展大众体育，不仅会对本国产生影响，而且会影响全世界。在观察到世界大众体育运动的发展势头后，政府对大众体育在我国的发展进行科学的规划和布局，并制定、颁布与实施了专门的法规性文件——《全民健身计划纲要》。从这一点来看，世界大众体育的发展潮流直接引领我国开展全民健身活动，从实际来看，大众体育在我国的发展正是通过全民健身活动实现的。

（二）建设中国特色社会主义国家的客观要求

人是我国进行社会主义现代化建设的力量与源泉，社会主义事业的发展程度直接受到人力资源质量的影响。

习近平主席在党的十九大报告中提出："人民是历史的创造者，是决定党和国家前途命运的根本力量。必须坚持人民主体地位，坚持立党为公、执政为民，践行全心全意为人民服务的根本宗旨，把党的群众路线贯彻到治国理政全部活动之中，把人民对美好生活的向往作为奋斗目标，依靠人民创造历史伟业。"

因此，坚持以人民为重心，一个摆在人民面前重要的问题就是人的健康问题。人是社会发展的根本，而健康又是人得以发展的根本。我国经济建设和社会发展需要国民有良好的健康素质，而能够从整体上提升全民素质的一个很重要的途径就是全民健身,其在促进全民体质增强,促进国民健康水平提升的过程中发挥巨大的优势与作用。

新中国成立后,我国大力发展体育事业,取得了一些成就。具体表现在:全国各地普遍开展内容丰富、形式多样的群众性体育活动;我国的体育物质条件有了明显的改善;体育活动的参与者大大增加;人民的体质与健康水平日益提高;在提升人民素质、加强社会主义建设的过程中,体育发挥着显著的作用。

上述成就说明我国社会各界普遍对全民健身工作持支持态度。但需要注意的是,在对全民健身工作开展中所取得的成就予以充分肯定时,也要及时发现其中存在的不足。总体来讲,我国全民健身工作的现状与我国现阶段社会主义现代化建设的需要并不适应,具体表现在以下几个方面。

(1)群众普遍尚未形成较强的体育健身意识,全国尚未广泛开展群众性体育活动,参与体育锻炼的群众的数量不够多。

(2)群众参与体育锻炼的需求没有得到满足,现有的健身场地设施向社会开放的程度不高。

(3)我国对全民健身的相关法规、文件的执行力度还不够。

(4)我国尚未建立先进的全民健身工作科学技术和监测管理系统。

(5)我国尚未建立与社会主义市场经济体制相适应的全民健身管理体制和运行机制,尚处于摸索阶段。

在发展经济与体育事业的过程中,要通过合理的政策与有效的措施来逐步解决上述问题。1995 年,我国正式颁布实施了《体育法》和《全民健身计划纲要》,这是相关部门经过长期准备和多次论证修改的结果。这些法律制度的颁布标志着我国全民健身活动进入到规范发展的轨道。此后,广大群众参与全民健身活动有法可依,有了健身的权利。

二、全民健身的发展

(一)全民健身成为一种普遍的、惠及全民的社会现象

进入21世纪后,我国稳步推进改革开放,社会、经济有了令人瞩目的发展,使我国体育事业的发展具有良好的发展环境和难得的历史机遇。国民经济稳步、持续发展,产业结构和居民消费结构不断升级,城乡居民人均可支配收入持续增长,城镇化水平持续提高,群众的生活水平和物质条件逐步提高。这些发展和变化使群众对生活有着更多的追求和憧憬,参与体育、享受体育成为他们的内在需求,体育成为人民生活中不可或缺的内容。经济社会的发展为国家体育事业的发展打下坚实基础,创造更加便捷的条件和人民群众口益增长的体育需求成为开展全民健身活动的内在动力。

随着国民的生活条件的日益改善和生活水平的不断提高,人们的工作和休闲方式正悄悄发生着改变。随着五天工作制、传统节假日、带薪休假制等不断规范,我国群众的工作观和休闲观也在改变着。工作时间的缩短要求国民提高工作效率和工作质量,这就要求国民有好的体质、身体素质和健康状态,以适应高强度的工作。

如今,“健身就是工作、健身就是健康、健身就是高的生活质量”的理念被更多人认可,在这种理念指导下,全民健身正以前所未有的速度进入到国民的生活视野之中,进入到更多家庭,走进到更多类人群,成为人们生活的主流。全民健身、休闲体育已经成为治疗“现代文明病”“亚健康”的良方。全民健身如今作为一种时尚标志,是体育文化的重要内容,已成为一种普遍的、惠及全民的社会现象。

(二)全民健身的科学性、实效性和普及性将成为开展体育工作的目标和重点

全民健身在决胜全面建成小康社会、进而全面建设社会主义现代化强国的时代、实现中华民族伟大复兴的"中国梦"中起到十分积极的作用。

国家体育总局和各级体育部门在关于群众体育事业的发展中强调,全民健身工作要围绕党和政府的中心任务,服从和服务于国家社会经济发展的大局,从实际出发、从本国的基本国情出发,解放思想,与时俱进,在改革中求发展,在创新中求完善。

要发挥各级人民政府在推进群众体育发展中的主导作用,制定合理的政策措施,积极强化在为人民群众提供良好体育公共服务的基本职能,广泛动员和宣传全民健身的作用与意义,取得社会各界的支持与响应;积极参与群众性体育工作,大力探索群众体育社会化发展道路;不断满足人民群众日益增长的体育健身需求,提高人民群众的体育健身意识,增强人民群众体质健康水平,在政策出台、措施完善等方面切实关注民生,把"人民群众是否高兴、是否满意、是否赞成"作为衡量工作的基本标准。

为实现上述目标,国家体育总局提出,未来的全民健身工作要深入研究和认真思考我国全民健身发展的实际基础,弄清发展现状,总结成功经验,把握好工作规律,解决发展难题,寻找解决问题之策,为长远发展而考虑。因此,全国各地要全面开展全民健身现状调查,获得真实、有效的数据,为全民健身活动的进一步开展提供科学的基础性数据;对本地的全民健身状况,参与者的活动方式、喜爱项目、场地实施进行调查研究,为广大群众提供科学的指导,解决突出存在的问题;开展全民健身效果研究、全民健身组织的研究等,这都是未来全民健身工作的走向。力争全民健身事业的科技水平不断提高,使广大人民群众的体育健身更加科学化。

(三)有序推进《全民健身计划(2016—2020年)》

《全民健身计划(2016—2020年)》(以下简称《计划》)是全新周期我国全民健身事业的纲领性文件。在新的周期,国务院将全民健身上升为国家战略,《计划》是全民健身事业的首个顶层设计,是“十三五”时期开展全民健身工作的总体规划和行动纲领。

《计划》的起草与发布充分贯彻落实习近平总书记系列重要讲话精神,是全面建成小康社会决胜阶段、贯彻落实全民健身国家战略、推进健康中国建设的总体布局中的科学认知和如实推进。《计划》充分显示出协调、创新、绿色、开放、共享的发展理念,充分落实了政府转变职能、简政放权、放管服务的要求,规划新思路、发布新举措、提出新要求,在全民健身公共服务体系不断完善、政府治理能力和水平不断提高、全民健身事业持续发展中,政府、社会、市场的边界方面不断取得新突破,出现新亮点,是新时期落实全民健身国家战略的新蓝图。

(四)社会化是全民健身发展的必由之路

随着我国经济体制的变革和社会的快速发展,体育作为一种特有的文化现象,其社会化程度不断加深。政府包办一切的时代已经一去不复返,我国全民健身管理体制正在向政府与社会结合的体制过渡着。虽然政府部门在全民健身活动的管理中依然具有重要作用,但政府转变职能,依靠事业单位、群众体育组织、中介机构等社会力量推进全民健身事业,这是大势所趋。从发达国家的成功经验看,硬件建设上需要政府的力量,投入和组织管理依靠社团,健身活动依托各类俱乐部等,这也是大势所趋。

未来,我国必然建立起全新的全民健身运行机制,全民健身的持续发展必然促使政府机构进行改革和职能转化,政府更多地承担起宏观调控、监督、协调、引导的责任,而全民健身的实际操作将逐渐交给社会力量,尤其是各种民间的体育协会。

随着体育改革逐渐深入,我国全民健身未来的局面是政府宏观协调，各级体育总会管理，各体育协会和群众社团形成网络型的组织结构实施与操作。目前活跃的晨晚练点、辅导站，将同各种体育俱乐部一起作为体育协会的组织系统，成为其基层组织单元。群众体育社团将真正作为我国群众体育组织体系的主体。

第五节 《全民健身计划纲要》解读

一、《全民健身计划纲要》产生的背景及意义

（一）《全民健身计划纲要》产生的背景

《全民健身计划纲要》（以下简称《纲要》）产生在特定的社会背景，受所处时代的经济、政治、科技、教育等基本社会因素所影响。我国的经济腾飞、社会发展和改革开放是出现《纲要》的大背景。《纲要》的诞生具有重要的历史意义，是我国体育事业自身发展的客观要求。具体来说，《纲要》产生的背景主要表现在以下两个方面。

1. 体育改革及发展的客观要求

新中国成立后，毛泽东同志提出“发展体育运动，增强人民体质”的方针，党和政府以此为依据，采取各项措施来促进体育和医药卫生工作的推进与完善。国家体育事业有了一定的发展、取得进步后，全国人民的身体健康水平有了相应的提高。20 世纪 80 年代后，我国体育健儿在国际大赛中摘金夺银，使全国人民深受鼓舞。虽然此时我国运动员在竞技体育赛事上取得非凡成就，但和发达国家相比，我国人民体质健康水平依然有着不小的差距，因此在开展体育工作时，相关部门与工作人员开始关注群众体育运动的开展。在此情况下，国家体委提出重要的战略思想，即“以

青少年为重点、以全民健身为基本内容的群众体育与以奥运会为最高层次、以训练竞赛为主要手段的竞技体育协调发展”，并提出在开展群众体育的相关活动中，重点开展全民健身活动，这是促进我国国民体质增强的关键性工作。

1993 年 4 月，全国体委主任会议中发布了《国家体委关于深化体育改革的意见》和《群众体育改革方案》，正式提出制订、推行全民健身计划，并指出在促进体育改革与深化的过程中重点推进全民健身。随着国家体育事业的不断发展，大力开展全民健身活动能够为促进竞技体育整体水平的提高打下坚实基础。为了加快国家建设，实现中华民族伟大复兴的“中国梦”，需要为其提供一定的物质与精神保障，而人民体质健康水平的提高正是具体的体现。

2. 经济、社会、政治等条件促进了《纲要》的产生

(1)《纲要》产生的经济条件

经济基础决定上层建筑，人类社会的存在与发展需要以经济基础为保障。另外，物质资料的生产与消费是人类存在的根本，所以国家体育事业的发展与进步受其经济发展与进步程度的制约，反过来看，国家的经济发展程度对国家体育事业发展具有决定性影响。我国在改革开放后，社会生产力有了进一步发展，国民生产总值、人民收入水平都有较大提高，综合国力不断增强，老百姓的生活水平不断提高，这些都为我国出台《纲要》奠定了良好的经济基础。

(2)《纲要》产生的社会条件

受经济发展的推动作用，科技也在持续进步与创新，而人们生活与工作的节奏也越来越快。一方面，随着国家经济发展，广大群众的生活方式与物质条件有了明显的改善，生活质量显著提高；另一方面，随着生活节奏的加快，人们有了更大的压力，随着环境污染、生态恶化、现代文明病等情况，人们的健康受到了多方面的危害。与此同时，人们的休闲时间持续增多，休闲结构和生

活方式有明显的变化,有更多时间和机会参加各项社会活动,人们有了更多的参与意识。在各方面客观因素的影响下,人们将体育活动作为增强自身健康体质、改善生活方式和提高生活质量的重要方法与手段,这为《纲要》的出台提供了坚实的社会基础。

(3)《纲要》产生的政治条件

党和政府在体育事业的发展进程中始终将增强人民体质作为根本宗旨。新时期,我国的主要奋斗目标是建设中国特色社会主义小康社会,实现中华民族伟大复兴的"中国梦",国民身体素质与体质健康受到党和政府的重视,这为《纲要》的出台奠定了良好的政治条件。

(二)《全民健身计划纲要》产生的意义

1.体现公民享受体育基本权利

国务院在1995年6月正式颁布了《纲要》。《纲要》是一项关于民族体质建设的庞大系统工程,这一工程具有鲜明的任务与目标,具有合理的措施与明确的实施步骤,由国家来负责,社会提供支持,全民积极配合。这一工程是一项社会体育发展战略规划,与实现社会主义现代化目标相配套。

我国政府在《纲要》中明确制订了全民健身的长期规划,这是一个法律文件,具有法规性质,所有的单位和个人的行为都不能违背它。例如,在《纲要》第二十四条中指出:"任何单位和个人不得侵占体育场地设施或挪作他用。各种国有体育场地设施都要向社会开放,加强管理,提高使用效率,并且为老年人、儿童和残疾人参加体育健身活动提供便利条件。"从而为我国公民享有体育健身与锻炼的权利提供法规依据。《纲要》的颁布说明我国社会处于不断发展与进步之中,并且涉及多个领域。

2.为实现中华民族伟大复兴奠定基础

从近年来中国运动健儿在世界大赛和奥运会上所取得的骄

人成绩来看，我国算称得上是体育大国；但从广泛意义上来说，我国还称不上是体育强国。体育运动不仅属于竞技运动员，它属于全体大众。2004 年，原国家体委主任伍绍祖谈及 1992 年巴塞罗那奥运会时认为，（我们国家）金牌再多，如果没有群众体育，也没有什么意义。时任国家体育总局局长的袁伟民在 2004 年雅典奥运会的新闻发布会上也提到，要想成为真正的体育强国，就要大力发展大众体育。我国在重点发展经济的同时，在实现中华民族伟大复兴的背景下，重视健康生活方式的构建，这对推动我国大众体育的发展具有积极意义。此外，群众将全民健身活动融入日常生活中，追求文明、健康的生活方式，这又能够促进国家发展、民族进步，为“中国梦”的目标实现增添力量。

3.明确了社会体育改革与发展的指导思想

新时代，我国在对国外大众体育发展的成功经验进行借鉴、分析与总结的基础上，不断深化改革，推动体育事业继续发展，为了不断满足人民群众日益增长的体育健身需求，促进社会体育事业发展，出台了《纲要》。《纲要》中明确指出全民健身的发展目标和任务，如“努力实现与国民经济和社会事业的协调发展，全面提高中华民族的体质与健康水平，基本建成具有中国特色的全民健身体系”。这一奋斗目标为国家社会体育和大众体育的发展指明了方向，确立了我国社会体育发展与改革的指导思想。

4.对社会体育与全民健身活动的发展具有推动作用

《纲要》中提出，要使体育逐步向社会化、科学化、产业化和法制化发展，实际上就是要建立与社会主义市场经济体制相适应的全民健身事业的管理体制与运行机制。

我国全面推进全民健身计划的关键目的之一就是以我国经济发展和社会进步的相关需求为依据，在对群众体育发展经验不断总结的基础上，制订我国群众体育改革方案，建立与社会主义市场经济体制相符的全新机制，使群众体育走上持续、健康、良性的发展轨道。

5.我国体育事业发展的里程碑

近年来,我国体育事业取得辉煌成就,中国运动健儿在奥运会等世界性赛事中捷报频传。同时,随着时代发展和社会的进步,我国群众对体育的需求骤然提升,使得群众体育蓬勃发展。

从20世纪80年代后期,国家体委在对新中国成立以来我国开展群众性体育运动的发展经验进行总结的基础上,大力发展全国体育事业,明确提出体育工作的战略思想,"以青少年为重点,以全民健身为基本内容的群众体育与以奥运会为最高层次,以训练竞赛为主要手段的竞技体育协调发展"。

20世纪90年代初,体育改革越发得到重视。在全国体委主任会议上,国家体委推出我国体育工作改革与发展的六大类重大举措。其中,关于群众体育改革与发展的措施就有七项,这些措施的发布使群众体育与整个体育事业发展相适应,落实"以青少年为重点,以全民健身为基本内容的群众体育"的发展战略就是其中一项。因此,《纲要》在我国体育事业发展史中具有十足的战略意义,是增强群众体质,实现中华民族伟大复兴的重要一环。

二、《全民健身计划纲要》的内容

(一)《全民健身计划纲要》的精神

1.以"为人民服务"为根本出发点

为社会主义现代化建设服务是开展全民健身工作的出发点,具体来说就是落实到体育工作上,使体育为人民服务。党的领导人历来重视体育工作,毛泽东同志提出"发展体育运动,增强人民体质";邓小平同志提出"要把体育运动普及到广大群众中去";江泽民同志指出"为人民服务,为增强人民体质服务,是党和国家对体育工作的基本要求”。

体育在服务于人民，服务于社会主义建设上，党和国家有坚定不移的工作方针。这一点在《纲要》中也有体现，具体表现在全民健身的目的、实施对象、对策与措施等方面，既强调全民健身纳入到经济建设和社会发展总体规划中，又强调了全民健身对广大人民群众的体质与健康水平的提高具有重要意义。从《纲要》的颁布与实施可以看出，要改善我国群众体育的活动环境与条件，全心全意从人民群众的切身利益出发开展全民健身工作。总而言之，全民健身工作开展的根本出发点是“为人民服务”。

2.以形成具有中国特色的全民健身体系为特色

人口众多、基础薄弱、人均资源不足、经济和社会发展不平衡，这是我国发展中长期存在的问题。习近平总书记在十九大报告中强调，中国特色社会主义进入新时代，我国社会主要矛盾已经转化为人民日益增长的美好生活需要和不平衡不充分的发展之间的矛盾。因此，在我国经济建设和社会发展中要求人们有健康的体魄和全面的素质，而全民健身工作的开展现状必须尽量满足社会主义现代化建设的需求。在这种情况下，我国在推动全民健身事业的发展，在推动国民体质普遍增强和健康水平不断提高的过程中，不能完全照搬国外的发展模式，要结合我国国情来对适合我国全民健身事业发展的道路进行探索。

《纲要》中提出，要对具有中国特色的全民健身体系的奋斗目标进行确立，充分立足本国国情发展体育事业。只有认真分析本国国情，以中国特色社会主义理论为指导，对我国体育事业发展与改革经验进行全面总结，提出准确的奋斗目标。《纲要》中提出的对策和措施，集中体现了中国特色全民健身体系建设的基本要求。只有深入群众，深入各地实地考察，稳步开展相关工作，建设好具有中国特色的全民健身体系，才能确保我国全民健身事业发展到更高层次，才能为促进全民族身体素质的提高提供保障。

3.以建立管理体制和运行机制为主线

作为一项与实现社会主义现代化目标相配套的社会系统和新世纪的发展战略规划，全民健身计划既是全面改革的产物，又是深化体育改革的“蓝图”。《纲要》中对改革体制和机制提出了具体方案，只有改革，才能将全民健身计划落到实处。不进行改革，全民健身事业中的深层矛盾与问题就不会得到解决；不进行改革，就很难实现全民健身计划的目标；不进行改革，就难以建立与社会主义市场经济体制要求相适应的全民健身事业管理体制，难以形成具有活力的运行机制；不进行改革，全民健身计划的实施对策就难以落实。

某种程度上来说，我国全民健身计划的推行实质上是不断深化改革的过程。通过改革，建立全民健身的崭新格局，特点是政府领导、社会支持、全民参与。政府、社会、个体相互配合，单位、社区、家庭协同发展。政府通过宏观调控履行职能，各方面的积极性得到充分调动，通过计划、财政和市场等手段对广大群众的体育资源进行合理调配，通过法制建设保障广大群众体育事业发展。进行改革，探索社会主义市场经济体制下全民健身事业的发展道路，这不仅是《纲要》的目标，也是贯彻《纲要》的主要路径之一。

4.以增强群众体质健康为核心和主题

群众体育的一个基本功能作用于强健身心上，这个功能是群众体育活动的显著特点之一。《纲要》中要求以对广大群众的体育锻炼活动的动员与组织为核心，以增强群众的体质水平为主题。《纲要》的目标和任务、对象和重点以及对策和措施都是围绕着上述核心和主题展开的。

“如何为群众体育活动的开展提供更好的服务”是《纲要》在多方面提出要求与采取措施的目的所在，各方面内容具体包括规划、组织、法制、宣传、场地设施、体质监测、消费、健身方法等。因此，只有深入到广大人民群众中去，从群众的一般特征出发，才能做好各个方面的群众体育工作，促进我国全民健身运动的发展。

（二）《全民健身计划纲要》的特点

1. 以系统工程的方式促进全民健身事业的发展

《纲要》与其他计划的重要区别在于将全民健身事业作为一项系统工程来进行全面规划，将全民健身建设作为发展重点。从《纲要》的内容中看出，全民健身计划是一项庞大、复杂、系统的社会工程，是我国进行经济建设的重要内容，是社会发展的有机组成部分，由目标系统、实施系统、对象系统、对策系统等多个子系统组成。因此，立足群众体育健身发展现状，以建设工程的办法、抓建设的思路来发展全民健身事业，从而促进全民健身计划的全面落实。

2. 通过政府行为促进全民健身事业的发展

《纲要》的颁布与实施主要由政府来组织，所以属于一种政府行为。政府将开展群众体育活动、增强全民族身体素质和提高人民生活质量列入国家的经济建设和社会发展总体规划中，这体现了政府的重要职责。通过政府行为推动全民健身事业的建设是《纲要》的特征，这体现出了我国社会主义制度的优越性。

3. 以社会化途径促进全民健身事业的发展

在全民健身工作的开展进程中，要发挥出有关部门、各群众组织和社会团体的积极性和创造性，动员社会力量共同建设这项事业，这在《纲要》中重点强调。因此，只有全民健身运动的社会化得到充分实现，政府才能发挥出宏观调控的职能。政府行为主要表现在通过规划、组织的形式充分调动各方面的积极性，使社会各界同心同力，共同为实现《纲要》的奋斗目标而不懈奋斗。只靠政府力量是无法满足全民健身事业工程建设需求的，社会化是全民健身事业发展的趋势，政府和社会对全民健身事业共同建设有利于快速落实全民健身计划。

4.对全民健身事业的建设要整体规划、逐步推进

《纲要》对我国全民健身事业的整体发展方向和发展水平进行具体规划，确定了宏伟的奋斗目标。在全民健身计划的实施之中，原则是立足当下，着眼未来，循序渐进，将系统工程分为具体的两个工程阶段进行，又将每个工程阶段划分为几个更加具体的步骤。这样，先实施一个步骤，之后再实施一个步骤，以全民健身计划的实施情况为依据，提出全部任务并完成这些任务。在奋斗过程中，不断总结经验，逐渐调整完善规划，促进《纲要》的奋斗目标逐步实现。

5.对全民健身事业进行整体性建设

在《纲要》中，详细制订了我国全民健身事业整体发展的计划，与全民健身事业相关的各种主要因素也有相应的部署和规划。简简单单地走形式，做做样子地做几项活动，这是无法实现全民健身目标的。要从全民健身事业的各方面要素入手，促进全民健身资金、物质、科研等方面的全面发展与整体改善，放眼整体，多方面推进全民健身计划，使各项工作落到实处。

(三)《全民健身计划纲要》的目标与任务

1.《纲要》的目标

全民健身计划的奋斗目标是“努力实现与国民经济和社会事业的协调发展，全面提高中华民族的体质与健康水平，基本建成具有中国特色的全民健身体系”。具体来说，就是结合我国经济发展水平和社会发展背景，在顺应国家总体发展目标的基础上，建立能保障广大中国人民的体质健康水平普遍提高的社会服务系统，为人民群众建设良好的体育锻炼环境，推动全民健身事业

与国民经济的和谐发展。

2.《纲要》的任务

以实现社会主义现代化建设第二步战略目标的相关要求为依据，全面开展全民健身各项事业；以社会主义市场经济体制的要求为依据，促进体育改革的不断深化。

（四）《全民健身计划纲要》的实施对象

1.实施对象

《纲要》中明确指出："全民健身计划以全国人民为实施对象，以青少年和儿童为重点。青少年和儿童的健康成长关系到国家的富强和民族的昌盛，要发动全社会关心他们的体质和健康。各级各类学校要全面贯彻党的教育方针，努力做好学校体育工作。"

对于我国来说，少年强则国强，青少年儿童是祖国的未来和希望，所以《纲要》中重点强调发展青少年儿童的健康，要求社会各方面（家庭、学校、单位）做好青少年儿童的健康成长的保护工作，尤其是学校必须对青少年儿童负责，使他们受到良好的教育。

2.对不同实施对象的要求

对于不同的实施对象，《纲要》有着不同要求，具体情况如下。

（1）对社区体育的要求

《纲要》中提出"积极发展社区体育"，要求"街道办事处要加强对体育工作的组织，发挥居民委员会和基层体育组织的作用，做好社区体育工作"。

在我国政治与经济体制改革的背景下，产生了社区体育的概念，如今社区体育是社会体育的重要组成部分。社区体育主要作用是号召广大社区群众参与体育运动，通过体育运动改善日常生活，满足群众的基本体育需求，促进社区居民感情的维系与巩固。

(2)对少数民族体育的要求

根据我国各少数民族的发展情况和民族特色,《纲要》指出:"积极发展少数民族体育,在民族地区广泛开展以少数民族传统体育项目为主的体育健身活动。建立健全各级少数民族体育协会,培养少数民族体育人才。"

我国是个多民族的国家,少数民族遍布祖国大江南北,民族体育也是我国体育事业发展不可或缺的一部分。所以要做好少数民族体育事业,提高少数民族同胞的体质健康水平,提高他们的生活质量,使他们形成更健康的生活习惯。在全民健身开展少数民族体育工作中,注意保护少数民族的特色,大力弘扬中华民族传统文化,通过民族体育活动推动民族团结,促进少数民族地区经济的发展。

(3)对农村体育的要求

关于农村地区开展全民健身活动,《纲要》中指出:"提高农民的体质与健康水平是农村发展的一项重要内容,充分发挥村民委员会和各级农民体育协会的作用,并与文化站协同配合,做好农村体育工作。"

我国进行社会主义现代化建设中,绝对要重视起农村体育的相关工作。全民健身计划要想真正落实,就必须支持农村体育建设,开展农村体育的相关工作。在农村体育工作的开展过程中,结合农村的具体情况,利用好农村各级组织和活动阵地,积极调动广大农民参与体育活动的动机,使其形成参加体育活动的意识,自觉参与到体育健身活动中来,切实做好亿万农民健身活动的开展工作。

(4)对不同人群体育的要求

针对社会中存在的各种群体,《纲要》也进行了具体要求,如军人体育、女性体育、残疾人体育、老年体育等,提出这些不同的要求以这些人群的不同特点为依据开展工作。

第二章　全民健身的科学理论基础

全民健身在当下已经成了一项较为普遍的社会活动，它对于目前我国的社会主义精神文明建设及伟大“中国梦”的实现都具有重要意义。全民健身的倡议意图惠及每一个社会人，而要想做到这点，就需要使人们对全民健身所涉及的相关科学理论基础有所了解。本章就重点对其中的生理学、心理学和运动学基础进行分析。

第一节　全民健身运动的生理学基础

一、全民健身的新陈代谢基础

（一）糖代谢

糖是人体十分重要的供能物质之一。人体摄取了植物或动物性食物中的糖质，在消化酶的作用之下，转变为可以被人体吸收的葡萄糖分子（果糖可直接被吸收，不需经转变），经小肠黏膜的上皮细胞葡萄糖运载蛋白转运进入血液，成为血液中的葡萄糖，即血糖。血糖可以合成糖原，成为大分子的糖。在肝脏中合成并储存的糖称为肝糖原，在肌肉中合成并储存的称为肌糖原。另外，肝脏还可以将体内的一些非糖质物质，如乳酸、丙氨酸、甘油等合成葡萄糖或糖原，这一过程被称为糖的异生作用。人体合成糖原和糖异生的过程共同组成了人体中糖的合成代谢。

体内的糖原和葡萄糖通过糖酵解过程、有氧氧化过程、戊糖磷酸途径、乙醛酸途径等进行分解代谢。糖分解代谢过程释放的能量为肌体的运动提供能量需要。

在全民健身训练中,肌肉中 ATP、CP 下降,肌糖原无氧分解功能增强,肌细胞内 Ca^{2+} 含量增多。一些激素,如生长激素、甲状腺激素、雄性激素、儿茶酚胺等也发生变化。进而不断作用于肌细胞,使肌细胞不断地产生适应性变化。因此,在系统的训练之后,运动中消耗的 ATP、CP 和肌糖原,在练习后的恢复期可出现超量恢复,可使肌肉中 ATP、CP 和肌糖原含量增加、提高 ATP 的无氧再合成的速率,使 EK、PFK、磷酸化酶等活性增大。

总之,在正常情况下,人体内糖的分解和合成保持动态平衡。运动过程中,糖作为能源物质分解代谢供能,运动后的恢复期或长时间运动过程中,肌体又可以重新合成糖作为能源。在健身运动中,当氧供应充足的情况下,肌体的肌糖原或葡萄糖被彻底氧化分解成 H_2O 和 CO_2,并释放大量能量的过程,称为糖有氧代谢。可简单表示为:

$$\text{骨骼肌糖原或葡萄糖} \xrightarrow{\text{有氧氧化}} ATP + CO_2 + H_2O$$

(二)脂代谢

脂肪是人体基本的能源物质之一,是以有氧代谢为主的运动中的主要能源物质,人体摄入的脂肪主要来自动物脂肪和植物油。脂代谢与人体健康密切相关,有规律、有计划的健身运动对于改善肌体的脂代谢状况、预防和治疗心血管疾病等有积极的作用。

脂肪具有疏水性质,需要借助肌体自身的以及随食物摄入的各种乳化剂,形成乳浊液后,脂肪才能在体液的水环境中被酶解。因此,脂肪的吸收和转运过程比糖复杂。脂肪在人体被消化后主要形成甘油、游离脂肪酸和单酰甘油,还有少量的二酰甘油和未经消化的三酰甘油。

脂肪的吸收主要有以下两种方式：一种是小肠上皮细胞直接吞饮脂肪微粒；另一种是脂肪微粒的各种成分分别进入小肠上皮细胞，在细胞内，进入的脂肪分解产物又重新合成脂肪，形成乳糜微粒。乳糜微粒和分子较大的脂肪酸最后转移进入淋巴管，甘油和分子较小的脂肪酸可溶于水，在吸收后扩散进入毛细血管。因此，脂肪的吸收有淋巴途径和血液途径两种，但以前者为主。人体吸收的脂肪主要储存在脂肪组织内，如皮下、大网膜、肌肉细胞中等。人体的脂肪还可以通过以下方式转化储存，如合成磷脂，成为细胞膜的组成成分；合成糖脂，成为细胞膜和神经髓鞘的组成成分；合成脂蛋白存在于血液中。

脂肪分解代谢产生的能量可用于多种生命活动过程，是长时间中低强度运动的主要供能物质。人体内贮存的脂肪作为细胞燃料参与供能只能通过有氧代谢途径，脂肪的分解代谢首先是脂肪分解成甘油和脂肪酸，其次是甘油和脂肪酸再进一步分解成二氧化碳单位，最后生成 CO_2 和水。脂肪的有氧氧化过程可简单表示为：

$$\text{脂肪} \xrightarrow{\text{有氧氧化}} ATP + CO_2 + H_2O$$

（三）蛋白质代谢

蛋白质是人体生命活动的重要组成部分，也是人体重要的能源物质之一，与肌体运动之间存在非常紧密的联系。蛋白质虽不像糖和脂肪一样，可直接提供运动所需的能量，但蛋白质分解代谢过程中能产生许多物质，对糖和脂肪的供能有着重要的作用。

蛋白质的合成要经历一个复杂的过程。首先，蛋白质按照 DNA 模板上核苷酸排列顺序转录成 mRNA（携带遗传信息的能指导蛋白合成的一类单链核糖核酸）。其次，以接收了 DNA 遗传信息的 mRNA 作为蛋白质生物合成的直接模板，在 tRNA（具有携带并转运氨基酸功能的一类小分子核糖核酸）、rRNA（核糖体 RNA）的共同参与下，按 mRNA 上核苷酸的排列顺序翻译成蛋白质中氨基酸的排列顺序。参与蛋白质合成的氨基酸有 20 种，它们又可称为蛋白质氨基酸。

蛋白质的分解较为简单。首先，蛋白质分子在消化液作用下分解成其基本单位——氨基酸，然后被小肠主动吸收，几乎全部通过毛细血管进入血液。其次，氨基酸再经脱氨基作用等代谢过程，最终生成氨、CO_2 和水。氨基酸在分解代谢中释放的能量可提供运动中的能量需要，但和糖与脂肪相比，氨基酸分解所供应的能量占人体运动时消耗总能量的比例较低。

肌体在参与健身运动的状态下，蛋白质代谢的变化主要体现在肌体对氨基酸利用率的增加和体内各种酶蛋白的合成速度加快。酶含量的增加有利于肌体的恢复及物质合成能力、免疫力和肌体适应能力的提高。在长时间大强度运动中，即使当食物中供糖不足或糖被大量消耗后，蛋白质供能也只占总耗能量的 15%～18% 左右；一般地，在一小时的健身运动中，肌体能量总消耗中蛋白质供能的数量仅占 4.4%。因此，无论人体是安静还是运动时，蛋白质供能代谢都不是能量的主要来源。但是，蛋白质的分解代谢和合成代谢平衡是维持人体生命活动的基础。

（四）其他物质代谢

1. 水代谢

水是人体主要的组成成分，是生命存在的基本条件，是各种生理机能的基础。水虽然不能直接产生能量，但它与能源物质的代谢有紧密的关系。

人体内的水主要从外界摄取。食物中的水分主要在小肠中被吸收；大肠可吸收通过小肠后余下的水分；胃吸收的水很少。水在肌体的细胞中以两种形式存在：一种是游离水，约占 95% 形成细胞内液和细胞外液；另一种是结合水，通过氢键或其他键同蛋白质、糖原分子等结合，约占 4%～5%。随着细胞的生长和衰老，人体细胞的含水量会逐渐下降。

人体内的水是进行生物化学反应的场所，人体内的水具有参与体温调节、起到润滑等作用，并与体内的电解质平衡有关。正常人每天水的摄入和排出处于平衡状态。参与运动时，人体内的水会随着出汗量的增多而迅速流失。一次大的运动负荷（如一场足球比赛）可以导致人体失水 2000～7000 毫升，水丢失严重时即形成脱水，会不同程度地降低运动能力。因此，健身者在参加全民健身运动的过程中，要及时而适量地进行补水。

2. 无机盐代谢

无机盐在人所摄入的食物中大量存在。一般单价碱性盐类，如钠、钾、铵盐被人体吸收得很快；而多价碱性盐类被人体吸收得很慢。凡能与钙结合而形成沉淀的盐，如硫酸盐、磷酸盐和草酸盐等，不能被人体吸收。如 3 价的铁离子不易被吸收，维生素 C 可使高价铁离子被还原为 2 价的亚铁离子而促进其吸收。钙的吸收需要维生素 D 的存在，钙盐在酸性环境下溶解得较好，被吸收得较快。

无机盐在人体内主要以磷酸盐的形式存在于骨骼中（如钙、镁、磷元素等），作为结构物质，其他少量的无机盐（如钙、镁）以离子形式存在。

无机盐在体液中解离为离子，称为电解质，具有调节渗透压和维持酸碱平衡等重要作用。体液中主要的阳离子有 Na^{+}、K^{+}、Ca^{2+}、Mg^{2+} 等；主要的阴离子有 Cl^{-}、HPO_4^{2-}、HCO_3^{-} 等。这些物质在人体的细胞代谢活动中具有十分重要的作用。

3. 维生素代谢

维生素是维持人体生长发育和代谢所必需的一类小分子有机物。人体内不能合成维生素，虽然人体对维生素的需要量每天仅以毫克或者微克计算，但必须由食物供给。它们在结构上没有共性，一般根据溶解性质分为水溶性维生素和脂溶性维生素。水溶性维生素主要包括维生素 B_1、维生素 B_2、维生素 B_6、维生素 B_{12}、维生素 C、维生素 PP（烟酸）、叶酸和烟酰胺等；脂溶性维生素主要包括维生素 A、维生素 D、维生素 E、维生素 K 等。维生素不是组织细胞的结构成分,也不能直接提供能量。但它们对能量代谢及其调节过程有着重要的作用。

在人体中,大多数维生素都会参与辅酶的组成,因此维生素缺乏会影响酶的催化能力,引起代谢失调,从而降低肌体运动能力。但是,在体内不缺乏维生素时,过量摄入维生素并不会提高运动能力。

二、全民健身的供能系统

(一)磷酸原系统

1. ATP

化学能是人体进行活动的能量基础,腺嘌呤核苷三磷酸(ATP)是直接供给肌肉活动使用的化学能。ATP 是肌肉活动唯一的直接能源,也是人体其他任何细胞活动的直接能源,主要储存在细胞中,其中以肌细胞最多。ATP 水解的放能反应可以为各种需要能量的生命过程供能,完成各种生理功能。如肌肉收缩、生物电活动、物质合成及体温维持等(图 2-1)。

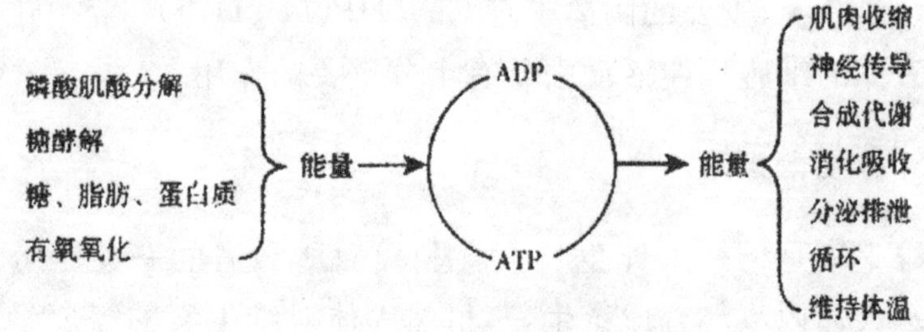

图 2-1 能量供应过程

ATP 是由一个腺苷大分子和三个较简单的磷酸根组成的,后两个磷酸根上有“高能键”。“高能键”储有大量化学能,故 ATP 又被称为高能磷化物。在进行化学作用时,ATP 末端的磷酸键断裂，便释放出能量，使细胞做功或完成其生理功能。ATP 是人体内瞬时能量的供体，而不是能量的贮存形式。运动时，肌肉内 ATP 分解直接供能，这是人体内能量代谢的中心环节。人体在运动时，贮存在肌纤维中的 ATP 在 ATP 酶的催化下迅速分解为二磷酸腺苷（ADP）和无机磷（PI），释放能量，牵拉肌丝滑动，使肌纤维缩短，完成做功。ATP 在人体肌肉中的贮量较少，因此在参与全民健身运动时，ATP 须边分解边合成，这样才能不断满足肌肉活动的需要，使活动得以坚持。实际运动的时候，ATP 一被分解就立刻再合成。根据运动训练的情况，能量来源有三个方面：一是磷酸肌酸分解；二是糖原酵解；三是糖和脂肪及部分蛋白质氧化。

2. CP

CP 是人体的肌肉细胞内一种叫磷酸肌酸的物质，它也是一种高能量化合物。磷酸肌酸分解会释放出能量用来重新合成 ATP。磷酸肌酸在人体内的贮存量也极为有限，人体全身的肌肉内只有 450～510 毫摩尔磷酸肌酸。另外，重新合成磷酸肌酸，也要用上 ATP 被分解时所释放出来的能量，这个过程需要在运动后人体处于恢复状态时才进行，不会在运动训练的当时进行。这是因为磷酸肌酸在极高强度肌肉活动中被消耗殆尽，等到运动结束后才能恢复。

3. ATP－CP 系统

由于磷酸肌酸既能迅速分解放能，又不需氧、不产生乳酸，所以它与 ATP 一起在供能系统中称为磷酸原系统，即 ATP－CP 系统。ATP－CP 系统并不需要把氧气输送到肌肉中才能运作，所需的能量物质也早已贮存于肌肉细胞之中，而且其反应涉及的化学反应相对较少，因此 ATP－CP 系统是人体内最迅速的能量来源。磷酸肌酸和 ATP 因为其分子过大，不能被人体吸收，所以不能直接用作营养补剂。

ATP－CP 系统是最大强度或最大用力运动中能量的主要来源，且供能的最大功率输出高。ATP－CP 系统的供能特点是维持运动时间短，常为 5～8 秒，但输出功率在所有供能系统中是最大的。在 5～10 秒大强度运动时，能量的供应几乎全部来源于磷酸原供能，在恢复间歇中会生成少量乳酸。磷酸原在肌肉中贮量很少，在运动开始时最早启动，最早最快被利用。在运动中，如篮球中的快速投篮和足球运动中的加速跑时，该系统发挥着重要的供能作用。

磷酸原供能系统训练最重要的是掌握休息间歇时间。如果间歇时间太短，磷酸原恢复量少，则重复运动时的部分能量由糖酵解提供，使血乳酸水平明显上升，不利于磷酸原供能能力的发展。反之，休息间歇时间过长，磷酸原虽能完全恢复，但是根据运动训练学的超量负荷原则，训练密度不足以刺激磷酸原，不利于磷酸原系统的供能能力的提高。

（二）糖酵解系统

当肌体运动持续的时间在 10 秒以上且强度很大时，磷酸原系统能供给的能量就难以达到肌体所需。这时，以支持运动所需的 ATP 再合成的能量就不能靠磷酸原系统供给，而是主要靠糖原酵解来提供。

糖酵解的原料是肌糖原，肌糖原在把葡萄糖分解成乳酸的过程中生成 ATP。在氧供应充足时，这些产生的乳酸一部分在线粒体中被氧化生能，一部分合成肝糖原。乳酸是一种强酸，其在体内积聚过多会破坏内环境的酸碱平衡，使肌肉工作能力下降，造成肌肉暂时性疲劳。这样一来依靠糖原无氧酵解供能也只能使肌肉工作持续几十秒钟。无氧酵解供能时，不需要氧，但产生乳酸，故称乳酸能系统。其重要意义是在缺氧情况下仍能产生能量，以供体内急需。

人体在氧供应不足的条件下，骨骼肌糖原或葡萄糖酵解，生成乳酸并释放出能量合成 ATP，用于补充在运动中消耗的 ATP，维持运动的继续进行。在无氧情况下，1 摩尔或 180 克糖原理论上可产生 2 摩尔或 180 克乳酸及 3 摩尔 ATP。这种糖经过一系列代谢反应生成乳酸，并释放能量的过程，就叫作糖酵解途径或糖酵解供能系统，此过程是在细胞质中进行的一连串复杂的酶促反应，可简单表示如下：

$$\text{骨骼肌糖原或葡萄糖} \xrightarrow{\text{糖酵解}} \text{ATP}+\text{乳酸}$$

磷酸原系统和糖酵解系统供能过程都是不需要消耗氧的无氧代谢过程，它们构成人体运动时的无氧代谢供能系统，提供短时间人体进行极量运动时所需的能量。

（三）有氧氧化系统

人体在参与运动的过程中，当氧的供应充足时，运动所需的 ATP 便主要由糖、脂肪的有氧氧化来供能。有氧氧化能提供大量的能量，从而能维持肌肉较长的工作时间，这种有氧氧化供能系统称为有氧氧化系统。

一般地，1 摩尔糖原可以被完全氧化成二氧化碳和水，并产生 39 摩尔 ATP，其要消耗 6 摩尔（134.4 升）的氧气。也就是说在有氧系统运作之下，以糖原作为燃料，每重新合成 1 摩尔 ATP，人体便要摄取 134.4÷39＝3.45 升的氧气。安静的时候可能要用 10～15分钟，但剧烈运动只需要不到 1 分钟。

另外，脂肪和蛋白质也是有氧氧化系统的燃料。一方面，脂肪可以用作有氧氧化系统的燃料来重新合成 ATP。1 摩尔棕榈酸经氧化后能够产生 130 摩尔 ATP。要完全氧化 1 摩尔棕榈酸，人体要摄取 23 摩尔（515.2 升）氧气。因此，在有氧系统运作之下，以脂肪作为燃料，每重新合成 1 摩尔 ATP，人体便要摄取 512.2÷130＝3.94 升的氧气，这比用糖原作为燃料时消耗多约 15％的氧气。另一方面，一般在身体处于饥荒、糖原消耗殆尽或非同寻常的耐力项目（如足球比赛中），蛋白质常用作有氧氧化系统的燃料来重新合成 ATP，否则蛋白质对提供热量作为肌肉活动的贡献很少。

与无氧系统比较，有氧系统在ATP的总生产量上是难以估计的。不过单从糖原方面计算，人体全身有肌糖390～450克，肝糖80～100克，血糖5～6克，人体内糖原的总存量为475～556克，共可产生102.9～120.5摩尔ATP，即相当于4 305.3～5 041.7千焦(1 029～1 205千卡)的热量，这是相当庞大的能量。另外，氧系统在大量合成ATP之外不会产生导致疲劳的代谢产物，所以是人体处于安静状态时供能系统的最佳选择。

在健身运动过程中，磷酸原系统和乳酸能系统都供应能量，但ATP和磷酸肌酸的最终合成以及糖酵解产物乳酸的消除却要通过有氧氧化来实现。所以，肌肉活动所需能量的最终来源是糖和脂肪的有氧氧化。人体中磷酸原系统供能的绝对值不大，维持的时间很短，但是能在短时间内快速作用，如篮球运动和排球运动中的跳、投等需要在几秒钟内完成的运动，全部靠该系统的储备为主要能源。

当然，健身者在进行不同的健身项目时，主要由一个供能系统完成供能任务，但是，整个供能任务不可能只靠一个供能系统就能够完成，而是需要两个甚至三个供能系统共同完成。每个供能系统都有其独特的特点和供能能力(表2-1)。要想使体能训练的效果达到最佳，就必须充分、合理地利用好这三大供能系统，以取得最佳的训练效果。

表2-1　三大供能系统的特点

供能系统	能源物质	输出功率	供能时间
ATP－CP系统	ATP、CP	最大	最大为6～8秒
糖酵解系统	肌糖原、血糖	约为ATP－CP系统的50%	30～60秒达最大，可维持2～3分钟
有氧氧化系统	肌糖原、血糖	约为糖酵解系统的50%	1～2小时
	脂肪	约为糖酵解系统的20%	理论上无限

三、全民健身的生理学原理

(一)超量恢复原理

生理学认为,超量恢复是人体在运动后出现能量物质代谢适应的一种机能状态。

首先,人体在活动过程中,肌体所承受一定的负荷量会引起体内物质能量比较强烈的消耗,促使异化作用加强。

其次,人体在运动结束后,身体处于恢复阶段,肌体的能量物质消耗后却能刺激和导致蛋白质的更新,以此来恢复肌体的工作能力。

在整个完整的运动及恢复周期中,肌体的恢复不是简单的抵偿能量的消耗,而是进行超量代偿,使肌体的机能水平的恢复和工作能力的表现在一段时间内超过原有的水平。在经过一段时间锻炼后,通过增加负荷量对肌体进行新的刺激,从而不断打破肌体机能旧的平衡,使肌体逐渐在新的基础上建立起新的平衡,最终的结果就是人的健康水平和运动能力不断获得提高。

(二)肌肉运动原理

根据用力方式和效果的不同,可将肌肉运动分为动力性运动和静力性运动两种形式。具体如下。

1.动力运动(等张收缩)

肌肉收缩产生的力使关节位置改变,肌肉长度发生变化,这类运动称为动力性运动。动力性运动具体又可细分为向心和离心运动两种。

向心运动:主要表现为肌肉收缩克服阻力,肌力大于阻力,使运动环节朝肌肉拉力方向运动。

离心运动:主要表现为肌肉在阻力作用下逐渐被拉长,阻力大于肌力,使运动环节朝肌肉拉力相反方向运动。

2.静力运动(等长收缩)

肌肉持续收缩,但长度不变,从而使关节在某种位置上固定以维持一定姿势的运动,称为静力运动(工作)。肌肉的静力运动又可细分为支持工作、加固工作和固定工作三种。

支持工作:指位于关节某一侧的肌肉持续收缩,以平衡阻力矩,使关节保持一定姿势的工作状态。

加固工作:指位于关节周围的肌肉同时持续收缩,以对抗关节由于外力牵拉作用而分离的工作状态。

固定工作:指关节运动轴两侧相互对抗的肌肉同时持续收缩,使关节保持固定的工作状态。

3.肌肉工作的杠杆原理

人体在运动中完成的任何动作都是以骨为杠杆、关节为支点、肌肉收缩为动力来完成的。从力学的角度来讲,肌肉工作是完全遵循杠杆原理来进行的。

在人体的运动中,肌肉工作的杠杆具有三个点:支点、力点和阻力点。其中,由支点至肌拉力作用线的垂直距离,称为拉力臂;肌拉力与拉力臂的乘积为肌力矩;阻力与阻力臂的乘积为阻力矩;肌力矩和阻力矩分别表示肌力和阻力对骨杠杆所产生转动作用的大小。

在肌肉工作中,肌力矩和阻力矩的关系大致有以下三种情况。

(1)肌力矩等于阻力矩:肌肉做静力工作。

(2)肌力矩大于阻力矩:肌肉做向心工作。

(3)肌力矩小于阻力矩:肌肉做离心工作。

(三)人体适应性原理

适应是一切生物的基本特征,是一切生物生存的基本条件。

任何生物,如果不能适应就不能生存。当生物生存的环境(自然的、社会的)发生变化时,生物有机体能产生一种变异来适应它,这就是生物的适应。生物通过遗传保持特征,通过变异获得发展和进化。有机体在不断适应的过程中,一些常用的器官会发达起来,而另外一些不常用的器官则会逐渐退化。生物机体在形态、组织和机能方面的变化,能更好地适应环境的改变。上述"用进废退"的现象就是生物体不断进化的最基本的规律。

健身者长期参与健身运动,从而增强身体素质和运动水平,正是遵循生物进化和发展规律的结果。也就是说,健身者通过参加健身运动,使肌体承受运动负荷并逐步达到适应,然后再增加运动的负荷量,使肌体在高一级水平上再适应。在这一过程中,有机体将不断提高适应能力和改善各器官、系统的机能和性状,于是健身者的体质就不断得到了增强,运动成绩也不断得到提高。但是,一旦健身者停止运动,身体机能也将逐渐退化到一般水平或更差的状态。因此,健身者必须养成终身参与健身运动的良好习惯。

第二节　全民健身运动的心理学基础

一、动机

种类丰富的健身运动都具有某个特质来吸引健身者参与。这种特质的核心就在于这些运动项目能使健身者在自己选择的活动中获得身心两方面的良好体验。为此,这种良好体验就成了健身者参与健身运动的动机。对于健身动机的激发,就成了提升人们参与健身活动的关键因素。

(一)动机的含义

动机是一种推动一个人进行活动的心理动力。当然,动机的作用不仅仅是诱发人的行为,还能维持人在动机诱发下的行为的时间。动机是个体的内在过程,行为是这种内在过程的结果。以大众的健身行为为例来说,减肥瘦身是他们参加健身活动的动机,而这一动机的强弱又决定了他们坚持健身活动的时间。

因此,可以总结出动机具有以下三个作用。

(1)诱发作用。动机的诱发作用可推动、激励人的活动。

(2)指向或选择作用。动机具有促使人做出选择的作用。

(3)强化作用。动机有决定人的行为程度的作用,即一个人为了完成某项目标,愿意为之付出多大努力的程度。举例来说,为了维持苗条的身材,有的人可以坚持三年系统健身训练,但有些人只能坚持三个月甚至更短的时间。

(二)动机的条件

动机是诱发人的行为并决定其行为持续程度的关键因素。然而,动机的产生也需要内外部条件的完备。

1.内部条件

引起动机的内部条件是“需要”。这里所谓的需要,是指个体因对某种东西的缺乏而引起的内部紧张状态和不适感,进而由此引发的人的活动。简单来说,从动机的内部形成来看,它是由需要产生的。例如,自小体弱多病的人开始关注自身健康的需要,于是决心长期参加体育健身活动等。

2.外在条件

引起动机的外在条件是“环境”。这里所谓的环境,是指个人以外的各种刺激。这种刺激可以来自生物性的,也可以来自社会性的。例如,一个人经常听身边的人议论说经常服用营养品不如经常参加运动，经常被这种舆论影响后，这种来自外部的环境也可能会促使这个人开始改变过去的习惯而去参加运动健身。

（三）动机的分类

动机的种类很多，为了便于分析和研究，可以以不同依据进行划分。

1.以需要的性质为标准进行分类

（1）生物性动机：以满足生物性的需要为基础的动机。例如，温饱需要和安全需要等。通常这种需要都属于低层次的需要属性。

（2）社会性动机：以满足社会性需要为基础的动机。例如，自尊和爱的需要以及自我价值实现的需要。从需要层级上来看，这些都属于高层次的需要。

2.根据兴趣的特点为标准进行分类

（1）直接动机：以直接兴趣为基础，指向活动过程本身的动机。例如，一些健身者本身就对运动有着浓厚的兴趣，因此只要参加运动就能从中获得一种良好的身心体验和巨大的满足。这就是一种直接动机。

（2）间接动机：以间接兴趣为基础，指向活动的结果的动机。例如，一些健身者参加运动的目的并非对运动本身感兴趣，而仅仅是希望利用运动来证明自己比其他人拥有更加强悍的身体素质或意志品质。这就是一种间接动机。

3.根据情感体验为标准进行分类

（1）丰富性动机：这是一种以身心各方面能够获得满足与理解，有所成就和创造等欲望为特征的动机。这种形式的动机与下面将要提到的缺乏性动机刚好相反，它更加趋向张力的增强而不是张力的缩减。这种需要如果被满足，就会增加动机。因此，这种丰富性动机与欲望的关联度更高。例如，人们热衷做的一些事情都是为了寻求刺激，期望从刺激中得到精神上的兴奋感或威望。这在人们参与极限运动时格外明显。

(2)缺乏性动机：缺乏性动机属于一类“厌恶性动机”，它是以排除缺乏和破坏、避免威胁、逃避危险等需要为特征的。缺乏性动机以张力的缩减为目的，然而在这种情况下，一旦目标获得了实现，那么紧随而来的就是动机的减弱，甚至动机消失。例如，有的运动员为保住自己在球队中的主力位置而刻苦训练，当他的主力位置获得稳固后，则继续刻苦训练的动机就会减弱。

4.根据动机来源为标准进行分类

(1)内部动机：来源于主观内部原因的动机。内部动机的基础是人的生物属性。它是汲取内部力量的动机，从内而来的驱动力。如果在健身运动中能够满足这种动机，则构成一种内部的奖励，以此进一步激发人的行为或保持健身的热度与期待。这种动机中，行为的动力来自内部的自我动员。例如，健身者由于对某一项运动的酷爱，使得其致力于提升自身的运动技能，然后参加比赛来证明自己的能力，如此情况下即便场边没有多少观众也不会打击他的运动积极性。

(2)外部动机：来源于客观外部原因的动机。外部动机的基础是人的社会属性。它是汲取外部力量的动机，是从外部对行为的驱动。例如，健身者期待得到公众的认可和赞许，或是为了通过参加比赛获得优胜奖金，为此，他们就会特别关注观众的人数和赛事的奖金级别。

二、心理过程

心理过程是指人的心理从产生到发展到变化再到完善的全过程。通常可以将这一过程分为三个阶段，包括认识过程、情感过程和意志过程。

(一)认识过程

认识过程,是指人在认识客观事物的活动中表现出来的各种心理现象。这一过程包括人的感知觉、思维、表象、想象和记忆等。其中,感知觉和思维是较为重要的两个,在这里予以重点阐述。

1.感知觉

感知觉是感觉和知觉的总称。感觉是人在受到事物的直接影响下对事物个别属性的反映,可以感知的元素包括事物的声音、色彩、味道、温度、震动等。而知觉则是在事物的直接影响下,人脑对事物整体的反映。例如,当篮球等客观物体直接作用于各种感觉器官时,人脑中便产生了这些事物的整体形象,即知觉过程。

感觉和知觉对于一个人来说属于不同的认识过程。尽管两者有所不同,但也有一些共同点,那就是它们都是人脑对于直接作用于感觉器官的客观事物的个别属性和整体的反映。这对于参与运动的人来说格外重要,因为在运动过程中,特别是在运动技能的学习阶段,需要建立起许多新的感知觉,如果没有较好的感知觉能力,就不能感受到一些精细技术的精髓,也不能及时发现所学动作是否标准、正确。例如,在学习乒乓球运动中的弧圈球技术时,只有清楚地感知球拍对球的摩擦与撞击的区别,才能找好摩擦与撞击的比例分配点,才能拉出高质量的弧圈球。较高的感受性还能使健身者在运动过程中迅速感知外界刺激,从而加快反应速度。

2.思维

思维是事物的本质属性和内部规律性在人脑中的反映,是人脑对事物本质及规律性的认识活动。由此可见,思维是一种非常复杂的头脑加工过程。以对一个人的认识为例,通过感知觉的发现只能感受到人的外在形态，如此判断一个人则注定显得过于片面。而通过思维的判断，则可以抛开更多受感知觉的影响干扰，而是将人进行概括，然后得出一些结论，如人是可以制造和使用工具的，可以进行社会生产活动的，具有语言、思想意识和高级感情的动物。

在健身运动中，健身者要想学习到某项运动的技能，感知觉在其中发挥的作用无可替代。但要再进一步夯实技能，并且能在比赛中适时使用出来，就需要通过思维掌握这种运动技能的本质和规律，这才是技能掌握的终极目标。因此，比赛中使用的技能都是在纷繁复杂的条件下进行的，这种条件很可能是与对手直接的身体对抗，或是需要在短时间内做出选择。所以，健身者的思维就要更加敏捷和独立，如此才能做到根据场上形势的变化适时做出正确的选择，才能占据场上的主动。如果能够长期参加健身运动，无疑也会对健身者的思维起到一定的锻炼作用。

（二）情感过程

情感是人对客观事物是否符合自己的需要而产生的体验。在人们的生活中，如果发生的客观事物符合自身的期待与需要，则可以产生愉快的情感，如果不能，或事物与自己的期许不符，则会产生痛苦、忧愁等消极性质的情感。

以体育运动为例，既然是体育运动就存在输赢之分。那么，取胜无疑就是使人精神愉悦的客观事物。参加比赛的运动员会因为比赛的结果，甚至是场面的是否优势或被动而出现情感上的不同转换。另外需要提到的是，在比赛当中，运动员的情感还会对他们在比赛中的发挥有重要影响。最常见的事例就是当出现顺风局时，运动员的发挥就会更加出色，状态极佳，而到逆风局的时候，会感觉无论如何都不在状态，连一些简单的动作都会失误等。

因此，参加健身运动能让健身者充分体验到运动以及竞赛中的情感特点，从而能够更加懂得如何调整自己的情绪，如此不光是对于运动健身，更能将这种情绪控制能力带入到以后的日常生活中，这无疑对健身者的学习和生活都大有裨益。

（三）意志过程

意志是人为了实现既定目标而支配自身的行为，并在实现目标的过程中自觉克服困难的心理过程。意志的建立基础是认识，并且在情感的激励下产生。意志能够为健身者提供巨大的精神支持，如此可以提升他们的综合运动精神属性，如在练习到较有难度的动作时或比赛非常艰难时，意志力如何都是克服困难的关键。

就体育运动来说，如果当运动者接受较大负荷的运动训练，就可能给运动者带来身体与精神两方面更大的消耗。如果没有十足的意志力，则很可能放弃原先的既定运动目标。因此，健身者在参加健身运动时，必须充分发挥自己的主观能动作用，培养出坚定的运动信念和顽强的意志品质，如此才能很好地学习和掌握运动技能、强身健体。

三、个性心理

个性是具有一定倾向性的比较稳定的心理特征的总和。个性心理几乎在一个人的任何行为中都有所表现，这也是个性稳定属性的主要表现。就运动来说，人们在运动中也能展现其个性，甚至运动场成了人们能更真实地表现个性的场所。

一般来说，人的个性的形成与他所拥有的能力、性格和气质有关。

（一）能力

能力是人顺利完成活动的心理特征。具体来说，个性养成中提到的能力主要包括观察力、记忆力、思考力、想象力和注意力。这些能力的掌握是健身者学习和提升运动技能以及强身健体的基础。

人与人之间都有各自的能力，这种能力有大有小。此外还有能力类型的差异，如有的人形象思维能力更好，有的人抽象思维能力更好，还有如能力表现得早晚、能力发展水平等差异。为此，运动者为了将自身的能力与运动相匹配，就需要对自身的能力属性有所了解，由此才能更加科学合理地安排学习和训练。

（二）性格

性格是个人对现实的稳定的态度和习惯化的行为方式。性格是形成个体的一个重要方面，属于一种心理的稳定外部表现。不同的人性格也有所不同，但性格特征又有其特殊的表现，具体如下。

首先，性格是现实社会关系在人脑的反映。个人对生活中发生的事情具有较为稳固的态度和相对固定的言行。例如，性格偏内向的人对于拳击、足球等对抗激烈、场面热闹的运动不是很感兴趣，但对棋牌或台球运动较为热衷。

其次，性格特征是一种比较稳定但又可变的倾向，它是稳定、经常、一贯的表现。性格并非永远不变，在某种特定的环境下，或是接受了某项训练，是可以对性格有一定程度的改变的。例如，性格胆小怕事的人经过长时间的运动训练和多次比赛，很可能变成一个胆大、勇敢和富于冒险精神的人。

（三）气质

气质是人的心理活动的稳定动力特征。具有不同气质的人会表现出不同的行为习惯。目前，人的气质类型被分为胆汁质、多血质、黏液质和抑郁质四种。不同类型的气质使人展现出不同的普遍行为。然而需要明确的是，不同气质之间有所区别，但没有好坏之分。了解或鉴定不同人的气质类型，对健身者参与健身运动的研究是十分重要的。气质类型是健身者进行健身运动的心理依据之一。

四、心理因素对运动的意义

心理素质的好坏对于参与运动来说也是比较重要的，特别是对于现代体育竞技来说就更为重要。在现代高水平体育比赛当中，运动员之间的技战术能力非常接近，仅想依靠单纯的技战术优势获得比赛的胜利并不容易，此时，考验的就是双方运动员的心理素质和临场应变能力。据研究发现，现代体育运动中心理因素占30%，身体、技战术等因素占70%。对于健身者参与日常的健身活动来说也有心理因素的关系，即心理健康水平高的健身者更易掌握运动技能，更易从运动中体验和享受乐趣，更易持久参与运动。心理因素对运动的意义主要可以通过以下几点来看。

（一）智力

人的智力和身体活动有许多关联。人在快速成长时期其能力发育水平与身体活动的多少有着较大的关系。但随着年龄的增加，其智力的发展与其身体活动能力的发展逐渐分化开来，此时智力与身体活动能力之间关系不大。尽管如此，经常参加健身运动的人的智力水平依旧会得到一定的提高或维持原有智力水平更久。

研究证明，经常参加健身运动的人普遍具有更好的智力，主要表现为记忆力更好、观察力更敏锐、思维能力更加快速等。这表明，健身者的智力情况对其参与健身运动有着重要的关系和作用。

（二）情绪

从心理学的研究角度上说，好的情绪可以激发身体潜能，提升人的运动状态，使人精神焕发、积极主动、持之以恒。反观不良的情绪，则会削减人的运动欲望，降低感知觉能力和思维灵敏度，使人精神不振、注意力不集中等。这就可以解释当一支球队出现非常不利的局面时很可能出现崩盘溃败的情况了。

就单独的健身者个体来说，良好的情绪有助于他们在运动中做出标准、正确的技术动作，选择好正确的运动时间，对场上局面的预判也更加准确。如此情况下，参加运动不论是从身体健康还是心理维护方面都能获益。

（三）意志

意志能够激发运动者在运动中遇到困难的坚定态度，而经常参加健身运动也能培养健身者坚强的意志品质，两者是相辅相成的关系。这种关系具体体现在如下四个方面。

第一，健身者普遍在健身运动中可以获得比日常生活更加紧张的肌肉收缩度，再加上运动中要面对不同的局面，并相应做出应对处理，如此就需要较好的意志来满足运动的需要。

第二，健身者在参加健身运动时的注意力高度集中，只有意志过硬，才能克服因受到内外部刺激而产生的不良心理影响。

第三，健身者在参加健身运动时不可避免地会遇到身体疲劳乃至运动性伤病的情况。拥有足够意志力的人能够克服上述问题导致的消极情绪，并在身体恢复后继续坚持运动，坚信“生命在于运动”的理念。

第四，由于体育运动本身具有风险性的特点，这会使一些参加运动的人有些许畏惧心理，如果有足够的意志，则会有助于这种畏惧心理的缓解，不至于在运动中畏手畏脚，无法完全放开。

五、全民健身运动对健身者心理健康的影响

现代健康观认为，人只有身体健康并非是完全意义上的健康，所谓的健康还要包括心理的健康。在现代社会中，心理健康是人们正常开展日常活动的基础，它与生理层面上的健康占有同等地位。

身体健康与心理健康是相互促进、相互影响的关系。这主要

体现在生理问题能够影响心理，而心理的变化也会对生理的健康带来负面影响。因此，人们在讲究用脑卫生的同时，还要有意识地培养自身良好的性格和对情绪的控制能力。

经常参加健身运动的人，其可以获得以下几种积极影响。

（一）改善情绪状态

衡量健身者心理健康影响的指标之一就是情绪状态。现代社会中融合着大量错综复杂的关系，人们身处其中不免为此感到疲惫和压力，长此以往就会产生忧愁、紧张、压抑等情绪反应。而通过健身运动，则可以相对转移一下健身者在社会生活中的压力，将其暂时解放出来，获得心灵上的释放，保持乐观的心态。这也是维护人的心理健康的重要方法。

（二）提高智力功能

实际上，决定智力功能强弱的因素除了与智力成分有关外，还与一个人的身心状况有关。如果一个人长期处于高压力、高节奏的生活中，他就难以保证情绪不会受到较大的波动，而且精神高度紧张，长此以往劳神耗精，进而也会使智力功能降低。

经常参加健身运动的人可以有效改善身心功能水平，提高注意力、反应速度、记忆力、想象力和情商等能力，如此益处都可以给智力水平的提升打下坚实的基础。

（三）确立良好的自我概念

每一个人都是具有独立人格和思考能力的自然人。既然是独立的人，就必定存在自我的概念，而这个所谓的自我概念实际上就是一个个体主观上对自己的身体、思想和情感等的评价。自我概念的形成依赖于许多的自我认识，如“我的性格是什么样的”“我要做一个什么样的人”“我喜欢什么”“我的价值观和人生观是什么”等。坚持健身运动可使健身者体格强健、精力充沛，改善其身体表象和身体自尊。

首先,身体表象是指头脑中形成的身体图像。身体表象障碍在正常人群中普遍存在。通过调查可知目前大约有过半数的人对自己的体重和身材不满意,这一比例中,女性又占绝大多数。而且,身体肥胖的个体更可能有身体表象方面的障碍。其次,身体自尊主要包括一个人对自己运动能力的评价,对自己身体外貌(吸引力)的评价以及对自己身体健康状况的评价。

之所以在这里提到身体表象和身体自尊两个问题,就在于它们与人的自我概念的形成有很大关系。无论是男性还是女性,对身体表象的不满意都会影响对自我概念的评定,并产生不安全感和抑郁症状。一些运动方面的专家认为,肌肉力量与身体自尊、情绪稳定性、外向性和自信心相关,并且加强力量训练会使个体的自我概念显著增强。

(四)培养坚强的意志品质

意志品质指一个人的果断性、坚韧性、自制力以及勇敢顽强和主动独立精神,它主要在克服困难的过程中表现出来,也同样是在这一过程中被培养起来。

健身者可以在多种健身运动中锻炼身体,同时还能在健身过程中克服各种困难,磨炼意志品质。这些困难多为难以攻克的技术动作、比赛中不利的形势、运动器材出现小麻烦以及不利的天气影响正常技战术的发挥等。而主观困难主要为心理层面,比如胆怯、畏惧、紧张等心理的出现。健身者能否被培养出出色的意志力就在于他们是否能积极努力地克服一系列主客观困难。在健身运动中养成的良好意志力还能引申到生活当中,如此使健身者对生活中出现的多种问题也能抱有充分的意志予以度过和解决。

(五)消除生理和心理疲劳

疲劳不是一种单一的形成和感觉,而是一种综合性症状。人的生理因素对疲劳的出现和疲劳的程度会产生一定的影响,但同时人的心理也与疲劳有所联系。例如，如果一个人的情绪不稳、消极低落，那么他在完成同样负荷的运动时就会比其他同等生理因素的人的疲劳累积速度更快。适度的疲劳有益于人体体能的增加或维持，但过度疲劳无疑会对人体有莫大伤害。

现代人的社会生存行为都会给自己带来莫大的生理疲劳和心理压力。因此，无论是上班族还是学生，都应尽力保持良好的情绪状态，而参加适量强度的健身运动就是非常好的放松身心的积极性休息，如此可以有效缓解疲劳。

（六）治疗心理疾病

体育运动早已被人们认可为一种有效的心理治疗方法。这个观点也被绝大多数的心理医生所认同，他们普遍认为运动是治疗抑郁症的有效手段之一，并且这种手段还可以作为治疗焦虑症的方法。

现代社会的高压力和快节奏使得身处其中的人们很容易经过积累形成诸多类型的不健康心理，进而诱发较为严重的心理疾病，较为常见的如焦虑症和抑郁症，当然还有如恐惧症、强迫症等疾病。而参与健身运动可以有效地降低健身者的焦虑情绪，促进其身心健康，避免一些心理疾病的发生。

第三节　全民健身运动的运动学基础

一、肌肉

肌肉产生力量的原理就在于肌纤维的收缩。由此可见，收缩活动就成了肌纤维最基本的生理特性，这种收缩的方式构成了人的基本的运动，当然除了外在的人体运动外，肌肉的收缩还对其他生理循环等功能起到重要作用。但不同的肌纤维由于其结构、分布及神经支配的不同,表现出各自的特性和功能。

肌纤维的构成和功能有很多种类,根据这些不同可以将肌肉分为骨骼肌、心肌和平滑肌三类。其中,骨骼肌受运动神经的支配,在这种支配下骨骼肌可以随意识移动,而心肌和平滑肌则受植物神经支配,它的做功并不受意识掌控。

就人参加的运动来说,促使运动动作完成的肌肉是骨骼肌,它为运动提供根本动力。这些运动小至眨眼、张嘴,大到跑步、跳跃,种种活动都与人体骨骼肌密切相连。因此,它一直是探究人体运动规律所关注的焦点。而为了应对运动所需进行的身体素质训练也是以锻炼骨骼肌为根本的。

(一)肌肉的基本结构

肌肉是人体运动系统的主要构成部分。肌肉组织基本组成单位是肌细胞,其形状为细长状,因此也被称为肌纤维。每条肌纤维外面皆由一层结缔组织薄膜包裹,数条肌纤维构成一条肌束,肌束再由肌束膜包裹,然后许多肌束再合成肌肉,外面包以结缔组织膜,称为肌外膜(图 2-2)。

肌肉的组成物质主要为水,占肌肉总重量的 3/4,另外占 1/4 重量的为固体物质。此外,在肌肉中还包含有众多的毛细血管网及神经纤维,用于给肌肉提供充足的氧气和养分。

在运动中所运用到的肌肉主要是骨骼肌。骨骼肌,顾名思义就是附着于骨骼上的肌肉。就肌肉在人体的分布情况来看,骨骼肌的分布最广泛,数量也最多,对人体的运动提供的支持最大,是运动系统的主体部分。

人体内的骨骼肌约有 400 块,它们大小不一、形态各异、功能多样,这些骨骼肌占体重的 36%～40%。骨骼肌在神经系统的支配下产生收缩做功,带动骨骼发生运动,或是维持某种相对静态的姿势。每块肌肉的形状多为中间膨大的肌腹和两端没有收缩能力的肌腱,肌腱直接附着在骨骼上,是骨骼与肌肉之间的纽带。肌腱由排列紧密的胶原纤维束构成,肌腱内胶原纤维互相交织成

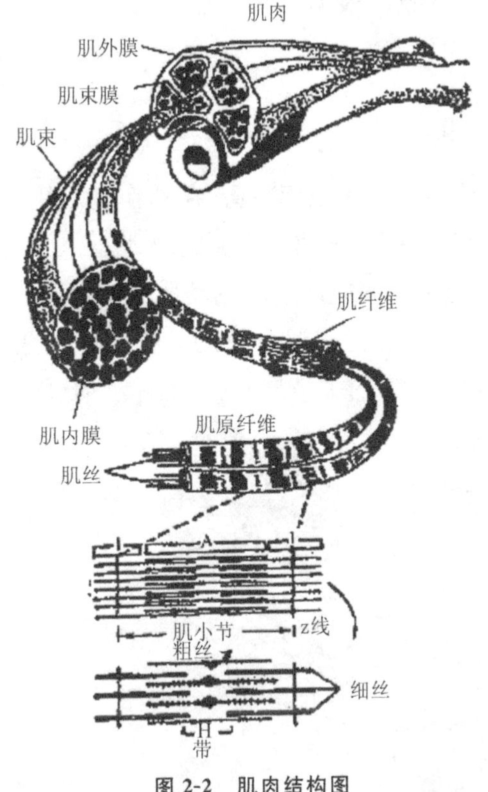

图 2-2　肌肉结构图

辫子状的腱纤维束。肌腱的一端与肌内膜、肌束膜和肌外膜相连接;另一端与骨膜紧密结合。尽管肌腱本身没有收缩能力,但它的能力在于能够承受很大的拉伸载荷。因此,肌腱受伤对于运动者来说是非常麻烦的事情,需要及时合理地治疗和较长时间地修养才能痊愈。

(二)肌肉工作的协作关系

肌肉工作是指肌肉收缩使关节运动,若做功,将会使人体保持一定的姿态;若不做功,也会消耗能量的过程,称为肌肉工作。肌肉活动频繁,新陈代谢旺盛,微细血管十分丰富,肌组织和结缔组织分别构成肌肉的收缩成分和弹性成分。在健身运动中,即使是完成极为简单的动作,只靠单一肌肉工作的情况也是罕见的。数块或数群肌肉协调地参加工作,才能使环节产生各种各样的运动或保持人体的姿势。根据参加工作的肌肉所起的不同作用,肌肉可分为以下四种。

1. 原动肌

直接完成动作的肌群叫原动肌。在动作完成中起主要作用的原动肌叫主动肌,如“弯举”中的肱肌与肱二头肌。帮助完成动作或在动作某个阶段收缩的次要的原动肌叫副动肌或次动肌,如“弯举”中的肱挠肌、旋前圆肌等。持哑铃双臂弯举的动作,肱肌、肱二头肌、肱挠肌和旋前圆肌等是“弯举”(肘关节屈)动作的原动肌(图 2-3)。

图 2-3 “弯举”动作

2. 对抗肌

与原动肌作用相反的肌群叫对抗肌,在“支撑”动作中,肱三头肌是肱二肌的对抗肌。原动肌和对抗肌不是固定不变的,而是随着环节运动方向的改变而改变。对抗肌除了有拮抗原动肌工作的作用外,还有协调原动肌工作的作用,如在快速动作的结束阶段,对抗肌收缩紧张,以缩小关节的活动范围及延缓运动速度,避免关节周围发生软组织损伤(图 2-4)。

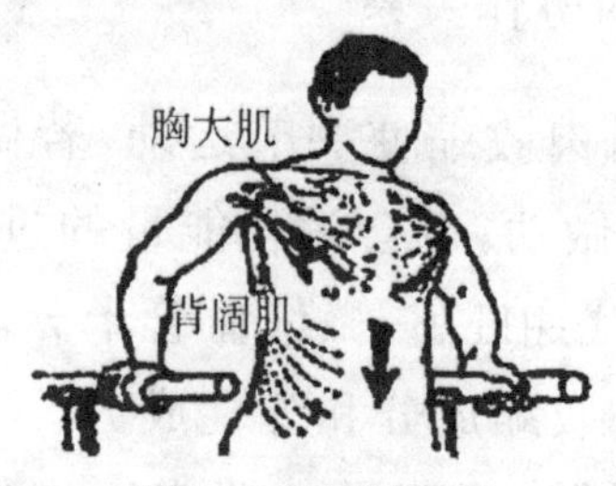

图 2-4 “支持”动作

对抗肌的训练对于保持肌肉平衡和预防运动损伤非常重要,

大多数骨骼肌都是成对工作的，如果一块肌肉超负荷运动，而与其相对抗的肌肉缺乏运动，导致出现对抗肌力量不平衡的状况，那么这个部位的肌肉就很容易受伤。

3. 固定肌

固定原动肌一端附着所在骨的肌肉称为固定肌。固定肌使主动肌的拉力方向朝着它们的固定点，其作用是使肌肉的拉力方向保持一定。固定肌有两种情况，第一种，是作用相反的两群肌肉共同作用，使关节保持固定不动；第二种，是一群肌肉与某些外力的共同作用。如做“飞鸟展翅”练习（图 2-5）时，伸大腿肌肉、腰背肌肉与重力互相作用，固定躯干与骨盆。

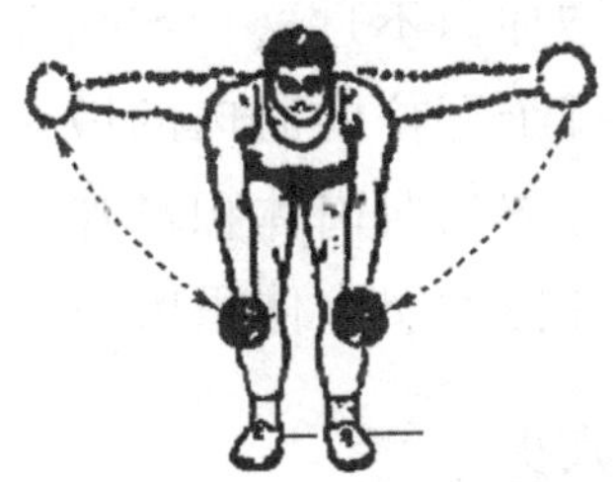

图 2-5 “飞鸟展翅”动作

发展肌肉力量训练时应注意和功能锻炼相结合，才能使大众健身的力量训练具有现实意义，这就提示我们在进行力量训练时既要训练原动肌，又要训练固定肌，尽量要求这两种肌肉均衡锻炼，否则不能保证原动肌的拉力方向，并会影响原动肌发挥力量的效果。

4. 中和肌

中和肌的工作有两种情况。

（1）有时两块原动肌有一个共同的作用，但其第二个作用是互相对抗的。例如，斜方肌可以使肩胛骨上回旋和内收，菱形肌则使肩胛骨下回旋和内收。因此在“飞鸟展翅”动作中，当它们一起收缩的时候，既共同作为肩胛骨内收的原动肌，又互相作为中和肌，它们使肩胛骨回旋的作用彼此中和了。

(2)当原动肌发挥多种功能时,别的一些肌肉参与工作,抵消原动肌的一些功能,使动作更准确,这些肌肉称为中和肌。如做"飞鸟展翅"练习时,肩胛提肌、菱形肌等也参加工作,以抵消斜方肌使肩胛骨上回旋的功能,使斜方肌只能表现出使肩胛内收的功能,肩胛提肌和菱形肌等是斜方肌的中和肌。

(三)健身运动对肌肉的影响

1.肌肉体积增大

通过健身运动可以给予肌肉以较大的刺激,如此会增加肌肉的体积。这是因为锻炼导致的肌纤维粗细和肌纤维数目增多,由此带来的肌肉体积的增加。不过这种增加并不是全身性的,更多要看某项运动对身体哪个部位的肌肉的锻炼更多,如经常参加足球运动的人其腿部和臀部的肌肉体积增加更为明显,而热衷拳击运动的人的上肢两臂部位的肌肉体积增加明显。

2.肌肉中脂肪的减少

如果较少参加一定负荷量的体育健身运动的话,肌肉表面会逐渐形成一层脂肪层。这层多余的脂肪层会加大肌肉的重量,并且在肌肉做收缩运动时产生摩擦,使得肌肉做出的功不能完全用于运动本身,从而降低了肌肉收缩的效率。经常运动则可以逐渐使多余的肌肉脂肪层减少,提高肌肉运动做功的效率,即运动者会有一种运动较为轻快的感觉。

3.肌肉毛细血管增多

经常参加体育运动可以使骨骼肌内的毛细血管数量增加,毛细血管数量的增加带来的好处就在于它能够大大改善骨骼肌的血液供给情况,为肌肉带来更多的氧和营养成分,并且加快肌肉收缩产生的代谢产物,提高了肌肉的工作能力。

4.肌肉内的化学成分发生变化

肌肉内的化学成分会根据肌肉的运动产生一些变化。经常参加健身运动的人，其肌肉内的如肌糖原、肌球蛋白、肌红蛋白、水分等含量均有增加。

肌肉中的肌球蛋白和肌红蛋白是肌肉收缩的基本物质，这些物质的增多可以提升肌肉的收缩能力。此外，这些物质还能使ATP酶的活性加强，以便能够及时供给肌肉收缩所需的能量。肌红蛋白可与氧结合，因此，一旦肌红蛋白的数量增多，肌肉中的氧储备必然也会增加，如此可以使肌肉在耗氧非常多的情况下依旧能保持正常的收缩状态，这种正常的收缩状态能持续更加长久。同时，肌肉内水分的增加，还有利于肌肉内氧化反应的进行，有助于肌肉力量的增长。

5.参加活动的肌纤维数量增加

通过细致研究可知，实际上人的运动在相关肌肉的收缩时，肌肉中的肌纤维并非全都进行收缩，只有一部分肌纤维对神经冲动产生反应发生收缩，另一部分不收缩称为不活动纤维。这个原因主要在于神经对肌肉收缩的控制过程中不使用它们，或者是达到运动终极的神经冲动太少太弱，如此自然不能充分调动肌肉的做功潜力。改善这种状态的方式也是经常参加运动，只有运动才能更高效地改善神经控制能力，增强神经冲动的传递，使一些不活动的肌纤维能够活动起来。这也就解释了为什么经常运动的人力量往往更大的原因。一般情况下，那些不经常运动的人在肌纤维的做功调动上只有60%，而那些经常参加运动的人的肌肉参加收缩活动的肌纤维可达到90%，由此可见运动的效果显著。

6.肌肉延迟性疼痛

在超负荷训练理论的指导下，适当安排一些超过身体所能承受的量的练习可以逐步增大肌肉力量，但同时也会在练习之后的几小时至几天内会出现肌肉疼痛的情况。这种情况一般三四天后可以逐步缓解,这就是延迟性肌肉疼痛。延迟性肌肉疼痛的发生较为普遍,其中除了有酸痛感外,还伴有肌肉僵硬的感觉,轻者只有在按压时有痛感,而重者则会呈现出肌肉肿胀的情况,甚至对日常生活都会带来些许不便。

二、骨

骨是以骨组织为主体在结缔组织或软骨基础上经过一定的骨化形成的。一般成年人的骨骼总数为 206 块,这些骨骼根据不同的部位大体被分为颅骨、躯干骨和四肢骨。

(一)骨的形状和构成

1. 骨的形状

人体的骨在不同身体部位上承担不同的功能,因此它的形状就有所区别。这些形状主要包括长骨、短骨、扁骨和不规则骨(混合骨和含气骨)四种(图 2-6)。

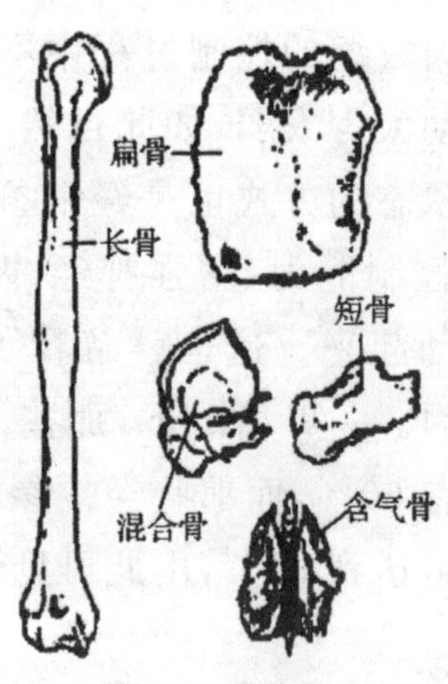

图 2-6　骨骼形状

2. 骨的构成

骨骼由骨膜、骨质、骨髓、血管及神经组成，其中骨质是骨骼形成的基础。骨骼的外面被骨膜包裹，其内部还充满骨髓(图 2-7)。

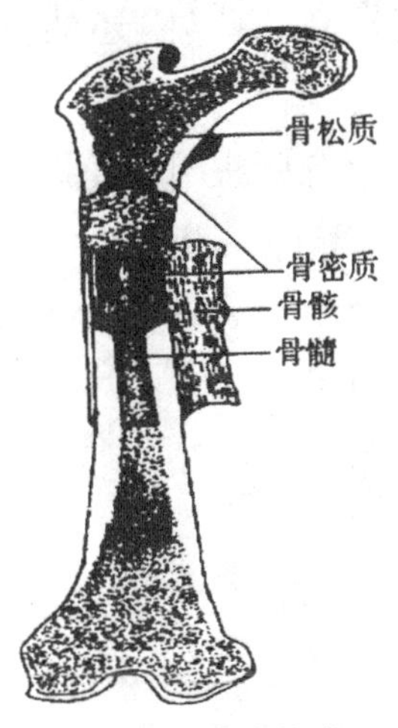

图 2-7　骨骼构成

(二)骨的功能

骨是人体运动系统的重要组成部分，骨骼的健康对健身者的运动参与起到关键作用。不过，尽管骨的主要功能为支持人体的运动，但它的功能还远不仅于此，它还有其他一些功能对人体的运转产生作用。这些功能包括对人体的支撑作用、保护体内脏器的作用、造血以及储备微量元素的作用等。

(三)不同运动项目对骨的影响

健身运动的种类多样，经研究发现，不同种类的运动会对骨的形状改变产生影响。例如，经常参加跳跃类运动或举重运动的人，其胫骨就会发生适应性变化。参与跳跃运动的人的胫骨前缘骨壁增厚非常明显，举重运动者则是胫骨内侧壁增厚非常明显。这里还要提到的就是长跑运动者，由于其跑动的距离通常较长，长久以后其下肢长骨干骨壁会有相对变薄的情况。

健身者无论在哪个年龄段中，只要坚持参加体育运动，都会对骨骼健康水平的提升起到积极的作用，最主要的可使骨表面的隆起更为显著，骨密质增厚，管状骨增粗，骨小梁分布更符合力学规律。这一系列骨形态结构的改变，使骨的抗压、抗弯、抗折断和抗扭转等机械性能得到提高。此外，还能减少随着年龄增大后可能提升的骨骼患病风险。

运动会使得肌肉力量有所提升，而肌肉力量的提升对骨的健康也有较大帮助，两者有着许多相关性。当肌肉力量增大，肌肉收缩对骨骼产生的应力刺激可有效提高成骨细胞的活性，在日后可有效延缓中老年骨量的丢失。

三、关节

(一)关节的基本结构

关节是骨与骨之间借助于结缔组织、软骨或骨的一种连接。关节连接起了全身的骨骼，使它们构成了一副整体的骨架。而关节的另一个重要作用就是在运动中为每一个动作带来顺畅的行进感。

关节的构成主要有关节面、关节囊和关节腔(图 2-8)。在基本结构之外，还辅以韧带、关节内软骨和关节唇等结构。根据关节运动轴的多少和关节面的形状等因素，可以将关节分为单轴关节、双轴关节和多轴关节三种形式。还可以根据两骨间连接组织的不同将关节分为纤维性关节、软骨关节和滑膜关节。

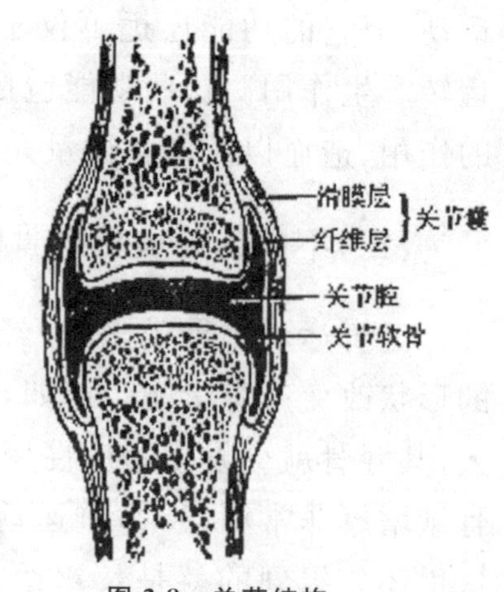

图 2-8 关节结构

(二)全民健身运动对关节的影响

经常参加健身运动可以使健身者的骨关节面的密度增加，骨密质增厚，如此一来关节和骨便越能承受更强的运动负荷。当然，不同运动项目对身体锻炼的部位各异，进而也就会对关节柔韧性所起到的作用不同。例如，乒乓球、羽毛球、篮球等运动中有较多的急停、急转、变向动作，这对健身者的关节柔韧性有着很高的要求。

实际上，关节一方面需要其灵活顺畅，另一方面又需要具有一定的稳定性。这看起来是一对矛盾。肌肉力量大，韧带、肌腱、关节囊就会增厚，这对关节稳固性和防止关节损伤有很大好处，但这样又势必会影响关节的灵活性。因此，只有控制好这两个度，才能使运动者的运动更加得心应手，动作更加协调自然。这需要在健身过程中既发展肌肉力量的同时，还要兼顾发展其伸展性的练习，如此才能使二者同步发展，才能使关节既获得较为稳定的活动还又不失灵活。

第三章　全民健身的组织与管理体系研究

目前，全民健身理念已深入人心，各种形式的健身活动大量涌现出来。为了保证这些活动的顺利进行，构建一个健全、完善的全民健身组织是尤为必要的。全民健身组织是公民自愿参加的群众性体育组织，它是推动我国群众体育发展的重要内容。在全民健身背景下，构建一个合理的健身网络性组织机构能有效指导人们参与科学健身，从而提高自身全面素质。

第一节　全民健身的组织体系

一、我国全民健身组织的目标、任务与管理体制

目前，我国各级各类的全民健身组织纷纷建立起来。全民健身的主要目的在于增强人民群众的健康水平，减少疾病发生率，提高工作效率，增加经济效益，促进社会经济的发展。因此，各种全民健身组织的目标也就是提高社会成员的体质和健康水平，满足人们的娱乐、消遣等需要。每一个全民健身组织应有自己的全民健身内容、组织方式和指导方法等，以形成一套健全的组织体系，从而更加有针对性地指导人们参与运动健身，从而实现全民健身的目标与任务。

我国的全民健身组织主要由体育社会组织和基层全民健身组织两大部分组成。体育社会组织主要有各级体育总会、单项运

动协会、传统体育项目协会、行业体育协会和各种人群体育协会等；基层全民健身组织则可分为公益性组织和商业性组织两大类。公益性全民健身组织主要包括：街道办事处、居民委员会、村民委员会；乡镇体育协会或乡镇体育总会；基层企业事业机关单位体育协会；各地体育行政部门或街道、乡镇政府领导下的体育指导站；青少年体育俱乐部等。商业性全民健身组织主要是体育俱乐部。我国现行的全民健身组织体系的内容如图 3-1 所示。

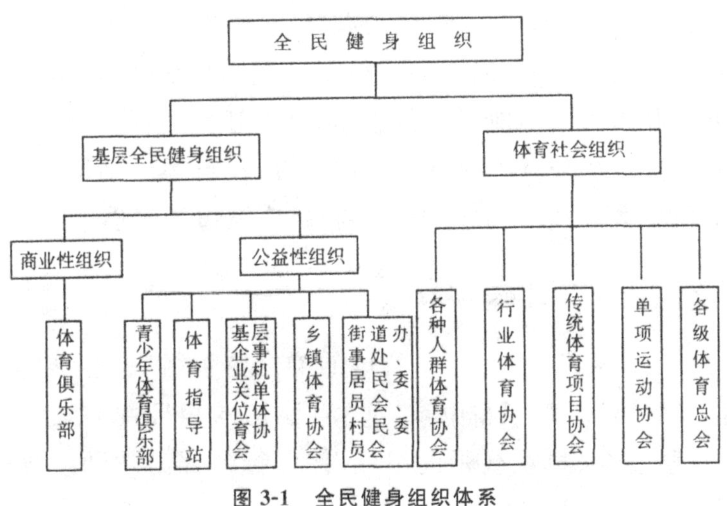

图 3-1　全民健身组织体系

二、我国全民健身活动的现状

(一)活动项目

在当前，我国城乡居民参与的健身活动主要以走、跑、散步和休闲、娱乐为主，其次是球类运动（足球、篮球、羽毛球、乒乓球等）和各种形式的体育舞蹈。民族传统体育项目主要有扭秧歌、太极拳、太极剑、舞狮、舞龙等；而近年来广场舞则在老年人群中比较流行。总体来看，跑步、武术、气功、游泳等项目比较普及，受到人们的追捧。对于社会不同阶层的人群而言，他们所从事的项目存在着一定的区别，公务员、事业单位群体主要以羽毛球、网球等项目为主;职工群体主要以篮球、乒乓球等项目为主;街道居民群体主要以篮球、乒乓球、游泳类项目为主;农民群体主要以游泳、民俗类项目为主。

(二)活动地点

相关调查显示,目前我国城乡居民参加健身活动的地点不固定,多以家居地为中心,大多数人在公园、马路、社区空地、场院、庭院等非正规体育场所参加运动健身,这一类人群大约占总数的78.3%。不同阶层社会群体所选活动地点也不相同,如公务员、事业单位群体的活动地点主要在体育馆和附近学校,职工群体的活动地点主要在马路和附近学校,街道居民群体的活动地点主要在公园和家里,而农民群体则主要在村庄周边和家里。

(三)组织形式和活动方式

大量的调查与研究显示,我国的群众体育组织一半以上由锻炼者自发组成,反映了群众参与体育锻炼的积极性与热情,其他依次为:居委会、村委会帮助组成;体育行政部门帮助组成;学校和企事业单位帮助组成;各级体育协会帮助组成;各级工会组织;各种类型体育俱乐部组织等。在健身锻炼形式上,53.7%的人选择独自锻炼,47.2%的人与家人、朋友一起锻炼,49.6%人选择与社会体育组织一起活动。

总之,我国全民健身活动的组织形式非常之多,但是项目显得比较单一,动作技术较为简单,娱乐性较强,有利于广泛开展。

(四)活动时间

据调查显示,我国群众参加体育运动健身的时间不是特别固定,具有较强的随意性。总体来看,锻炼时间比较固定的占30.6%,利用闲暇时间锻炼的占39.5%,多数人的锻炼时间是比较随意的。其中,在清晨参与健身锻炼的人最多,占据一半以上,其中绝大部分都是拥有较多业余时间的中老年人;在日间锻炼者居第二位，大多数是青少年；傍晚和双休日锻炼者则分布在各个年龄段人群中。

三、我国全民健身活动组织存在的问题

当前，我国全民健身活动组织受到了广泛的重视，各种组织活动也在如火如荼地开展，可以说发展是比较顺利的，但其中也存在着一定的问题，这是不可避免的。

(一)群众体育组织管理层次设置不合理

根据组织管理学理论，一般将管理者分为高层管理者、中层管理者和基层管理者三个层次。高层管理者位居组织顶端，负责制订总体计划和目标，安排总体的组织与管理工作；基层管理者听从中层管理者的指导，负责把组织的各项工作分配给员工并保证顺利完成；而中层管理者的角色则介于高层与基层二者之间。在我国群众性的体育社会组织中，省级以上的体育组织可以视作高层管理组织，县、市级体育组织可以视作中层体育组织，而县级以下的体育组织则可视作基层体育组织。

目前，我国全民健身组织缺少一定的基层体育组织，如农村体育行政组织的最末端只达到了县一级，即中层体育组织，其他各类非行政体育组织也基本未能深入到农村基层，由于缺乏乡镇特别是村级体育基层组织，直接导致了农村体育责任主体的模糊与缺失，农村体育的发展举步维艰，这对于我国群众体育的发展是极为不利的。

(二)群众体育社会组织的作用没有得到有效发挥

通常情况下，管理主要包括计划、组织、领导和控制四个方面。但事实上，我国全民健身组织管理层次还不是很完整，计划职能执行相对较好，但组织与执行力都比较欠缺。总体上来看，体育社会组织的结构以及运行机制等都存在着不尽合理的地方。

另外,针对这方面的研究也不足,缺乏有关体育组织与管理改革及发展方面的研究。

总体而言,目前我国全民健身组织管理的职能未能得到充分的发挥,各项组织管理工作表现出较大的随意性,难以获得理想的管理效果,因此应引起群众体育组织管理者的高度重视,要采取有针对性的措施和手段加以改善。

(三)社会体育组织之间的联系脱节

受各种主客观因素的影响,目前我国全民健身的组织相互独立,彼此之间缺乏必要的联系与合作,这非常不利于我国全民健身活动的组织与开展。

1.横向上各体育组织团体关系的脱节

例如,我国大部分社区体育的开展缺乏与学校体育的结合,学校体育场地设施与场馆没有得到充分的利用;再如,农村体育行政部门与民间社会体育组织之间缺乏衔接,各组织之间的对接比较困难,导致各项活动的举办难以成行。

2.行政主导的正式群众体育组织与民间自发性群众体育组织之间缺乏联系

目前,我国正式群众体育组织与民间自发性群众体育组织之间分工不明、协作机制比较缺乏,未能形成有效而严密的组织网络。自发性群众体育组织缺乏与上级或同级组织的联系,得不到足够的组织支持,造成了二者之间的衔接困难,在一定程度上使自发性群众体育组织处于“孤立”状态。这对于社区居民参与体育健身活动造成了不良的影响。

3.大型基层群众体育活动和日常性的基层群众体育活动相脱节

一般来说,大中型体育活动的开展能有效激发人们参与体育健身的热情,对于全民健身运动的开展是比较有利的。目前大中型体育活动的举办呈现出日益频繁的趋势,但在促进日常小型体育活动方面的作用却没有得到有效的发挥，二者之间的联系还不是很紧密，这需要进一步发展。

(四)全民健身组织管理不规范，缺乏规章制度

目前来看，我国全民健身组织管理还不够规范，缺乏一定的政策做保障，在活动执行的过程中存在着体育、文化、民政等多部门交叉管理的不合理现象，这对我国全民健身活动的举行造成了重大影响。各级体育活动点大部分属于自发产生的非正式组织，规模较小，便于参与，是组织和吸引人们参与体育活动的有效形式，但是由于各体育活动点自身性质和特点不同、管理规章制度不健全等原因，全民健身活动缺乏一个长期的规划，处于自生自灭的状态。除此之外，各体育活动点之间也缺乏必要的交流，导致各方面的矛盾频出，非常不利于全民健身活动的开展。

(五)缺乏全民健身组织建设的政策法规保障

目前，跟我国全民健身活动有关的政策法规主要有《体育法》和《全民健身计划纲要》，这些法律法规虽然在一定程度上保证了全民健身运动的开展，但总体而言，这些法律法规与建立健全体育法规体系的规划目标差距较大，执法和执法监督也比较薄弱，更缺少一支有力的体育执法与监督检查队伍。现有的体育法规提出的大都是一些原则性的规定和建议，缺少具体执行过程中的相关规定，因此说我国全民健身组织建设得不到有效的政策法规的保障。因此，在未来的发展中，应加强全民健身法律法规等政策的制定与实施，以保证我国全民健身活动的有效开展。

(六)全民健身组织建设经费匮乏

全民健身组织的建设与相关活动的开展需要人、财、物等资源做保障，但在我国经济欠发达地区，这一组织活动却成了一个沉重的财政负担。据调查统计，在全民健身活动的组织开展中，大约有84%的组织没有活动经费来源。而经费不足则会在很大

程度上影响全民健身活动的质量。因此,加强我国全民健身组织建设经费的投入力度是当务之急,理应引起高度重视。

四、我国全民健身组织体系的建设

(一)统筹规划建设,科学发展体育组织

在现代社会背景下,全面、协调、可持续发展是全民健身组织体系建设的基本要求。要想促进全民健身运动的科学开展,就要从整体上进行规划和建设,将体育组织建设纳入体育事业长远发展规划,要激发群众参与健身活动的热情,加强基层群众体育组织的规范管理。除此之外,还要逐步增加和扩大自身的数量和规模,形成门类齐全、功能健全的基层体育组织网络,推进全民健身服务实践体系的建设,让广大人民群众都能享受到良好的全民健身服务。

(二)构建网络化的全民健身组织

构建一个健全和完善的全民健身组织网络对于我国全民健身活动的开展具有重大的影响。全民健身组织网络的发展要遵循现代市场经济的规律,优化资源配置,使全民健身组织层次架构清晰,沟通渠道畅通。一般来说,网络组织根据它的范围可以分为内部组织的网络化和外部组织间的网络化。

1.内部组织的网络化以直线式为主

以体育社会组织和基层全民健身组织为中心,将上级政府机构及下属的锻炼人群连成直线式网络,通过持续的信息交换和互动,达成内部系统的协调。体育社会组织和基层全民健身组织通过完成上级政府机构规定的任务,获得上级政府机构的支持,再通过高质量的指导和服务获得广大人民群众的信任和支持。通过这种双向沟通与交流,可以有效加强模块内部的凝聚力,从而

实现全民健身组织的科学化建设。

2.外部组织间的网络化以交互式为主

外部组织间的网络主要以契约为核心进行协调与发展，以各组织平等对话和契约基础上的频繁互动为基础，以体育社会组织和基层全民健身组织间资源、信息和各种社会效应的自由流动和共享为条件，形成一个交互式网络系统。在这个系统中，政府管理型组织通过向协会型体育组织、有偿服务型体育组织和准体育组织三类体育组织输出监督和管理职能，加强引导和监督，使其沿着健康的轨道发展。具体地说，就是建立以政府管理型体育组织为主导，以体育社会组织和基层全民健身组织为核心，以群体单项和人群体育协会、晨(晚)练指导站及企事业单位的体育协会为基础，以社会体育指导员为骨干，锻炼者为主体，各种体育健身场所为依托的综合性全民健身组织网络。

(三)以小城镇发展为契机，推动农村全民健身组织的发展

小城镇是指介于城乡之间，在农村中发展和建立起来的具备城市的一些基本功能，是以非农业人口为主的小型社区。在社会主义现代化建设的过程中，小城镇建设是非常重要的一环，小城镇是农村城镇化建设的新动力，是连接城市与农村的桥梁。小城镇所具有的社会经济聚集与辐射功能，能在很大程度上带动农村经济的迅速发展。可以说，小城镇的出现突破了长期固定化的城乡二元结构，对于农村发展是非常有利的。在小城镇建设的背景下，人们的生活水平不断提高，加上闲暇时间的增多，人们也逐渐养成了参加健身运动的习惯和意识，这对于农村全民健身运动的发展具有重要的意义和作用。

(四)充分发挥全民健身组织的功能,组织丰富多彩的全民健身活动

1. 开展“全民健身月”活动

社区体育活动具有趣味性、健身性、休闲性和社交性等特点。在全民健身运动的背景下,可以组织开展一些“象棋比赛”“足球邀请赛”“广场舞”等活动,以充分吸引广大居民参与其中。农村有条件的地区可根据当地特色,适当开展一些“收割大比拼”“挖树坑比赛”“小推车运肥”等富有趣味的体育活动。原先的晨(晚)练活动点要充分利用起来,并将其纳入正式的体育组织体系中,以建立和形成相对固定的健身小团队,促使体育活动站点的活动健康发展。

2. 开展节日体育和体育旅游

各地区可以根据当地的条件和特点,开展一些节日体育活动,如龙舟赛、登山、舞龙、扭秧歌等。另外,深受年轻人喜爱的徒步旅游、越野等体育旅游活动也能有效吸引更多的人参与进来。

3. 大力开展有特色的传统民间体育活动

中华民族传统体育文化源远流长,有着极为丰富的内涵和内容,可以将其作为乡镇以及乡村体育活动的主要项目,从而成为带动农村群体活动的良好载体。农村也可以建立以传统项目为主导,其他项目为辅的健身组织,在节假日期间开展具有浓厚地方特色的传统体育活动。这能有效激发人们参与运动锻炼的热情。

4. 以竞技带动全民健身的热情

各地区可以结合本地区的情况定期举办各种形式的运动会,让热爱健身的运动者参加比赛,满足他们的身心需求。除此之外,还可以经常性地组织人们观看体育节目,发挥竞技运动的引

导作用,带动全民健身活动的开展。

(五)强化内部建设,推进基层体育组织自我发展

基层体育组织各子系统的内部建设,是促进各类体育组织整体系统功能最大化的有力途径。在全民健身背景下,基层体育组织的建设应考虑以下三点。

(1)要着重加强队伍建设,加快基层体育组织管理干部的培养与管理,把综合素质较高的同志吸纳到基层体育组织中,把老同志的经验和年轻人的朝气有机结合起来,让他们的体育热情转变为对基层体育组织建设规律的把握。

(2)不断壮大公益性社会体育指导员队伍,充分发挥社会体育指导员的指导作用。积极培养和培训社会体育指导员,提高经营性体育组织服务的档次和质量,努力为广大人民群众提供最优质的体育健身服务。

(3)要强化自律意识,大力培育具有自愿性、群众性、民间性的基层体育组织,强化自律意识,完善监督体系,进一步规范组织关系和具体行为,让每位组织成员依法办事,按章活动,确保基层体育组织健康有序发展。

(六)加强体育俱乐部建设,充实全民健身组织主体

体育俱乐部是当今社会非常流行的一个事物,建设体育俱乐部既能满足人民群众不断增长的体育需求,同时也符合我国体育社会化进程的要求。因此,各种类型的体育俱乐部,只要符合国家的有关法律规定都可以登记注册。对于有条件的专业运动队,还可以根据本项目的实际情况,充分利用社会各方面的资金、人才、场地等条件,建立一个职业、半职业的体育俱乐部。

当前,在全民健身背景下,我们应该将体育健身俱乐部的建设与发展作为现阶段的重点。要充分利用公共体育场馆、公园、广场等场地设施开展各种体育活动,对已形成相对固定人群的,应引导其向俱乐部方向发展,并将其纳入社区服务的范围,增强

凝聚力，提高体育锻炼质量。对企业、个人等依法开办的为群众健身提供服务的企业性质的俱乐部，要进行指导和检查。对以开展青少年后备人才培养为主的各种业余俱乐部，要在师资、教学、训练等方面给予必要的支持和帮助。应鼓励广大的业余体校扩大招生范围，或与企业、中小学联合建设体育俱乐部。这些措施和手段的运用极大地充实了我国全民健身组织的主体，对于我国全民健身运动的开展是十分有利的。

另外，在建设与发展体育俱乐部的过程中，还要加强其规范与管理。各级体育行政部门要依法行政，严格履行自己的管理责任。对于企业性质的体育俱乐部，各地要将其纳入体育市场的管理范畴，依法加强监督和管理，各项活动要按照规章制度进行，要切实明确与俱乐部会员之间的权利义务关系，加强体育俱乐部的规范化建设，引导体育俱乐部向着健康的方向发展。

（七）培养每一个公民自觉的体育实践能力

受中国传统社会结构的影响，发展至今，我国自我发展、自我治理的公民社会还没有完全形成，人们自觉参与体育活动的意识还不是很强，只有人们的自组织意识和自组织能力不断增强，群众体育组织才能充分发挥自身的作用。我国全民健身组织的发展离不开每一个人的维护，这是我国全民健身组织健康运行的重要保障。因此，在今后的发展过程中可以建立一个科学、合理的全民健身组织的激励机制，积极培育和发挥每一个公民自觉的体育实践能力，从而促进全民健身运动的发展。

五、全民健身组织体系保障机制的构建

要促进我国全民健身活动的顺利开展，首先就要建立一个科学和完善的保障机制，在构建全民健身组织体系保障机制的过程中可以采取以下对策。

（一）加强我国政府职能的创新

我国各级政府应坚持服务为本、协调为重的基本原则，不断增强全民健身体育组织的凝聚力和影响力。要充分发挥好宏观监督和调控作用，动员社会各方面力量，逐渐将权力交给基层群众体育组织，为基层群众体育组织的自主发展松绑放权，突出基层群众体育组织在全民健身中的主导地位，从而共同推动我国体育事业的向前发展。

（二）提供充足的资金保障

通常来说，基层全民健身组织的顺利运行需要得到政府部门的大力支持，包括政策支持和资金支持。我国体育部门应充分利用体育彩票公益基金，有计划、有步骤地建立一些基层群众体育组织，向群众提供价格低廉或免费的体育活动服务和健身设施；通过体育彩票发行、企业赞助、个人投资等多渠道拓宽体育组织经费来源，建立体育组织基金，保证体育活动的正常开展；坚持体育社会化和产业化的发展方向，鼓励全社会投资兴办经营性体育健身组织，举办各种产业经营培训，适度发展体育产业，从而推动我国整个体育事业的发展。

（三）加强制度创新与发展

全民健身组织的发展离不开相关的制度保障，因此加强制度创新与发展势在必行。在全民健身发展的过程中，大力创新基层体育组织管理制度，规范经营性服务标准，对经营性体育组织和从业技术人员进行必要的资质认定。加强对基层体育组织工作的检查和考核力度，将体育工作纳入干部政绩的考察内容，建立完善目标责任制。制定基层体育组织的评估指标体系和评估标准，建立以保障体系、管理体制为主要内容的评估激励机制，有效激励管理人员的积极性，保证组织活动的顺利开展。

(四)健全和完善各项法规政策

在一些发达国家,针对社区体育组织管理都制定了相关的政策和法规,主要包括保障社区体育俱乐部的独立法人资格的法律、体育组织在财政上享有的优惠政策、关于公共体育设施和学校体育设施免费或低租金向全社会开放的政策和法律、俱乐部中进行酒精类饮料等商业性经营活动的政策和法律等与基层体育组织相关的政策与法规,是保障社区体育持续健康发展的重要依据。基层群众体育组织要健康发展,就必须做到“有法可依、有法必依、执法必严、违法必究”。为此,体育部门应会同民政、工商等有关部门,建立基层体育组织的管理制度,制定长期发展目标、科学的工作计划和经营规则、志愿者负责制、竞争机制、奖励政策和监督机制,落实管理服务主体,细化管理服务职责,建立长效机制,让基层体育组织按照规范程序来管理和运作,规范基层体育组织的发展。“有法不依”的问题在体育界还相当程度地存在着,因此建立一支优秀的执法监督队伍是非常重要的,其可以保证体育法规得到深刻的贯彻与实施。

(五)加强全民健身管理队伍的建设

在我国全民健身运动广泛开展的背景下,定期或不定期地举办培训班,加强全民健身管理人才的培养与培训,建设一支高质量的全民健身管理队伍是非常有必要的。农村招考大学生“村官”,可优先招聘录用体育专业的毕业生或具有体育工作经验、具备一定体育理论与实践能力的大学毕业生,会对农村体育工作起到很好的推动作用。在城市中更需要一支正规的专业化基层体育管理队伍。今后要不断加大对我国基层体育管理人员工作的经费投入力度,培养大批的组织管理人才,这是我国全民健身活动有效开展的人力资源保障。

六、我国全民健身活动与组织活动发展对策

(一)调动社会兴办全民健身活动的积极性

要想组织开展健身活动,保证全民健身活动得到健康的发展,就需要调动社会各方面的积极性,吸引社会赞助,拓宽资金投入渠道,按市场经济的要求进行发展。《体育法》《全民健身计划纲要》《全民健身条例》《中共中央国务院关于进一步加强和改进新时期体育工作的意见》等重要法规文件对此均有明确要求。为更好地贯彻和落实这些法规政策,调动社会各界的积极性,鼓励他们举办各种形式的有利于群众身心健康的体育活动,在全社会建立和形成一种社会化的群众积极参与机制。

(二)加快体育政府部门转变职能

在现代社会背景下,越来越多的人开始意识到体育活动不能仅仅依靠政府部门来管理,单凭政府部门的力量难以推动我国整个群众体育事业的发展。因此为了改变这种现状,体育政府部门必须加强职能的转变,由直接管理变为间接管理,将各项体育事务交给体育社会组织去管理,这样才符合当今社会发展的要求,有利于全民健身活动的专业化发展。

(三)积极发挥体育社会组织的作用

在现代社会背景下,体育社会组织具有非政府性、公益性等特点,是政府和社会之间的一个缓冲层,能够有效地承担政府部门在全民健身活动中的职责。它是开展全民健身活动的基层组织,对有效开展形式多样的全民健身活动具有特殊作用。

(四)继续推动体育社团的改革与发展

体育社团不仅具有开展体育工作、组织体育活动、满足人民群众参与各项体育活动的价值,同时还具有传达社会规范的重要

价值。发展到现在,我国各级各类的体育社团数量也不少,但由于长期依附于政府,体育社团的发展空间极其狭隘,导致人们对体育活动、体育服务多元化的需求受到阻碍,也导致体育社团有效性的缺失。全民健身活动的进一步发展需要推进体育组织的社会化,做大做强体育总会等各级各类体育团体,使体育社团取得相对独立的地位并实现相对自治,充分发挥体育社团的作用。

(五)大力发展基层群众体育俱乐部

《全民健身条例》规定:“鼓励全民健身活动站点、体育俱乐部等群众性体育组织开展全民健身活动,宣传科学健身知识。”群众性体育俱乐部的存在和发展,是对国家主办的体育事业单位的补充,解决了许多社会急需而政府又无暇顾及的领域,在一定程度上满足了人民群众日益增长的体育需求,缓解了供需矛盾,为全民健身事业的发展发挥了积极作用。大量的研究表明,参与俱乐部活动,是长期从事体育运动的一项重要保证。俱乐部是社会民主、结社自由与现代体育相结合的产物,尤其是以人为基础的服务性组织形式,是现代体育对人类文明的一大贡献。当前,我国的基层群众体育俱乐部的发展情况还不尽如人意,因此在未来的发展中要给予必要的政策和资金支持。大力发展基层群众体育俱乐部是我国全民健身活动有效开展的重要内容。

(六)培育和扶持基层群众健身团队

发展到现在,我国的体育社团数量不断增多,社区体育活动得到了蓬勃开展,社区体育业成为我国全民健身活动的有效组织形式。它不依靠或较少依靠政府资助,实现自我组织、自我管理,不仅满足了相当一部分人群参与体育的需求,而且活跃在广大社区,成为社会生活中一个较为活跃的音符。毋庸置疑,这些群众锻炼团队是全民健身活动社会自组织的最基本力量和基础平台,政府应在政策、技术和资金方面给予必要的支持,从而促使其得到健康的发展。

第二节 全民健身的管理体系

组织与管理是全民健身活动顺利进行的两个重要保障，上面主要阐述与分析了全民建设的组织体系，下面就重点研究全民健身的管理体系。

一、全民健身管理的内涵

全民健身管理是指全民健身组织中的管理者通过一定方式整合资源，实现全民健身目标的活动过程。随着我国社会经济的不断发展，城乡居民的生活方式发生了重大的转变，而这种生活方式的转变既为全民健身活动的开展创造了良好的社会环境，同时也产生了新的社会问题，对全民健身提出了新的要求。在这种环境下，加强对全民健身事业的管理，促进全民健身运动的健康、快速、协调发展，就成为一个亟待解决的重要问题。我国实行全民健身计划的目的是通过增强人的健康水平，减少疾病发生率，提高工作效率，增加经济效益，促进社会经济的不断发展，因此，各种全民健身组织的既定目标就应是提高社会成员的体质和健康水平，满足人们的娱乐、消遣等多元化需求，而全民健身管理的目标则是促使全民健身组织更好地实现这些目标。在我国，全民健身管理不仅是政府的责任，也是各级各类机关、企业、事业单位的责任；不仅是各级工会、共青团、妇联等人民团体的责任，也是各级各类体育社会团体的责任。全民健身工作的管理要依靠各级体育行政部门与各级、各类社团组织共同配合，多元化的全民健身服务体系才能充分体现出系统性，使资源配置最优化、管理工作规范化、服务效益最大化。

发展至今，全民健身运动在我国得到了广泛的开展，其参与人员构成比较复杂，参与动机千差万别，内容形式丰富多彩，活动范围地域辽阔，而市场经济改革的深入发展，又给全民健身带来消费化、市场化等时代特点，使全民健身组织管理具备了对象的广泛性与管理目标的多样性、对象的多样性与管理系统的复杂性、对象的自主性与管理系统的服务性等特点。为了更好地实现全民健身管理的目标，当前我国全民健身管理应完成以下任务：发展体育人口，筹措全民健身经费，吸引全民健身投资，提高全民健身效果。

二、全民健身管理的目标与任务

（一）全民健身管理的目标

体育组织管理的目标是要实现组织既定的目标，组织既定目标可以被分解成各类管理活动的具体目标，这些具体管理目标的逐步实现有利于总体目标的实现。

当前，我国全民健身的主要目标是增强人的健康水平，提高工作效率，增加经济效益，进而促进社会经济的进一步发展。因此，各种全民健身组织的既定目标应该是提高社会成员的体质和健康水平，满足人们的娱乐、消遣等需要。全民健身管理的目标则是促使全民健身组织更好地实现其既定目标。

发展到现在，为了更好地实现我国全民健身的管理目标，就需要对一个个子目标进行管理和细化，如大力发展体育人口、加强全民健身宣传与推广、培训体育管理人才等。

（二）全民健身管理的任务

当前，我国全民健身管理的基本任务包括以下几个方面。

1.增加体育人口，提高国民健康水平

增加健身人口与提高国民健康水平是我国全民健身的根本目标，而将这一目标落实到全民健身管理工作中则需要广泛开展

形式多样、健康文明的全民健身活动，动员更多的人参与其中。

2.提高全民健身的效果

我国是一个人口大国，全民健身活动的进行必须要能满足各类人的需要。人们在参加全民健身运动的过程中，其所处的地位具有全民健身客体与全民健身主体的双重性。全民健身工作者受国家政府的委托，担负着实施全民健身的任务，是全民健身的组织者和管理者，他们要运用一定的科学知识与原理向全民健身对象施加影响，以科学的技术与方法提高人们运动健身的效果。

3.改善全民健身的环境

全民健身的环境主要包括舆论环境、信息环境和物质环境等内容。要想保证全民健身活动的顺利进行，建设与改善以上几个环境非常重要。为了使更多的人参与体育健身活动，不仅需要营造一定的舆论氛围，还需要提供一定的物质保障条件。要通过各种宣传活动，引导激励人们崇尚体育健身、参与体育健身、科学精神的理念，使全民健身成为社会的普遍共识；要为人们参与健身活动创造更好的条件，不断建设和完善体育设施、体育组织、指导者队伍和法规制度等组成的多元化体育服务体系，以支持、吸引、动员更多的人参与全民健身活动。这不仅是各级政府的责任，也是有条件的社会组织和个人的共同责任。

4.刺激健身与健康投资

不论在任何社会条件下，健康都是人们生存与发展的根本，没有一个健康的躯体，人们就无法在其他方面得到良好的发展。尤其是在现代社会竞争日益激烈的背景下，进行体能与健康储备非常重要，这就如同知识储备与能力储备一样重要。进行体质与健康消费，就如人们进行教育消费一样，应当成为人们日常消费的一部分。全民健身工作应当在开展群众性体育活动中引导人们进行体质投资和体育消费，并不断致力于繁荣发展全民健身产业，使人们的不同体育需求得到满足。

三、全民健身管理的原则与方法

（一）全民健身管理的原则

1.整分合原则

在全民健身管理中，整分合原则的应用，可以使复杂多样的目标条理化、系统化，构成科学的目标体系。就全民健身的管理目标而言，遵循整分合原则需要做好以下几个方面的工作。

第一，从整体上对全民健身系统的总体目标进行总体的本质把握。这是构筑目标体系的基础，是整个目标体系的纲领。全民健身根本目标就是增强人民体质，提高全民素质和生活质量。

第二，将全民健身的总体目标分解为一个个小目标，逐一实现。在全民健身管理中，从管理要素的角度考虑，可以把总体目标分解为人事目标、财务目标和物质配置目标。

第三，对全民健身的多个目标进行总体组织综合。实现系统的总体目标分工不是管理活动的终结，是管理活动的细化和继续。分工后的各个环节，可能在时间、空间、数量和质量等方面脱节。因而需要严密的组织，有力的协调，实现科学有效的综合。

2.社会化原则

社会化原则是指动员和团结各部门、各行业、各社会团体共同抓好全民健身工作，使全民健身活动进入家庭，深入社会。在贯彻社会化原则时需要注意以下几个方面。

第一，全民健身组织与管理者应提高对体育社会化的认识，深刻认识其重要性。

第二，体育系统要尊重其他各部门的意见，善于团结他们一起抓好全民健身工作，处理好二者之间的关系。

第三，改革体育体制，突破纵向，打开横向，调动各种社会力量的积极性，促进全民健身的社会化发展。

3. 激发性原则

激发性原则是指采用各种措施和手段来激发人们参与健身活动的积极性。全民健身活动是广大群众自觉自愿参加的一种有目的有意识的社会行为。开展全民健身活动，关键在于群众的积极性，而这种积极性需要依靠宣传、教育等多种形式激发出来。贯彻激发性原则需要做好以下几个方面的工作。

第一，激发广大人民群众参加体育活动的动机。采取各种手段有效激发健身者的主动性，使人们自觉参加运动锻炼，而不是靠强制性来从事全民健身活动。

第二，激发健身者学习先进和榜样的热情。这也是激发性原则的一种方式，即榜样激发。通过树立样板、典型示范等方式提供人们学习的榜样，运用榜样的力量激励人们积极地参与体育活动，并在活动中取得良好的效果。

第三，适度激发健身者的竞争性。虽然全民健身本质上不是以竞技成绩为目标的体育，但是通过引入各种形式的竞争，可以满足人们好胜心与高成就的愿望，从而提高人们参与体育运动锻炼的兴趣。

4. 多样性原则

多样性原则的提出主要是为了满足各类人员的需要、地域的差异、季节的变化等，采取各种各样的竞赛方式以使全民健身活动得以持久、顺利地开展。全民健身活动的多样性主要表现在活动内容的多样性、组织形式的多样性和竞赛方式的多样性三个方面，全民健身管理者对此要引起高度重视。

5. 可行性原则

可行性原则具体是指全民健身的组织、内容、形式及开展全民健身活动的计划、方案、措施等，必须从实际出发，做到切实可行。

在全民健身运动开展的过程中，遵循可行性原则要做到以下几点。

(1)从我国国情和具体实际出发，利用有限的人力、物力、财力等资源做好每一项工作。

(2)从我国人民身体实际出发，选择合理的全民健身活动内容。

(3)从我国民族习惯出发，遵从各民族全民健身的特点，设计全民健身方案。

(二)全民健身管理的方法

全民健身管理的方法是指在全民健身管理活动中，为实现全民健身管理目标所采取的各种具体手段和措施。在具体的全民健身管理中，一定要根据现实情况选择合适的管理方法。在制定全民健身管理方法时应充分考虑广泛性、普适性和科学性等特点。

1.行政方法

行政方法是指按照一定的职权范围，下达指令直接指挥管理对象的方法。

(1)行政方法的基本特点

①强制性。行政方法具有鲜明的强制性特点，这种强制是指“非执行不可”的意思，在具体的执行过程中要求人们在思想上和行动上要服从统一意志，强调原则上的高度统一。

②权威性。管理者具有较强的权威性也是行政方法的重要特点。因此，不断地完善和健全学校各级体育管理机构，强化职、资、权、利的有机统一，努力提高管理者的权威性，是行政方法得以有效运用的基本条件。

③针对性。行政方法具有一定的局限性，因此，在运用行政

方法进行管理活动时，既不能把它看成是唯一的方法，也不能不顾对象、目的和时间的不同而滥用。

④稳定性。管理系统具有严密的组织结构、统一的目标、统一的行动、强有力的调节和控制，对于外部因素的干扰具有较强的抵抗作用，因此具有稳定性，但这种稳定性是相对的。

行政方法具有鲜明的强制性特点，但并不等于专制。应用行政方法要有一定的条件，即指令的目标性、科学性和权威性。目标性是指行政指令一定要符合管理目标。在全民健身工作中，由于管理目标具有多样性，因此在应用行政方法时，一定要慎重，不要使指令违背管理目标；科学性是指行政指令要实事求是，要经过科学的调查研究；行政管理中，应注意管理者是否具有权威性。因为行政指令被接受和执行的程度取决于管理组织和管理者的权威。权威越高，指令被接受和执行的效率越高，反之效率越低。

(2)行政方法的执行方式

在应用行政方法进行管理时，下达的指令主要包括命令、指令、条例、规定、通知和指令性计划等。

①依靠各级体育行政部门的领导，将全民健身工作纳入其工作计划和目标。

②争取单位行政领导的支持，纳入单位的工作计划、工作目标，积极向单位领导进行宣传，争取得到领导的指示。

③正式向行政领导或有关部门提出请示或报告，争取得到领导的批示，便于开展下一步的工作。

④纳入领导议事日程，形成工作决议。争取把全民健身工作问题纳入领导的议事日程，并形成决议。一旦形成决议，就要贯彻执行。

⑤制定一些行之有效的制度。在一个基层单位或一个小环境中也可以制定一些规章制度，以保证管理工作的顺利进行。

⑥制订有利于基层全民健身的计划和规划。这样的计划和规划一经领导批准，就可根据它来执行。比如竞赛活动的计划、场地设施建设的规划等。

⑦制定促进基层体育活动开展的规定和标准。如有关场地设施使用规定，活动经费规定等。

2.经济方法

经济方法是指使用经济的手段，利用经济利益的效果影响被管理者的方法。

(1)经济方法的特点

经济方法具有间接性、有偿性和关联性的特点。

①间接性。经济方法是通过对各方面经济利益的调节来进行的，是间接性的，如物质奖励等经济方法的运用等，并不能对人们的行为方式进行直接干预。经济方法的使用能有效调动人们的积极性，提高工作效率。

②有偿性。运用经济方法，不仅要求组织之间的经济往来应根据等价交换原则，实行有偿交换，因此，在全民健身管理工作中运用经济方法，必须注重多种方法的综合运用，强化思想教育，以促进全民健身目标的尽早实现。

③关联性。经济方法影响面宽、涉及的因素多，而且每一种经济手段的变化都会影响到全民健身管理系统内部多方面的连锁反应。因此，在管理中运用经济方法，应把握具体管理对象的特殊性质，注重对未来发展的预测，使经济方法发挥其应有的作用。

(2)经济方法的执行方式

一般来说，经济方法最为常用的形式主要有拨款、投资、赞助、奖金、罚款等经济手段和经济责任制、承包制、招标制等经济制度。采用经济的方法手段进行管理，要特别注意不能脱离主要的管理目标，还应注意不要忽略社会效益。实际上，也只有当满足了人们的体育需求时，全民健身活动才有开展的意义。

①加大资金投入。开展基层全民健身工作，提高广大群众的体质与健康水平是关心群众生活的具体表现，也是我国文化建设的一项非常重要的内容。

②争取赞助、广泛集资。在社会上开展群众性体育活动的资金，可以单位或者公司集体出资的形式进行，把钱集中起来大家参加集体活动。

③奖励与处罚。在利用奖励与处罚时，可规定一定条件下奖励与处罚的标准，既可以是物质奖励也可以是精神奖励。

3.宣传方法

宣传方法是进行全民健身管理的一个重要方法，是任何一种管理方法的实行和决策制定都必须采用的方法。由于全民健身大多以人们自愿参加为主，因而通过有效的宣传和推广，激发人们参与体育的兴趣，使其积极投入到体育锻炼之中。

(1)宣传方法的基本特点

①先行性特点。通过宣传教育，被管理者可以对管理方法和决策有充分的了解，同时可以思考自己如何配合行动；在管理过程中实施各项决策之前，通过宣传和教育，还可事先预测到人们可能产生的各种反应，制定相应的宣传教育措施予以预防，从而强化其正面效应，抑制可能产生的不良效应。

②疏导性特点。开展宣传教育，要动之以情、晓之以理，启发人们的自觉性。对思想问题采取回避或捂堵的方式是不能奏效的，甚至会激化矛盾。只有因势利导，才能收到教育的实效。

③滞后性特点。人们的认识和思想是对客观事物的反映，因此，管理者只有在事情发生之后或有些苗头的时候，才能开展一些思想教育工作。

④灵活性特点。时期不同、管理对象不同，思想基础、性格类型、价值观念和需求等方面也存在着差异，这就要求宣传教育工作必须以不同的时期和不同的管理对象为根据，对宣传教育的内容和重点、形式和手段进行确定，保持灵活性和针对性。

(2)宣传方法的执行方式

宣传可以采用各种不同的形式。除了大量的口头宣传，还有广播、壁报、通信等。在有条件时，应该争取向报刊、电台投稿；在举行大型活动时，还可以争取电视台转播，这样能获得较为理想的宣传效果。

①加强对基层人民群众的宣传。宣传党和国家的全民健身方针政策，宣传全民健身改革的新思路、新举措、新观点；宣传先进单位的典型经验；宣传科学的健身知识和方法，转变陈旧落后的健身观念；宣传科学健康文明的生活方式，转变不科学的生活方式；宣传参加健身活动的好处，动员全民参与健身。

②协调好关系。树立全民健身工作机构和成员的良好形象。协调好各方面的关系，疏通好各种工作渠道，求得各方面的支持，是各基层全民健身管理工作的重要手段。

③分类指导。区别不同单位、不同人的情况，因人、因地、因时制宜，提出不同的要求，并在工作中给予必要的指导。

④检查与评价督促、检查完成计划的情况，对于保证任务的落实有重要作用。不能什么工作只有布置没有检查，否则任务就容易落空。评价也是这样，但评价有时要制定一些标准，使下面有所遵循，也便于贯彻落实。

⑤在基层开展具有竞争性的全民健身活动。竞赛是一种好形式，被称为推动全民健身工作开展的“杠杆”，可以起到调动、激励、宣传和号召的作用。

⑥表彰与评比树立典型，鼓励先进，激励后进，找出差距，不断提高。这种手段是利用人的向上心理和竞争机制，能够有效地促进管理工作的开展。

⑦积极弘扬中华民族传统体育文化，开展传统健身活动，利用传统节日开展形式多样的运动会，以吸引广大人民群众参与其中。

四、我国全民健身管理体制

管理体制是针对某一事务管理的机构设置、权限划分、运行机制等方面的体系和制度的总和，是实现某些社会集团或社会群体利益的组织保证。目前，我国现行的群众体育管理体制正处于由政府管理型体制向政府与社会结合型管理体制改革过程中的一个过渡阶段，政府与社会结合型的体育管理体制处在不断成熟和稳定发展的过程中。在体育管理体制改革的过程中，体育行政部门收缩职能，精简行政管理机构和人员，让出部分权力给社会，逐渐形成政府、社会和个人共同办体育的新局面。我国的全民健身管理系统是由政府组织、体育事业组织、体育社会团体、体育经营组织、非正式组织共同构成并依照全民健身管理体制运行的系统，包括宏观、中观和微观三个层次，其中宏观和中观管理系统由全民健身政府管理系统（包括政府专门管理系统和政府非专门管理系统）和全民健身社会管理系统（社会体育指导中心、各单项运动协会、行业体育协会、各种人群体育协会和其他社会组织）共同组成，微观管理系统主要指基层群众体育组织，分为公益性组织和经营性组织两类，包括体育活动点、辅导站和俱乐部等。

五、我国全民健身管理体系存在的问题

当前，我国全民健身管理体系还存在诸多问题，尤其是在具体化和可操作性方面存在着明显缺陷。

（一）政府职能不够清晰

目前我国群众体育的管理机构设置较为庞大，权力过分集中，各部门之间的沟通协调机制不完善，有些职责不清，导致办事效率比较低下，如中华全国体育总会的职责之一就是“接受其业务主管单位国家体育总局及社团登记管理机关中华人民共和国民政部的业务指导和监督管理”，但中华全国体育总会没有独立的人事任免权，无真正意义上的决策权，缺乏民主决策的机制。在市场条件下，这样的管理机构必然要影响体育事业在市场中的发展。

(二)运行机制不完善

一般来说,运行机制主要包括动力机制、控制机制、整合机制、激励机制和保障机制等几个方面。在群众体育发展的过程中,这五个机制既相对独立,又相互联系,互相补充,共同作用于整个全民健身管理系统。可以说,运行机制是全民健身管理的润滑剂,运行机制是否良性运行是群众体育健康、迅速发展的重要保障。我国传统的体育事业管理体制是国家统包供给,统一所有,统一经营,统一管理,国家扮演着多重职能和角色,这种过分集权的现象非常严重。全国和地方各级体育协会和基层群众体育组织同时受政府体育局和体育总会的指导,造成体育行政部门职能不清,政府与企业、社会的职能分工不明确,政府体育组织与自发性体育组织之间缺乏联系。纵观我国全民健身管理的发展进程,最初是一种政府行为,后来形成了在政府主导下,企业、社会共同参与的网络管理体系,但是全民健身管理在很多程序以及大型活动的组织上仍需依靠政府的帮助和支持。政府部门成了群众体育的决策主体、组织主体甚至是参与主体,群众只是被动地参与,充当了“官办”体育活动的陪衬,没有达到既定的目标和效果。

(三)管理体系建设不平衡

大量的研究与事实表明,一个国家或地区的经济发展水平对全民健身管理体系建设具有重要的影响。我国地大物博,各地区之间的经济发展水平存在着较大的差距,加上中国群众体育自身的特殊性质,使得我国的群众体育不可避免地出现了多层次、多目标、多元化的现象。相关调查表明,在经济发达地区,如北京、天津、上海、广州等地,全民健身管理体系建设相对完善,而经济欠发达地区的全民健身管理体系就不太完善。此外,由于社会经济力量的差异,人们消费观念的不同,我国群众体育普遍存在着城市发展较快而农村发展缓慢的现状,城市和农村群众体育发展不平衡，农村体育工作是全民健身工作的难点。另外，经济力量的薄弱、农民健身意识的淡薄，使农村群众体育的组织管理表现出一定的松散性，不足以承担支持和管理体育的责任，系统完善的农村健身管理体系也就难以形成。再从区域发展角度看，由于东西部经济和文化发展的不平衡，我国大部分体育工作的组织与管理还是单纯依赖政府的力量，社会体育组织没有发挥自己应有的作用，这一方面需要在今后的发展中不断加强。

(四)管理体系各构成要素不完善

一般情况下，全民健身管理体系主要包括人、财、物、时、空、信息等多方面的要素，而实施有效管理则必须充分考虑这些要素。目前，总体来看，我国全民健身管理体系中，管理队伍、经费、设施三个主要素的发展良莠不齐，严重影响到我国全民健身活动的组织与开展。全民健身管理队伍是全民健身管理的主体，由拥有相应的权力和责任、具有一定管理能力并从事管理活动的人组成。全民健身管理者及其管理技能在组织管理活动中起决定性作用，通过协调督促他人的工作来完成组织活动中的目标。调查发现，我国目前的全民健身管理队伍存在两类问题：部分管理者欠缺对健身活动的理解，专业知识不熟练，管理技能缺乏；管理者在全民健身管理体系中角色定位不准确，多数扮演着领导者的角色，主要以政策宣传推广为主，履行全民健身资源的全权分配，很少与健身参与者进行体育健身信息需求的沟通互动，与健身参与者联络的角色缺位，没有需要被社会认可、接受社会监督的思想准备。在全民健身经费来源上，目前主要还是依靠国家财政拨款，远跟不上社会对体育需求的增长速度，在一定程度上阻碍了全民健身的全面发展。调查发现，我国的乡镇年度预算当中大多没有安排体育经费，而缺少资金使近半数的农村几乎处于三无状态，即“无经费、无场地、无活动”，严重制约了我国全民健身的深入发展。另外，在体育经费的管理上也存在缺陷，如只要搞赞助性比赛，各有关单位都找理由伸手要钱，且名目繁多，有些矛盾很难解决。从内部组织工作来讲，人员冗杂，办事效率低，也在一定程度上消耗了有限的经费。除此之外，我国全民健身场地设施也存在着一定的问题，全民健身点的布局不尽合理，体育场地与设施数量较少等都严重影响到我国全民健身活动的开展。

（五）法律制度不健全

目前，总体来看，我国制定的保障全民健身服务实践的制度还不是很健全，且整体效率较低，规范性程度不高。教育系统有关管理监督的法规少。对健身体育的市场、经营场所、活动等方面的管理监督也不够完善。有关全民健身法规还不系统和完善，现有法规主要以《宪法》《体育法》为基础，配合有限的行业管理规范、制度和条例等，基本上属于行政法的范畴。对民事、刑事法规的法律条款应用尚不广泛，对违规行为的处罚力度无法保障。在执法方面也存在很多不足，法律监督制度还不完善，执法人员的法律水平低，缺乏监督哪怕是象征性的监督，监督制度形同虚设。执行队伍的数量和质量都有待提高，不能实现有效的信息反馈，运行体制也不顺畅。这些因素阻碍了全民健身的执法力度，阻碍了我国全民健身运动的向前发展。

六、我国全民健身管理体系的建设

（一）创新管理机制，转变政府部门职能

很长一段时间以来，我国体育行政部门的各级群众体育管理机构，在群众管理中担负着直接的管理职能，居于管理主体的地位，具有较大的集权性和权威性。我国群众体育管理体制改革的重点就是由原来的管办结合向宣传引导、经济资助、技术支持、法规调整、跟踪监督的方向发展。要转变政府职能，改革组织管理机构，精兵简政，向社会下放权力，实行“所有权和经营权分离，决策权与执行权分离，监督权独立，权力分享”的管理机制。明确政

府和社会的事权划分,从宏观上加以管理,而具体的微观管理和运作应该放手给社会。鼓励社会参与,建立小政府大社会的体育组织与管理机构,将体育的发展孕育于市场经济。让市场机构发挥主导作用,将体育组织社会化,使体育组织具有自我决策的权力。充分利用第三部门在体育产品和服务的供给上所具备的优势,形成由各级政府领导和体育局(文体局)主抓、有关部门协同配合的社会各界合作共办体育的全民健身管理新局面。

在我国全民健身运动不断发展的过程中,要积极调动各方力量,充分发挥社区、居委会等各社会团体的力量,建立健全体育协会、文体中心、体育指导站、俱乐部等多形式、多层面的社区体育组织网络,合理配置并有效利用好社区体育的各种资源,联合医疗卫生部门,积极参与健康指导、运动处方、体育疗法等服务,并逐步扩大网点,努力实现体育公共服务均等化,形成一个健全和完善的体育服务体系。

(二)建立一套符合全民健身自身发展的管理体制

(1)在组织机构上,城市社区可以建立市区人民政府、街道办事处、居民委员会和体育活动站四个层次的社区体育组织管理机构,由区政府牵头,以街道为主体,以居委会为依托,以活动站为基地,形成一个科学、合理的社区体育组织管理体系,从而实现全民健身管理的有序性。

(2)对于农村体育而言,针对农民的具体实际,将政府工作重点置于宏观调控、综合协调和体育基本设施建设上,树立服务观念,规范管理。采取以政府为主,依靠各部门、基层、体育协会、企业和个人资助的方式,大力发展新农村全民健身体系,并充分调动社区、社团、协会、俱乐部、企事业单位和个人投身体育的积极性。

(3)将群众体育组织实体化,实现群众体育自我发展。加速群众体育的社会化管理,实现民间体育组织实体化,将民间体育协会改为具有法人资格的体育社团;根据居民的爱好,建立群众体育俱乐部，兴建自己的场馆设施，自主经营，自主管理；向基层政府下放体育权力，成立街道社区服务中心，实行街道体育管理，制订辖区群众体育运动发展计划，通过宣传和组织竞赛的形式，实施手段灵活的宏观指导性管理，提供骨干培训与指导服务。通过发展群众体育社团、体育俱乐部，把群众体育运动推向市场，使群众体育运动实现商业化、产业化，实现群众体育的自我规范发展。

(4)实现群众体育管理体制的“人本化”。“人本化”的管理理念是群众体育管理体制的精髓。政府要充分贯彻“人本化”的群众体育管理理念，对社区体育、乡镇体育、农村体育区别对待。对经营型群众体育的管理，要以经营者为中心，鼓励和调动经营者的积极性，最大限度地为他们提供发展的空间。随着社会法制化、民主化的不断加强，群众体育的管理体制必将充分体现“以人为本”的管理理念。

(5)实现群众体育的生活化。体育组织要利用各种体育资源，依靠组织成员的力量，自我经营，自我管理，自我服务，做到“活动时间固定、活动场所稳定、活动内容稳定”，加快体育社会化的进程，实现群众体育生活化。

(三)建立健全全民健身管理网络

管理网络是全民健身的指挥系统。我们认为，我国的全民健身管理应当建构一个由中央、省级、市(地)、区(县)、办事处(镇)和社区的各级一线相关体育组织环环相扣、锁链衔接构成的网络式体系结构。各级政府体育管理部门，要积极转变职能，发挥宏观调控和指导作用，负责管理公益型的群众体育组织的发展，充分发挥体育总会、社会体育中心、项目体育协会的作用，大力推进社会体育指导站和各级文化站的发展，为群众健身运动提供组织保障。群众健身组织体系是满足人们体育需求的重要保障，管理者的组织策划是否合理有效，对人们实施健身活动发挥着重要作用。在全民健身服务体系的每一个角落都应该看到组织服务的存在，在全民健身工作中发挥着巨大的功能。全民健身管理网络体系的构建应该符合系统整体的原则，以便实现全民健身组织管理体系总体上的协调、管理、筹划及实施。在构建全民健身组织管理网络的过程中，我们应密切关注体育基层管理组织与其他体育组织的联系情况，因为体育基层管理组织与其他组织之间的联系越密切，越有利于全民健身体系的各种因素的协调。体育基层管理组织应当与相关部门保持密切联系，在政府和体育社团之间起到良好的沟通作用。

（四）加强基层全民健身管理队伍建设

全民健身运动开展的好坏在一定程度上取决于各级政府的重视程度，领导重视是关键，强有力的管理队伍是保障。加强基层全民健身管理队伍建设，发展群众体育事业，是各级政府的一项重要职能。首先应加强全民健身管理者对健身专门知识、专业分析能力以及灵活运用专业工具和技能的培养；其次应大力转变管理者的思想观念，加强与健身参与者的沟通互动，在组织内外建立良好关系和网络，在健身管理组织中建立起协作精神和团队精神，创造一种良好的氛围，使所有健身者都能自由表达个人观点，了解人民群众从事体育健身的真实需要，进而实现全民健身资源在全社会的合理配置。

（五）完善全民健身管理的立法、执法、监督机制

当今社会是一个法制社会，在全民健身运动发展的过程中，要把群众体育、全民健身计划的实施等纳入一个法制化轨道。广泛开展《体育法》的宣传，创造良好的体育法制环境，增强体育干部的法制观念，提高体育队伍的法律素质。加快配套立法，建立健全体育法规体系，推进体育管理体制和运行机制改革的立法，落实保障公民体育权利、提高公民身体素质的立法，使各级体育行政部门的立法意识和立法能力都上一个台阶。法律的生命在于实施，要加强体育法制工作队伍建设，提高依法行政、以法治体水平。强化执法手段，严格执法程序，建立健全体育执法制度。建立全民健身效果的

评估制度，充分发挥激励机制，分权制衡，获得协调发展。

（六）解决全民健身不平衡发展问题

在新的时代背景下，全民健身管理网络的构建应当以农村工作为难点，协调城市体育与农村体育的发展平衡。农村体育作为全民健身体系中的难点，在组织管理网络的建设中应该注意，要打破城市农村发展不平衡的状态，就必须加大农村体育的投入，加强农村体育设施的建设，加强农村体育网络建设，广泛开展适合农村特点的健身活动和竞赛，为农民参与健身提供便利条件。应该建立基层体育管理队伍，做好农村社会体育指导员的培训和培养，农民健身意识的转变需要管理者的引导，农村体育资源的配置和利用也需要管理人员的努力。另外，对于自发的兴趣小组应当给予鼓励和支持，对于民间以及传统的农村体育项目要成立单项协会。由于东西部经济和社会发展的差异，东西部地区采用了双重体育管理体制，这有一定的合理性和现实性，因为在经济不发达地区，社会组织没有发展成熟，不足以承担支持和管理体育的责任，不得不采取政府管理型体制。而在经济发达、体育市场相对完善的地区，社会管理型的体育体制就具有充分的合理性，能发挥重大作用。因此，在未来的发展中，需要继续推行并完善双重体育管理体制，以充分解决全民健身的各种不平衡发展的问题。

（七）建立满足健身需求的社会支持网络

社会支持的主体结构是由国家支持子系统、群体支持子系统和社区支持子系统、社会捐助子系统组成的结构系统。国家支持子系统的主体是政府机构，主要包括社会保险、社会救助、社会福利、税收调节、投资建设基础体育设施；群体支持子系统是以初级社会关系为纽带形成的群体，初级群体有家庭、邻里、运动伙伴等，次级群体有学校、社团等，群体支持子系统就是由初级群体支持和次级群体支持组成的结构系统；

社区系统是指由城市社区提供的社区康复、社区体育活动组织、残障人体育活动指导等;社会捐助系统指利用个人和企业等捐助的资金进行体育基础设施建设,包括地方性比赛的门票、参加俱乐部的免费门票等。

第四章　全民健身的活动与指导体系研究

全民健身关系到人民群众身体健康和生活幸福，构建全民健身体系是全面建设小康社会的基本目标。全民健身活动体系是在增强人民体质、服务人民全面健康的思想指导下，对全民健身的活动进行全方位、立体式思考和设计，明确全民健身活动的指导思想、目标、策略、内容和方法，为组织全民健身活动形成标准性文件，是全民健身活动开展的重要抓手。全民健身指导体系运用科学健身方法、手段对不同的健身群体进行指导，以新时代中国特色社会主义思想为引领，全面实施全民健身国家战略，形成了政府主导、部门协同、全社会共同参与的全民健身事业发展格局。为此，本章深入细致地研究了全民健身活动体系和指导体系，为全民健身体系及其实现路径的研究提供参考依据。

第一节　全民健身的活动体系

全民健身活动体系的概念有广义和狭义之分，广义的全民健身活动体系就是指全体国民参与的体育活动系统，具体包括体育锻炼、群众运动竞赛、体质检测以及体育文化活动；狭义的全民健身活动体系主要指健身者日常参与的体育锻炼系统。

一、全民健身活动的分类

对事物的分类就是要根据一定的标准进行，是对事物进行区分的方法，全民健身活动分类，需要从不同的角度出发，对全民健身的内容进行区分和研究。

(一)按组织规模分类

组织规模就是参与活动的人数，按照这种分类方式，需要有多数人参与的项目就是操类和球类，以个体参与的项目就是游泳类和太极拳类。这种分类方式便于确定哪种健身项目有利于群体进行锻炼，哪种健身项目有利于个体参与锻炼。

目前，社会上比较盛行家庭式体育项目，如亲子类，这些活动多属于体育游戏类，活动对象以家庭成员为主，人数不多，增加了家庭成员之间的互动和交流，内容简单，便于开展。

(二)按活动内容分类

按照全民健身的内容，也就是大众选择的健身项目进行分类，这种分类方式比较传统，可以分为田径类、球类、舞类、游泳类、操类、体育游戏等，这种分类的方式可以明确进行体育锻炼的技术特征和文化特征。

(三)按体育消费分类

体育消费体现了体育锻炼项目所具有的商业价值，比如在社会上流行的跆拳道和搏击操就是商业健身房中有偿性的服务类项目，扭秧歌或广场舞就属于低消费的健身项目。

体育项目的健身价值基本都相同，都希望能够达到强身健体的目的。无论这种体育消费属于高消费还是低消费，其锻炼的价值和作用都是相同的，只是在这个过程中享受的程度不同，所体验到的精神内涵不同。按照这种分类方式，可以区别健身活动的商业价值。

(四)按性别特征分类

不同的运动项目对不同的性别特征有相应的适应程度，比如扭秧歌更适合女性，球类更适合男性。通过明确锻炼项目的性格特征，指导不同性别的健身人群参与体育健身运动。

（五）按年龄特征分类

不同的运动项目对不同的年龄特征有相应的适应程度。人处于不同的年龄阶段，喜爱的体育运动项目不同，少数人会终身只喜欢一种体育项目或者从事一种体育项目活动，主要原因是每一种项目体育文化的特征不同，适应的人群也不相同。

年轻人喜欢大球类运动项目，而老年人则更喜欢小球类项目或门球项目。年轻人更偏爱时尚类运动项目，轮滑、跳操，中年人更偏爱具有实际锻炼效果的项目或较为安静的项目，如太极拳。

（六）按锻炼目标分类

大众在健身活动中一般不会只选择一种，而是同时会选择多种体育健身活动作为目标，按照目标权重的不同程度进行排列。将休闲目标作为优先级，那么其次就是以锻炼为目标，参与运动的人就可以选择体育休闲类的运动项目，包括滑雪、潜水、跳伞等。

如果将锻炼作为首要目标，那么休闲就是之后的目标，锻炼者就要选择休闲体育类项目，包括乒乓球、篮球、羽毛球等。

（七）按活动地域分类

我国地域范围广阔，有很多少数民族传统体育项目都属于全民健身的内容，按照参与人群的地域不同，可以对健身活动进行分类。延边朝鲜族自治州朝鲜族的荡秋千，内蒙古地区蒙古族的摔跤，西北地区回族武术等，按照地域进行划分，可以清楚地了解在不同地区开展全民健身活动的内容和优势，有利于观察研究这一地区健身活动的具体特征。

（八）按体育器材分类

在健身活动中，有的需要使用器材，而且所使用的器材具有不同的特点，我国全民健身的基础比较薄弱，特别是场地器材方面相对比较匮乏。因此，很多大众体育健身项目，不需要使用健身器材，徒手就可以进行健身活动，太极拳、长走等锻炼形式基本都不需要使用体育健身器材。

伴随国民经济的快速发展。我国全民健身事业也得到了快速进步，使用健身器材的活动变得越来越多，羽毛球、太极柔力球以及全民健身路径的锻炼等都得到了发展。按照这一角度分类，可以了解在哪些缺少场地器材的地方可以选择锻炼活动。

(九)按健身活动分类

健身活动有广义和狭义之分，广义的健身活动包括体育锻炼、运动竞赛、体质检测等，这些都促进了大众体育的健康发展，狭义的健身活动只是指健身活动本身。从健身系统的角度，更有利于观察健身活动本身，更好地开展健身活动，管理健身活动，增强体育健身的效果。

(十)按运动强度分类

每一种运动项目具有不同的运动强度。有的锻炼项目强度比较大，如长跑。有的锻炼项目强度就比较小，如长走。不同人群可以选择最适宜他们身体素质的锻炼项目，身体素质较差的人就可以选择运动强度比较低的项目，身体素质比较强的人，就可以选择运动强度比较大的项目，满足不同人群的锻炼需求。

相关研究发现，我国城镇社区居民体育活动进行的运动项目具有鲜明的民族文化特色以及时代特征，经济发展较为发达的城镇拥有丰富的体育运动项目，不仅包含了走在时尚前沿的现代体育运动项目，如斯诺克、高尔夫、普拉提等收费较高的项目，也有传统健身养生特色项目，如太极拳、气功等。

然而，经济欠发达的地区，受到经济发展水平、体育文化活动、体育发展政策、组织管理以及体育价值观念等因素的影响和制约，社区体育运动项目相对比较单一，大多数居民都愿意不花钱或者花较少的钱在公共体育场、公园、小区的空地等场所开展体育健身活动。其选择的运动项目对场地和器材的要求并不高，技术要求简单，运动负荷小，便于开展，不受时间限制，带有一定娱乐性的现代运动项目和具有健身康复功能的地方民族传统体育运动项目。

选择运动项目和居民性别、年龄、受教育程度都有关系，比如老年人就会首选散步或走步这样的健身活动方式；青少年就会选择篮球、羽毛球、乒乓球、足球在学校学习过的竞技类体育运动项目；中青年人则会选择健美操、瑜伽、跑步等偏向休闲类的体育运动项目。城市中女性群体更乐于开展操类、舞蹈类等健身项目，男性群体则更愿意开展球类、田径类运动项目。

上述运动项目有的在城镇社区并没有出现，主要是由于城镇社区体育组织体系发展不如城市社区发展健全，通过社区体育组织发展起来的体育活动不如城市多，城镇社区居民参与体育活动主要是以个人锻炼或者和家人、同事、朋友一起锻炼的形式为主，个人单独进行体育锻炼的人数要比和其他人一同锻炼的人数少很多，而且在城镇社区中拥有长期进行体育锻炼的人并不多。人们还没有养成体育锻炼的生活习惯，体育健身意识还不够深入。

二、全民健身活动的特点

全民健身活动的特点就是我国全民健身运动应该具有的基本特征，具体包括以下三个方面（图 4-1）。

（一）娱乐休闲性

大众参与体育活动的动机有很多，最主要的动机有三种：一是增强体质，增进健康；二是培养道德品行、消遣娱乐；三是加强和同伴之间的交流、锻炼社交能力。还有一部分人是为了能够提高自身的运动能力，坚持从学生时代就养成了体育运动习惯。

大众体育运动的动机不同，并不是统一的，具有一定的复杂

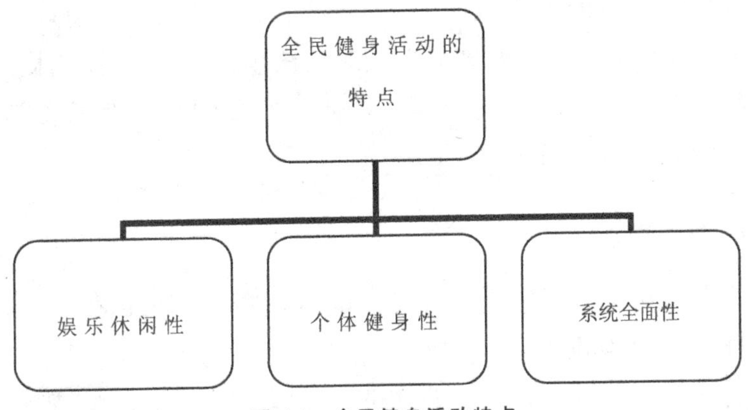

图 4-1　全民健身活动特点

性，在这其中，希望能够获得娱乐休闲的占到了大多数。人们在闲暇时间，渴望通过消遣等活动来达到休闲的目的，丰富和充实自己的生活，实现自我价值，修养身心，选择这样一种积极的生活方式来面对生活。

运动休闲就是通过参与体育活动来达到休闲的目的，是一种以休闲为主的生活方式，在闲暇的时间开展的体育运动，需要具有休闲娱乐性。自古以来，就有休闲，几千年人类文明进化的历史表明，休闲和社会共同发展，是人类生活质量和生命质量提高的重要工具。

从现代社会的角度来看，不同时代人类对于休闲的感觉基本相同，但是随着社会的发展进步，人们对休闲活动的质量提出了更高的要求，中国具有丰富的休闲文化，从古代就有琴棋书画、猎骑习武、云游山水、歌舞百艺等丰富多彩的休闲文化生活，这种怡情益智、修身养性、闲适恬淡的生活境界可以陶冶情操、修炼品行，从而达到个人对精神层次的追求。

教育家孔子倡导“六艺”，礼、乐、书、数、射、御，其中就包含了休闲活动这一内容。中国古代的“蹴鞠”是非常典型的运动型休闲活动，是现代足球的渊源。中国的围棋是典型的静态休闲活动，“置酒高林下，观棋积水滨”是我国民间棋艺活动情境的生动写照。

我国古代就对休闲有着深刻的哲学认识，“君子之行，静以修身，俭以养德，非淡泊无以明志，非宁静无以致远”，“采菊东篱下，悠然见南山”等诗句都表达了古人对恬淡生活的向往和追求。

我国健身活动中能够体现娱乐休闲性质的主要有两种类型，体育休闲和休闲体育。

1.体育休闲

体育休闲主要是指运动在海、陆、空三个环境中进行。海主要就是指在水中进行的运动休闲活动，比如潜水、戏水等。陆顾名思义就是在陆地平原或山区开展的体育活动，如郊游、攀岩等。空就是在空中从事的体育活动，如滑翔、跳伞等活动。

由于这些活动都离自己的住所远，中国人目前的旅游方式主要还是以观光为主、休闲为辅，很多人并不会经常选择这种项目作为自己开展休闲活动的内容，还不能成为大多数中国人的休闲生活方式，体育休闲的发展道路任重道远。

2.休闲体育

休闲体育是被“灵活化”处理了的运动项目，休闲体育包括奥运项目和非奥运项目，对内容进行创新改编，增加了运动的娱乐性，降低了竞技性，增加了参与性，让更多的人可以参与其中。

这种“灵活化”的处理，保证了原有体育项目的文化基础，让这个项目能够更加符合健身者的需要。社会体育活动要有健身性和娱乐性作为发展的原则，健身是大众体育的首要目标。

但是，社会体育活动大多是在业余时间开展，娱乐性就显得非常重要了，人们经过一天紧张的工作学习，业余时间自然希望能够开展一些轻松愉快的体育活动，放松心情，释放压力。如果大众所开展的体育活动缺乏娱乐性，竞技性过强，要求过高，那么就会对这项运动失去兴趣，对大众的吸引力降低，直接影响到社会体育的持续开展，影响健身目标的实现。

在大众健身活动中，将运动游戏化，竞争娱乐化，配合舒缓放松的音乐和优美恬静的人文环境，会让人眼前一亮。社会体育和学校体育是体育在不同范围内存在的同类事物，两者具有相同的目标，但是又具有各自不同的特点。

学校体育是在义务教育范畴内的学校体育，其主要特征是具有强迫性。强迫性并不是指不管你喜不喜欢，都要学习体育，而是指在中小学国家设立的体育课程是必修课程，并且为这一必修课程制定了严格的标准，大众体育则是自愿参与。

社会体育的主要特点是灵活性与文化性相结合，任何体育项目都有独特的文化标准，文化成了体育发展的根基，具有强大的魅力。无论是奥林匹克运动还是民族传统体育，无论是非奥运项目还是时尚体育项目，每一项运动背后都有一个故事，而这个故事就是背景文化，就是社会体育所包含的文化内涵。

每个项目所具有的竞赛规则和技术要求也属于文化的范畴，所以，社会体育无法脱离它的文化单独存在，成了一种纯粹的“玩”。健身活动要和传承体育文化相结合，丰富了健身活动的内涵，比如学习舞龙、舞狮，或者练习健身秧歌，都传承了中华民族传统文化。

当然，社会体育的主要目标是健身，不能只拘泥在固有的文化中，还可以根据需要来创新这种文化。普通大众踢球，每队上场人数是 18 人，球从大门踢进去可以得到 3 分，在大禁区和小禁区之间踢过底线可以得到 2 分，在大禁区和角旗之间的底线踢过去可以得 1 分。

对于规则和组织的这种灵活性、创新性改革，展现了球场上队员之间“全攻全守”式的激烈比赛，从社会体育的角度看，改变了足球的游戏规则，提高了参与性，增加了娱乐性，人们可以通过参与其中获得自我满足感和成就感。从体育文化的角度看，社会体育工作者需要具备坚持一种文化、改造一种文化、创新一种文化的基本能力。

（二）个体健身性

个体健身性就是个体在参与健身活动中要选择符合自身身

体条件和运动强度的项目,能够满足自身的兴趣爱好。有一位年过 60 岁的老人每天早上跟在年轻人身后长走,每天坚持走大约 5 公里。当这位老人快 70 岁的时候,他说自己每天早上这样锻炼觉得非常疲惫,已经跟不上年轻人的速度了,应该怎样做才能跟上年轻人的速度呢?

这位老年人的运动方式是否出现了问题,是否选择了符合自身条件的锻炼项目。这就需要考虑运动负荷、身体负荷与健康负荷这三个因素。

1.运动负荷

运动负荷就是人在运动中要完成的工作量。运动负荷包含了运动量和运动强度,运动量是完成运动的距离、时间、练习的次数等,运动强度是指在单位时间里完成的运动量,单位时间里完成的运动量越大,运动强度就越大。

2.身体负荷

身体负荷就是人在运动过程中身体所承担的工作量。身体负荷包括身体负荷量和身体负荷强度,身体负荷量使用运动过程中的心率来衡量,身体负荷强度用单位时间内的心率来描述。运动过程中单位时间内的心率会加快,身体负荷强度也会增大。

不同年龄段的人在运动过程中,如果运动负荷相同,那么身体的负荷会不一样,有时相差巨大。上述那位老年人在追随年轻人走路的过程中,他们运动的负荷是相同的,但是老年人的身体条件比不上年轻人,就会觉得自己的身体负荷很重。

在锻炼过程中,应该首先考虑身体负荷的因素。身体负荷是衡量锻炼效果的重要指标,运动负荷只能说是参考指标,这位老年人的思考方式是有问题的,有可能会给自己的生命带来危险。

3.健康负荷

健康负荷就是指大众在健身锻炼的过程中能够有效发展体

能，同时又可以降低运动风险的身体负荷，和身体负荷不同，每分钟脉率的上限要求是不超过150次，下限要求是不低于110次。体育人口标准中对于锻炼中身体负荷的要求也在这个范围内，有氧锻炼的要求也同样在这个范围内。

大众健身领域中，人和人的身体条件、性别、年龄、锻炼基础都不同，不要盲目地和别人比较运动负荷，要考虑自身身体的实际情况，坚持个体的健身性，坚持个性原则。

（三）系统全面性

从广义的全民健身活动出发，坚持运动健身的过程中，关注人民体质不断提高的相关要素，包括体育文化宣传活动、体质检测活动、运动社交活动、体育竞赛活动等。

体质检测活动和大众健身活动紧密联系，我国大众体育的科学素养还不太高，目前大众开展体育健身活动和体育健身指导以及体质测量都处于脱节的状态。

体育科学素养就是大众所掌握的体育健身知识、体育健身动机和体育健身行为，是大众科学素养中的重要部分，是人口学中应该研究的重要内容，一直被人们忽视。到目前，我国对体育人口标准的认知还局限在运动强度、运动时间和运动频率，体育人口标准的内容中还缺少体育科学素养这一项。

有学者对北京市居民进行了关于大众体育科学素养方面的调查，关于体育锻炼的目标，有45%的居民表示为了追求“更快、更高、更强”；40%的人是为了追求“更健康”；15%的人表示不清楚。可见，大部分人对大众体育目标与竞技体育目标之间的区别存在认识误区，在事物的源头上就存在认识偏差，那么也不可能提高健身效益，减少运动伤害。

老百姓对健康的概念还仅仅停留在表层，停留在形式上，健身计划需要经过认真思考，将各方面因素都考虑周全后制订具体的健身计划，健身计划是否科学会直接体现在健身效果上。调查显示，有55.9%的人没有制订过健身计划，15%的人表示不清楚，主要原因是缺少锻炼健身计划的意识，不具备制订计划的能力。

没有计划的健身很难坚持下去，在锻炼前进行身体检查可以防止出现因患有不适宜参加某项运动的疾病，而出现运动损伤的情况，锻炼前的身体检查为开展运动健身提供了健康保障。需要注意的是，身体检查要在制订健身计划前进行，有83.7%的人没有做过这项工作，为健康而参与锻炼健身的群体其实是具有"高风险"的群体。

1.关于检测与评价健身效果方面

在检测与评价方面，更多的是关注对速度、力量、耐力等素质的评价，忽略了对健康体能的评价，对健康指标的选取，用竞技体育的指标来评价大众体育是不科学、不实际的。

竞技体育和大众体育的目的、效果、手段、途径和评价都相差甚远，然而，作为普通大众很难区分这些问题，通过检测和评价，使得大众能够更准确地了解自己，更全面地了解自己，提高健身效益。

2.关于健身器材方面

在健身过程中选择器材上，71.5%的人没有选择过。56%的人并不了解体育器材组合使用的规律，降低了健身路径的使用效率，减少了健身效益。

影响健身质量的因素是运动负荷，测量运动负荷最重要的指标是脉率，在调查的群体中有53.3%的人不了解自己在运功中脉率是多少，27.9%的人会将脉率保持在中等强度。可见，大众并不能很好地控制运动负荷。

科学技术不断推动着经济的发展进步，是经济和社会发展的重要力量，科技在大众体育事业发展过程中发挥着重要作用，前提是大众体育科技知识得到了广泛的传播。大众体育科技传播的最终目的是加强大众的体育科学素养，增强大众对体育科技的利用率，达到传播效果。

3.关于体育科技知识

在知识经济快速膨胀的时代，科技传播发挥着基础性作用，具有一定的服务功能，传播过程具有完整的模式链条，信息传播→理解→接收→产生行为。在大众体育科技的传播效果中，有15.5%的人认为报纸所传播的健身理论知识非常容易理解，11.8%的受众认为报纸传播的健身手段容易理解。

大众体育科技传播的途径还需要丰富，科普化还需要一个过程，21.3%的大众可以比较清楚地记住健身理论知识，41.4%的大众可以清楚地记住健身方法。可见，比起健身的相关理论知识，大众更容易接受和记忆健身方法。6.3%的受众认为报纸上传播的健身方法更有实践意义，59.7%的受众认为报纸上传播的健身方法比较有实践价值，34%的受众认为报纸上传播的锻炼手段没有实践意义。

媒体更应该关注大众体育健身的实践性意义，由于参与健身运动的人群在年龄、职业、性别等条件上都具有差异，对所需要的健身知识也有着不同的要求，大众体育科技知识的传播要按照市场细分的原则来进行。

4.关于行为和效益

调查中显示行为和效益，44.7%的受众会将报纸上看到的健身理论知识告诉他人，36.4%的受众会将报纸上看到的健身方法告诉他人，28.1%的受众会运用报纸上传播的健身方法来指导自己和别人的健身活动。大众体育科技传播达到了和传播者共享的目的，实现了和别人的分享。69.5%的人群获得报纸上传播的锻炼手段后，会提高锻炼效益。

人属于社会人，社交是人的社会属性，健身活动就是开展人际交流的重要场合，特别是一些离退休的老年人，健身活动所具有的社交性就会显得尤为突出，体育成为老年人相互交流的重要手段。

我国在健身路径的设计上，喜欢锻炼的人会在锻炼的过程中结交朋友，共同交流，一些“太空漫步机”、跑步机的设计和摆放总是联体装配，目的就是为了锻炼者在运动的过程中，可以和朋友交流，享受健身运动带来的乐趣。

健身活动具有交友社交的作用，还可以学习交友社交的规则。健身活动一般是集体性交流活动，在活动或者竞赛过程中都会设定规则和道德标准，在社会环境中每个人都会扮演不同的社会角色，健身活动也一样，人们在公认的比赛规则和道德标准下，公平竞争，培养了集体荣誉感和归属感，得到同伴的支持和认可，在人与人之间形成一定规则束缚下的健康的人际关系。

人们在体育活动中感受到来自社会的束缚，通过集体的接纳感受社会的认同，通过身体素质的提高感受社会的赞赏，通过参加比赛获得较好的成绩感受社会的尊重。

体育健身活动带给人们的不只是身体机能和素质的提高，更是精神层面的丰富和满足。人们通过体育活动可以肯定自我，实现自我，巩固友谊。体育是一个小世界，也是一个和谐的世界，人们在体育世界里可以展现自己的才华，得到公平的待遇。

三、全民健身活动的自我评定

(一)外在表现判断运动量

适宜的运动量反映在身体外在的表现主要有：健身后身体微微出汗，心情愉快，睡眠好，食欲大，虽然伴有一定的疲劳感和肌肉酸痛，但是通过休息就可以消除，次日依旧会恢复活力，产生运动欲望。

运动量过大反映在身体外在的表现主要有：运动后大汗淋漓、胸闷气喘、头晕眼花、睡眠差、食欲小、非常疲劳，脉率在15分钟内无法恢复正常，次日浑身没劲，没有再次运动的欲望。

运动量过小反映在身体外在的表现主要有：运动后身体没有发热的感觉，脉率也没有较大的变化或者在2分钟内就恢复正常。

(二)自我评定健康状况

自我评定健康状况可以通过以下方法作为参考。

1.检测安静状态时的脉率

安静状态时的脉率直接反映出运动者的心血管健康状况，是一项简单且准确的指标，随着身体健康水平的提高，安静状态下的脉率会变得更加缓慢，更有规律和节奏。

检测方法：清晨刚睡醒后测定每分钟脉搏的次数，按脉的部位要选择腕部桡侧或颈动脉处，不同的性别和年龄中人们在安静状态下的脉率不同(表 4-1、表 4-2)。

表 4-1　不同年龄男性安静状态下的标准脉率　　单位：次/分钟

身体状况	20～29 岁	30～39 岁	40～49 岁	50 岁以上
优	≤59	≤63	≤65	≤67
良	60～69	64～71	66～73	38～75
中	70～85	72～85	74～89	76～89
差	≥86	≥86	≥90	≥90

表 4-2　不同年龄女性安静状态下的标准脉率　　单位：次/分钟

身体状况	20～29 岁	30～39 岁	40～49 岁	50 岁以上
优	≤71	≤71	≤73	≤75
良	72～77	72～79	75～79	77～83
中	78～95	80～97	80～98	84～102
差	≥96	≥98	≥99	≥103

2.检测心跳恢复时间

选择台阶试验来测量运动加快后的脉率需要多少时间可以恢复正常,确定心肺向全身供氧的效率。

检测方法:双脚在20厘米高度的台阶上下交替,每分钟上、下24次,连续做3分钟,随后测量脉搏,30秒后再测一次,对照下表数据进行评测(表4-3、表4-4)。经过数周的锻炼健身后,再重复这个检测方法,看看脉搏是否恢复得快了一点。需要注意的是,老年人在进行检测时主脉搏不能超过安全限度,如果身体出现头晕、恶心或者气短的现象,要立刻停止测验。

表4-3 不同年龄男性测验30秒时的标准脉率 单位:次/分钟

身体状况	20～29岁	30～39岁	40～49岁	50岁以上
优	≤74	≤78	≤80	≤83
良	76～81	80～86	82～88	81～90
中	80～100	88～100	90～101	92～101
差	≥102	≥102	≥106	≥106

表4-4 不同年龄女性测验30秒时的标准脉率 单位:次/分钟

身体状况	20～29岁	30～39岁	40～49岁	50岁以上
优	≤86	≤86	≤88	≤90
良	88～92	88～92	90～92	92～98
中	95～110	95～112	96～112	100～116
差	≥112	≥114	≥114	≥118

3.掌握最高安全脉搏

当人们在运动健身的时候，练习时最高脉率最好不要超过具体限值（表4-5）。

表4-5　不同年龄运动健身最高安全脉率　单位：次/分钟

身体状况	20～29岁	30～39岁	40～49岁	50岁以上
男	170	160	150	140
女	170	160	150	140

（三）心率判断运动量

要想准确地测定自己的心率，就要在运动前安静的状态下测定心率，运动中停下来测量10秒脉搏，再乘以6，这一时期心率比较快，所以要加上10%。

例如，检测到10秒钟内脉率是25次，乘以6是150，再加上15，运动后即刻心率是165次/分钟。

还要学会计算自己的靶心率，也就是最大心率的60%～85%之间，下限的计算公式是（220－年龄）×85%，比如一个人今年40岁，最大心率是220－40＝180次（每分钟），他适宜的运动负荷就是上限为180×0.85＝153次（每分钟），下限为180×0.6＝108次（每分钟）。

这个人在锻炼的过程中如果心率保持在108～153次（每分钟），说明他的运动量是适宜的、安全的、有效的，高于或者低于这个范围都要减少或增加运动量，将运动心率调整到靶心率的范围内。

四、全民健身活动的内容

(一)普通健身人群

1.个体健身活动内容

我国体育人口健身活动排前10位的有:长走与跑步;游泳;足篮排球;乒乓球;体操;登山;舞蹈;台球;保龄球;跳绳。可以看到人们普遍喜欢参与球类、舞蹈等娱乐性、竞技性强的项目。

2.群体健身活动内容

我国城乡居民群众体育活动点所从事的体育锻炼项目主要有:健身健美操;武术;秧歌;交谊舞;广播操;羽毛球;气功;门球;网球。

随着全民健身运动的普及,大众健身已经从过去认为"好玩"的项目,发展成了在全民健身路径上的运动。当前,有很多新创造的大众健身项目出现在公众的视野里,比如太极柔力球,结合了太极拳和羽毛球的技术思想,设计出了一整套的健身方法,特别受到中老年人的喜爱。

还有老年拐棍操,也是大众发挥自己的聪明才智创新出来的健身项目,动作诙谐,运动合理,吸引了大批的男性老年朋友的参与。

(二)商业健身人群

商业健身服务业主要是向客户提供优质的体育健身产品和优质的服务,满足不同客户对健身的需求的一种服务行业。商业健身服务业是体育产业中的一个组成部分,目前在很多大城市中,商业健身服务业都取得快速的发展。商业健身服务业也是大众体育的一个重要部分,和公益大众健身事业发挥着同等重要的作用。

1. 商业健身的特点

有人认为这是为一部分先富起来的人服务的行业，其实事实并非如此，商业健身具有自己独特的属性。

(1)无论是商业健身企业还是参与商业健身的客户，参与健身的目的都是为了增强体质。

(2)其拥有共同的目的决定了商业健身是大众健身的重要组成部分。

(3)参与商业健身的人群具有一定的经济实力，而且随着社会的发展进步还在不断扩大。

(4)商业健身中，客户会享受到个性化、科学化的有效的健身指导服务。

(5)商业健身的场地、环境、器材都比较优越。

(6)商业健身企业要盈利。

(7)健身人群需要投入比较多的健身经济成本。

2. 商业健身的作用

(1)发展商业健身可以满足不同社会阶层对健身的不同需求，满足他们的心理需要，是体育市场细分后的结果。

(2)由于健身俱乐部具有良好的环境和服务，商业健身可以满足个体特定的健身目标，帮助他们实现自己的健身计划，比如减肥、健美等。

(3)促进了体育产业的发展。

(4)帮助社会解决了一部分就业问题。

(5)弥补公益性大众健身的不足，减轻了资源有限的公益性大众健身资源。

3. 商业健身的内容

商业健身的活动内容排在第一位的是操类课程，包括健美操、搏击操、瑜伽、肚皮舞等，其次有动感单车、跆拳道、自由力量练习等。一些高档会所还有网球、高尔夫球等项目。

这些项目有的有利于发展人的力量，有的有利于发展人的柔韧性，有的可以提高人的有氧耐力。这些运动项目很多都源自国外，瑜伽源自印度，跆拳道源自韩国，剑道源自日本。每一种运动都有相应的体育文化作为支撑，瑜伽蕴含了印度古老文明，跆拳道蕴含了韩国仁、勇、礼、信的教育原则。

大多数的产品都受到白领阶层的喜爱和青睐，这些商业需求人群不只是喜爱其具有的健身功能，还信其“道”、亲其“师”。有的产品可以满足不同健身需求的人群，如喜爱健美的人士偏向力量训练与健身健美。为了减肥的朋友在健身房的有氧跑台上运动。在商业健身领域，对健身的器材、服务、环境都有比较高的要求。

五、全民健身的竞赛活动

体育活动的基本特点就是竞赛，通过竞赛也可以达到体育活动的目的。全民健身活动中，竞赛成了促进全民健身活动开展的重要手段。

目前我国全民健身性质的大型综合赛事有全国体育大会、民族传统体育运动会等，全国单项群众体育竞赛活动就更加丰富多彩了，如全民健身路径的比赛、全国门球比赛。按照年龄划分，有老年人的比赛，也有专门针对青少年的比赛。

大众体育比赛不能按照竞技体育竞赛的方法去组织，不能简单地将“更快、更高、更强”作为比赛精神，而是要比谁更健康、谁的体育科学素养更高。

第二节　全民健身的指导体系

全民健身目前存在着一些问题，大部分的人并不是很清楚自己适合什么样的健身活动，在健身活动的项目选择上存在一定的盲目性，由于盲目进行运动，就容易出现运动损伤的情况，因此也达不到理想的健身效果。究其原因，就是群众缺乏科学健康的健身指导。

全民健身指导体系包含了健身指导、健康咨询、体质监测等子系统，是一种公共服务类的系统体系，解决了群众关于"选择什么项目去健身""健身的量应该是多少""应该如何健身"等问题。

通过科学的健身手段，宣传健身理念，针对不同的健身群体制定个性化的健身方法指导，让人们能够更加全面地掌握健身的知识和方法，选择适合自己的健身方式，激发群众参与健身活动的热情，提高健身运动的科学性、针对性和规范性，创新多样、有效的健身活动方法，达到理想的健身效果，推动我国全民健身事业的健康发展。

一、全民健身指导体系的组成

全民健身指导体系就是专业的社会体育指导员作为实施主体，以健身指导、健康咨询、体质监测等为主要内容，将健康咨询中心、健身辅导站、体质监测站作为平台，对群众进行全民健身指导的体系(图 4-2)。

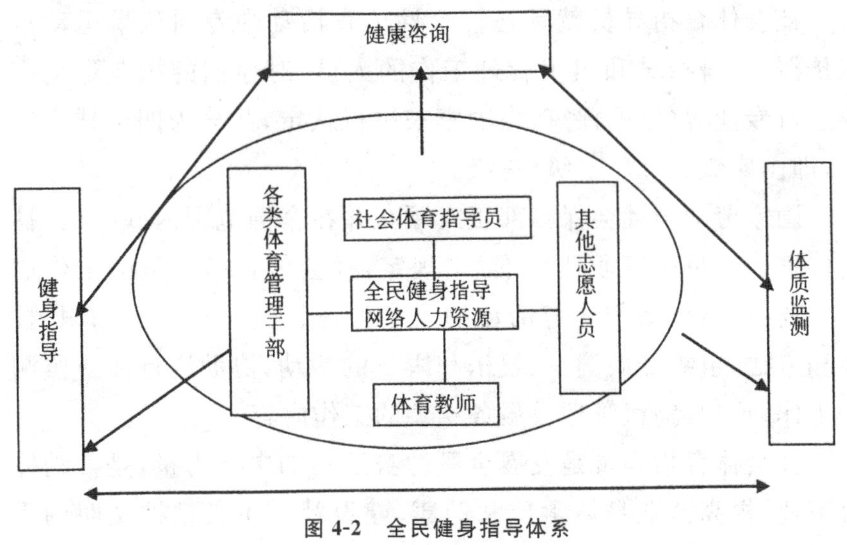

图 4-2　全民健身指导体系

(一)人力资源

全民健身指导体系中的人力资源共分为两类(图4-3)。

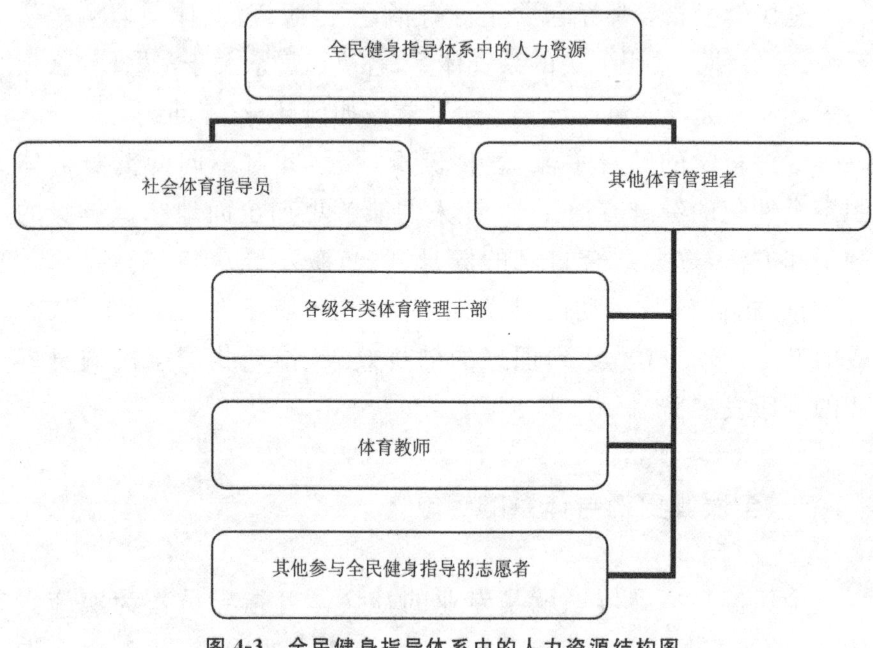

图4-3　全民健身指导体系中的人力资源结构图

1. 社会体育指导员

社会体育指导员就是在群众性体育活动中专门从事运动技能传授、健身指导和组织管理工作的人员,对他们的执业资格需要进行专业、严格的评审,由国家来进行认定,共分为四个技术等级,即国家级、一级、二级、三级。

国家劳动与社会保障部正式颁布并在全国范围内施行的《社会体育指导员国家职业标准》中规定,社会体育指导员的工作职责主要有:指导参与体育活动的人掌握体育健身运动的知识、技能和方法,组织开展健身、娱乐和康复的活动,协助进行体质监测等工作,承担经营、管理及服务相关的工作内容。

社会体育指导员是发展全民健身运动的中坚力量,是推动体育事业、提高群众身体素质和健康、建设社会主义精神文明的重要力量，是群众体育活动的宣传者、组织者、技能传播者，是我国体育事业发展进程中的重要人才资源。

社会体育指导员推动了一个地区的群众性体育发展活动，目前要不断增加社会体育指导员的数量，提高他们的文化素养和专业素质，丰富社会体育指导员的指导手段与技巧，对于推动全民健身运动的发展，提高人民群众的健康素质具有重要的作用。主要表现在以下几个方面。

(1)指导群众进行科学的健身活动

当前，很多群众都具有强烈的健身热情，但是只有热情还不够，缺少专业的健身知识和科学的健身指导，会不断消耗对体育健身的热情，健身锻炼达不到应有的效果，甚至有时候会出现运动损伤，导致伤害事故的发生，使健身者逐渐失去进行体育健身活动的兴趣。

为了有效解决当前存在的这些问题，积极发挥出社会体育指导员的重要作用，为人民群众提供科学化的健身指导方案，比如，可以宣传健身知识，实施有针对性的体育健身指导、医务监督，制订体育锻炼计划，实现大众进行体育健身的效果，促进体育健身的科学化发展。

(2)组织群众参与健身活动

当前，很多人的体育健身意识依然淡薄，体育健身活动的普及性还不够广泛，参与体育健身的人数并不多。社会体育指导员就担负起了宣传和发动群众参与体育健身锻炼的使命，肩负着推广全民健身运动的重担。

因此，社会体育指导员需要对自己的工作进行创新，运用多种多样的方法，调动群众参与体育健身活动的主动性，积极参与到健身运动中去，比如通过举办培训活动、教学示范活动，树立群众终身体育的意识和思想价值观念，带动他们开展各种健身活动。

(3)为群众提供健身活动的信息

社会体育指导员在开展体育健身活动中，可以随时为群众解答在健身过程中遇到的各种问题和疑惑，可以给他们提供当前健身运动方面的具有时效性的信息，比如选择物美价廉、性价比高的体育器材，健身锻炼场所的介绍和分布，各种经营性健身场馆的收费及设施情况等。社会体育指导员还可以进行商业体育设施指导和管理工作。

2.其他体育管理者

全民健身指导体系的其他人力资源主要包括各类体育管理干部、体育教师和其他参与全民健身指导的志愿者。

(二)健康咨询中心

健康咨询中心是一个专业机构，主要目的是为了提高人们的健康素质水平、改善人们的生活质量，给群众提供专业的运动知识和健身知识，涉及人体生理、心理、营养等全方位体系，指导锻炼者能够伸展肌肉、强化肌力、放松身体，进行心智和身体训练，为健身者提供营养建议，设计营养处方。

健康咨询中心在全民健身指导体系中发挥着重要作用，主要表现在以下几个方面。

1.及时掌握群众的健身信息

及时掌握健身者的身体素质、疲劳恢复能力和心血管等功能的量化数据，获得关于健身者第一手的健身资料，为健身者提供健身项目选择的参考意见，每一个健身者适宜做什么样的健身运动，什么样的运动强度适合自己，会达到什么样的健身效果，自己在运动过程中的劣势是什么，掌握运动过程中的注意事项。

2.为群众提供专业的健身咨询服务

健康咨询中心可以给群众提供最专业的运动营养、运动技术、运动方法、体育康复、减肥等方面的咨询服务，具有时效性和科学性，可以随时接待健身者，为其开展体育锻炼提供指导。

3. 为健身者提供个性化的健身咨询服务

健康咨询中心建立健身者的健康档案，针对每个人的不同情况来开设运动处方。日常的健身活动要根据健身者的不同情况来设定不同的健身内容，根据每个健身者的健身需要对健身活动方式方法及时进行调整，达到良好的健身效果。

健康咨询中心为健身者量身定制体育健康咨询卡，对健身者的身体状况进行实时的测量、分析、研究和评估，将数据录入计算机，记录在个人健康档案中。这样在以后的健身咨询中，就可以通过量化直观的数据查看自己的健身效果情况，看到身体素质得到变化和改善，增强了体育健身的自信心，从而养成进行体育健身的习惯，使之成为生活中的一部分，并制定出与其体质和健身需要相应的运动处方。

（三）健身辅导站

在国家宏观调控下，健身辅导站是政府与社会、个人共同兴办的社会体育活动中心，人民群众能够广泛参与其中。在健身辅导站中安排有固定的教练和练习地点，练习时间也相对稳定，能够满足广大人民群众的锻炼需要，满足多层次的体育消费需求。

健身辅导站是全民健身指导体系中的重要组成部分，发挥着重要作用，具体表现在以下几个方面。

1. 传播健身文化

健身辅导站是宣传健身理念的一个重要媒介，营造了一种人人健身的体育氛围。健身辅导站平时可以有计划、有目的地开展一些大规模的宣传活动，如全民健身宣传周、全民健身宣传月等。

健身辅导站还可以利用传播媒介，通过多种多样的宣传形式，提升传播效果，设置社区体育宣传栏，积极引导社区居民参加健身锻炼和社区体育的活动，编辑发放《健身指南》等宣传资料，经常性地开展体育健身咨询活动。

2.提供健身场所

健身辅导站为群众提供开展体育健身活动的场地，组织引导社区居民开展科学的健身运动，是基层全民健身活动中的重要组成部分，以推动基层全民健身为目标，组织讲座、比赛、表演等活动。

健身辅导站积极开展基层全民健身活动，极大地提高了人民群众健身活动的参与率，科学指导开展健身活动，不断推动全民健身运动的普及和传播。

（四）体质监测站

体质监测站的主要任务就是通过对群众体质的情况进行监测，使人们能够更加清晰地认识和了解自己的身体体质情况，并根据自己的实际情况，制订相应的健身锻炼计划。

二、我国全民健身指导体系的发展现状

（一）人力资源现状

1.社会体育指导员

社会体育指导员是社会体育的传播者，对社会体育的发展和进步具有重要的推动作用，了解我国社会体育指导员队伍的建设情况，有利于构建社会体育指导员的发展机制，提高社会体育指导员队伍的素质。但是，当前我国社会体育指导员的现状不容乐观（表4-6）。

表 4-6 我国社会体育指导员基本情况

分类	学历			年龄				受过专业培训	体育院校毕业
	大专以上	高中	初中以下	60 岁以上	45～59 岁	19～44 岁	18 岁以下		
职业性的社会体育指导员	81%	11%	8%	5%	33%	62%	0	100%	78%
公益性的社会体育指导员	32%	40%	28%	82%	10%	0	0%	28%	5%

我国社会体育指导员现状具体表现在以下几个方面。

(1)数量不够

当前登记的社会体育指导员人数已经达到 40 多万，但是国家级社会体育指导员仅有 3 500 名左右，与人民群众的健身需求相比仍有很大差距。社会体育指导员人数与总人口的比例为 1∶3023，大多相对集中在城市，其城乡发展极不均衡。

我国是一个农业大国，随着新农村建设中农民体育健身工程硬件设施的到位，农村体育人口出现大幅度上升，与其配套的社会体育指导员所占比例明显低于城市，明显有悖于国家新农村建设和全民健身计划的要求。

(2)职业性和公益性社会体育指导员差距大

职业性的社会体育指导员大多是大专以上学历，接受过专业培训，在全民健身活动中扮演着教练的角色；公益性的社会体育指导员，大多是退休人员或者文化程度低，没有受过专业培训，不能根据健身者的实际情况来合理安排健身计划。

目前我国还没有建立职业化的社会体育指导员队伍，全民健身活动缺乏科学、系统的指导，指导的次数和时间也不够充足，缺乏岗位责任和有效的激励机制，不能调动个体的积极性。

(3)技术等级结构不合理

社会体育指导员的等级结构应该是金字塔形,但是我国国家级社会体育指导员比例太小,三级社会体育指导员比例太大,主要是培训费用昂贵,而大部分的费用都需要个人承担,就制约了社会体育指导员参加更高级别培训的数量。

(4)与当地经济、社会、文化以及体育事业的发展相关

社会体育指导员的数量、质量与城市的经济发达程度存在显著性差异,在北京、广州等地,社会体育指导员数量比较多,社会体育指导员的学历、业务素质的情况也就相对比较好。在经济欠发达的地方,不仅数量少,整体质量也比较差。

2.其他体育管理者

其他体育管理者的主要任务是根据国家或上级部门的体育政策法规,对群众体育工作进行决策、领导、组织和协调。我国目前专职从事体育健身管理和指导的人员并不充足,管理水平、管理能力还需要进一步提高。

社区居委会也没有专职的社区体育干部,没有专职的社区体育管理者,在社区行政干部中,体育专业人员更是少之又少,普通的社区管理者缺乏必要的体育理论知识和经验,缺少社区体育活动的整体策划能力。

(二)健康咨询中心现状

目前我国为体育健身提供服务的健康咨询中心数量比较少,多是依附在医疗机构、高校、健身辅导站、政府体育管理部门中,或者就是具有独立法人资格的健康咨询中心。

我国目前的健康咨询中心无论是数量还是内容,都不能为全民健身运动提供坚实的后勤保障,大部分健康咨询中心都建立在城市社区内,很少有专门的办公室,基本都是和其他机构共用,设置在社区卫生服务站中。健康咨询中心都配备有血压计,提供免费的健身相关资料供居民阅读,有健康促进志愿者担任咨询员,

每周提供3～5次的咨询服务，主要内容是测量血压和解答健身过程中的疑惑和问题。

但是咨询员以在职人员为主，没有医务人员，业务专业水平也比较低，开放时间也不固定，服务时间有限，服务利用率低下。

(三)健身辅导站现状

目前健身辅导站的建设比较欠缺，主要的办公地点就是在村委会或居委会或健身路径、读书室等，没有专门的健身辅导站办公场所。在北京、天津、上海等大城市，一些物质条件较好的小区建立了独立的健身辅导站，但是整体的数量并不多。

在这些辅导站中，只有极个别配备了健身辅导员，传播健身文化，更多地方则是健身人员之间自发地进行交流活动，交换健身心得和经验。在一些宣传栏中，尽管可以看到一些全民健身的相关知识，但是信息内容过时，更新的频率太低。

(四)体质监测站现状

我国体质监测站的数量比较少，配套的人员不够，缺乏相应的设备，分布也不均衡，大多集中在城市中的社区、学校和医院。对体质监测站的利用率较低，体质监测人员的素质较低。

三、全民健身指导体系的建设

(一)对人力资源的培养与开发

1.社会体育指导员的培养

(1)建立社会体育指导员队伍

建设一支高素质、强能力的社会体育指导员队伍，创新健身活动项目，满足人们求变、求新的体育健身需求，为社会体育指导员创造优良的社会环境，尊重社会体育指导员的劳动，特别是要肯定他们的社会地位，激发他们工作的积极性和主动性。充分发挥兼职社会体育指导员的重要作用。

(2)完善培训制度

要不断完善对社会体育指导员培训的制度，丰富培训内容，将培训目标和社会对社会体育指导员的需求密切结合，根据社会体育指导员的不同类别、级别、项目发挥他们自身的优势。建立监督机制，对他们定期进行培训和进修，运用创新的手段方法，突出体育知识的时代性和应用性。不仅要加强理论知识的学习，还要加强对实践的锻炼，充分体现学员的自主地位，将学习的自主权交给他们，建立统一水平的考试制度。

(3)构建网络体系

构建社会体育指导员的网格化管理体系。社会体育指导员在专门的培训基地进行培训学习，聘请专家教授定期进行理论与技能指导，注册、登记已获资格证书的社会体育指导员，将他们的基本信息录入数据库，进行统一化管理，推荐就业岗位，根据服务对象建立信息档案，为服务对象提供网络服务平台。

2.其他体育管理者的培养

(1)制定体育管理培训制度

制定关于体育管理人员的培训制度，让管理者学习新的知识，提高管理技术水平，加强工作能力，管理效率得到进一步提高，体育管理水平上升到一个新的高度，使我国的全民健身事业不断发展壮大。

(2)发挥其他体育管理人员的作用

在一个辖区内的行政单位的体育干部、体育教师，甚至是体育院系的学生都可以发挥他们在全民健身运动中的作用，吸纳他们参与到全民健身活动的组织和技术指导中去。

(二)建立完善的信息传播系统

创新媒体宣传的方式方法，注重提高宣传的实效，体育管理部门要加大与新闻媒体的合作，采用多种传播途径，开设面向群众的专题讲座，做好普法宣传。利用举办全民健身的相关活动，重点宣传健身理念，利用推广健身知识和方法，普及健身常识。利用现代媒体手段，做好网络宣传。利用体育彩票公益性的公益作用，进行社会宣传。

引导群众积极参与全民健身运动，开展全民健身竞赛表演活动，营造“我运动、我健身、我快乐”的社会氛围，加大宣传的力度，各地政府和体育行政管理部门组织多种健身活动比赛，充分利用体育赛事的辐射效应，营造良好的全民健身社会氛围。

(三)开发健身系统指导软件

随着全民健身运动的普及，健身理念已经深入人心，已经开始展开全方位、多层次的研究工作，取得了丰富的研究成果。将已有的研究成果应用于健身指导实践，是实现科学健身的重要措施。

我国关于健身指导系统理论研究成果众多，为健身指导系统软件的开发和应用奠定了坚实的理论基础，将健身指导理论研究与计算机技术相结合，开发健身指导系统相关软件，运用科学的健身方法指导大众的健身运动。

目前关于健身指导的软件有三类：体质评价、运动处方以及营养膳食软件，成人体质测试智能评价系统软件、营养指导软件“营养计算器 V16”软件，都是开发相对成功，具有可行性，已经在各国民体质监测点、体育院校以及健身会所广泛应用全民健身运动指导软件。

但是尚未涉及健身指导过程中运动监控和健身效果评价的部分，会直接影响到健身指导软件系统的实际作用和科学性，还需要结合体质监测和评价的实践经验，遵循科学性和应用普及性原则，充分结合体质评价理论与计算机技术，使整个技术向系统化、信息化的方向发展。

（四）加强健身辅导站的建设

充分发挥各专业协会和辅导站的职能作用，专业协会和辅导站负责人制订全年辅导培训计划，所需经费列入财政预算，为辅导站工作的政策开展提供物质保障。

健身体育站的辅导工作要规范化、制度化，制定健身辅导站工作制度和活动安排表，安排好健身时间和健身活动内容，满足大众多元化的健身需要。建立健身辅导站奖惩机制，把为健身人群提供健身服务的数量和质量作为评判的标准。建立市场化的运作模式，提供政策支持，构建多层次健身辅导体系，为相关群体提供健身辅导服务。

第五章　全民健身的保障与监测体系研究

全民健身体系包含的内容非常丰富，不仅包含组织体系、管理体系、活动体系、指导体系几个方面，还包括必要的保障体系和监测体系。其中，全民健身的保障体系，主要包括设施和法律两个方面；而监测体系，则主要是指全民健身的体质监测。通过保障与监测两个体系的建立和发展，能够使全民健身运动的顺利进行和良好发展得到有力保证。

第一节　全民健身的保障体系

一、全民健身的设施保障体系

全民健身运动的开展，是离不开相关设施的，可以说，全民健身设施是全民健身活动开展的重要物质条件。从某种意义上来说，全民健身活动的顺利开展，在一定程度上受到全民健身设施的影响。因此，要想使我国长期存在的体育设施不足与利用率不高的问题得到有效解决，改革、创新管理体制和运行机制是根本途径。具体来说，要从以下几个方面着手进行。

(一)加大全民健身工程建设的推进力度

早在 1997 年，全国范围内的全民健身工程就已经开始实施。二十多年来，全民健身工程的建设使得全国各地公共体育场地设施的数量和质量都得到了有效提升，这就在很大程度上使广大群众日益增长的健身需求与健身场地设施严重不足的矛盾得到了有效缓解，作为构建公共体育服务体系的重要方面，全民健身工程产生了非常广泛且深远的影响和意义。

作为一项不断发展完善的系统工程，全民健身工程是要边探索、边实践、边完善，从而逐步将完善的相关政策建立起来，进而使其科学规范性得以提升。总的来说，需要遵循的原则主要有：第一，要让广大人民群众都能从中受益，并且积极参与到健身活动中，这也是全民健身工程发展的目的所在；第二，要将全民健身工程的均衡性、便利性、多样性、公益性、基本性等特征充分体现出来，同时，还要做到因地制宜、突出特色，积极指导和监督规划、建设、管理和使用等方面，从而使全民健身工程的服务水平得到有效提升；第三，在健身器材配置的选择上要兼顾功能性和多样性，换句话说，就是要保证品种选择要丰富多彩，搭配好体能、休闲和康复等功能性健身器材的组合，并且使之尽可能与人们的锻炼点相吻合，从而使不同阶层、不同年龄和不同性别人群的需要都得到较好的满足，真正将全民健身工程落到实处。具体来说，需要从以下几个方面着手进行。

(1)各区、县级政府体育主管部门应会同相关机构，定期对所管辖的街道、社区、村(屯)做详细的健身器材各个方面的普查，并且以本区、县的实际情况为主要依据，按照国家体育总局的要求，将健身器材安装计划、使用具体要求说明及管理维护制度制定出来。同时，在政策上也要有所倾斜，从而使农民群众积极广泛地参与到健身活动中得到保证。

(2)要同时运作社区(村屯)健身设施的安装和普及高档次、高水平室内综合性健身中心的建设。另外，不仅要新建和整修健身设施，还要尽可能解决露天放置的问题，增加健身设施的使用寿命。

(3)进一步加强对健身器材的管理，明确标出每件器材的基本信息和使用说明，并做好其检查和维护工作。同时，对健身器材的宣传工作也不能忽视，从而将健身器材的功用充分发挥出来。

(4)将以县、市级健身器材维修站为核心的维修、管理网络建立起来，加强健身器材的管理和维护，及时上报，随报随修。也可以根据实际情况和需要，将“健身协管员”队伍建立起来，从而对全民健身器材的维护和使用效率起到积极的促进作用。

(5)通常可以通过物业管理、社区管理、单位管理或社区物业混合管理等多种多样管理形式来管理已安装健身器材的社区。其中，管理人员的问题是非常核心的问题，要通过各种方式来加以解决。

(二)大力提高全民健身设施的管理和利用水平

要想使全民健身设施的管理水平和利用水平都得到有效提升，需要从以下几个方面着手来进行。

(1)全民健身设施建设模式的创新力度要进一步加大，使全民健身场地设施种类更加丰富和完善。要达到这一目标，首先要做的就是继续推行“社区多功能公共运动场”试点。比如，在上海市建设社区多功能公共运动场的经验基础上，又在北京、天津、山东、上海、江苏、浙江、福建和广东八省(市)启动了社区多功能公共运动场建设试点。北京奥运会后，总局对试点工作的投入力度加大，试点工作顺利推进，城乡各地新建成一批笼式足球、笼式篮球、笼式排球、极限运动(轮滑、滑板)、乒乓球长廊、篮球长廊、全民健身路径、健身步道等社区多功能公共运动场地，受到广大群众的热烈欢迎。除此之外，还要大力推行“乡镇农民体育健身工程”建设。比如，2009 年在总结行政村“农民体育健身工程”经验的基础上，我国已经开始在乡镇试点建设包括灯光篮球场、门球场、室内体育活动室等在内的“乡镇农民体育健身工程”，这就在一定程度上使广大农村乡镇新增了体育活动阵地，现在需要把这项工程落实好，切实为农村群众服务。

(2)体育场地设施的经营管理力度要进一步加大。适时将体育场地设施经营管理理念进行转变，把满足群众健身需要作为场地设施建设的目的。深化体育场地设施内部改革，借用外力，改善经营条件，对外开展联合经营，将消费者与经营者之间的结合点找出来，在低廉服务的前提下，积极向群众开放。支持和鼓励个人、单位和集体兴办体育锻炼场所，鼓励学校和企事业单位的场地设施在空余时间为群众服务，从而使体育场地设施收到良好的经济效益和社会效益。全民健身路径工程所采用的管理模式往往是“双重负责”的管理模式，具体来说，就是各县市区级体育行政部门负责对健身路径使用的业务指导，受赠单位负责对健身路径的使用、维护和产权管理，协调解决配件、使用过程中的有关问题。各健身路径之间并不是相互独立的，而是要建立起一定的联系，设立专职的机构和人员负责路径的管理和经常性体育活动的组织管理以及体育宣传、竞赛的组织管理活动，建立市、区、街道三级管理体系。除此之外，从构建社会体育人文环境出发，培养人人爱护体育设施的意识和良好习惯，这也是非常重要的，不能忽视。

(3)对无偿使用设施与有偿使用设施的配置关系进行恰当处理。同一地区成员的生活条件、个性方面都存在着一定的差异性，单靠有限的政府供给，不同成员对各种高层次设施的需要是不可能得到较好满足的，因此，这就要求必须将有偿使用的高档健身设施建立起来，可以说，这是社会体育纵深发展的必然要求。总的来说，对于不同条件的地区，应将无偿使用与有偿使用有机结合起来。需要强调的是，有偿使用必须在良好服务和立足普通工薪阶层消费的基础上建立，这需要有相关的优惠政策给予扶持，尽快将社会体育设施通过国家、社会和个人多方合作得以完善。

(4)各类管理和健身指导人员的培养工作也要进一步加强。对于群众体育工作的开展来说，社会体育指导员、体育教师和各类管理人员是非常重要的人力资源，是不可或缺的，因此，当前国家、省、地、县四级社会体育指导员培训组织体系已经建立起来，需要进一步加大对其业务素质的培训力度，要求各类指导人员在掌握相关健身知识的同时，还要把健身路径工程的使用、维护和管理作为必须掌握的一门技能。同时，群众体育志愿者队伍的发展也要能够使群众指导和管理能力得到进一步的提高，从而与全民健身活动不断发展的需要相适应。可以说，只有将健身指导员和管理员的作用充分发挥出来，我国的全民健身事业才有可能会沿着健康向上的道路蓬勃发展。

（三）保证全民健身设施发展的平衡性

转变政府职能，统筹规划，有重点、有步骤、分阶段地推进体育设施建设，将体育场地设施建设纳入城乡建设整体发展规划并实施。各地区在配置与本地区体育发展相适应的设施时，要遵循“节约、实效、共享”的建设原则。针对不同经济水平地区，有针对性地进行全民健身设施建设和发展。具体来说，在经济发达地区可以大力建设标准高、功能全的健身中心，而在贫困地区则应采取“分散投入、多点开花”的建设策略，同时辅以经营性的社会体育俱乐部的设施建设。城市可在人口较多的社区附近集中搞好全民健身中心、全民健身广场的建设，同时，体育主题公园、健身路径等和居民小区相配套的体育设施建设也要进一步加强，将社区环境充分利用起来，使社区体育设施的利用率得到保证。在现有公共体育设施中，老年人、少年儿童和残疾人体育活动场所是尤其需要关注的，同时，还要做好社区体育健身俱乐部、青少年体育俱乐部的建设工作。对于农村来说，因地制宜地建设乡镇文体站和村文体室是关注的重点所在。

当前，已经着手实施的“雪炭工程”“全民健身活动中心”“全民健身活动基地”的建设工作也要进一步跟进。

除此之外，全民健身设施建设的整体规划、合理布局也是非常重要的，要与社会体育需求紧密结合起来，使其大众化和普及化程度得到保证，同时，还要兼顾不同年龄、不同人群，尤其关注老年人、残疾人参与体育活动的体育设施建设，以不同人群的活动特点、身体状况、工作性质、年龄特征、经济条件、兴趣爱好、社区环境等实际情况为主要依据，从而开发出具有区域特色的、适宜不同层次人群的健身内容、方法和器材，使服务种类和对象得到进一步丰富，满足人民群众多元化的体育健身需求，将多元化的体育健身设施网络建立起来。

(四)对多元化的体育设施运营管理模式加以探索

破解公共体育设施闲置率高、运营管理难，可以借助于良性运行的体育设施运营管理模式这一有效途径。一般地，可以坚持体育场馆的经济和社会效益一起抓的原则，创新管理体制，转换运营机制，开展多种经营，使场馆运作市场化，形成多元的场馆运营管理模式。

当前，较为常见的场馆运营管理模式主要有"管办分离"模式、事业单位企业化运营模式、公司化运营模式、专业化托管模式等。其中，"管办分离"、事业单位企业化运营、公司化运营，属于新型的体育设施运营管理模式的范畴，这些模式在场馆运营管理中可以大力推广借鉴。作为一个全新的尝试，专业托管模式在学校体育场地设施对外开放的发展上有着非常广阔的发展前景。

总的来说，在体育场地设施运营上，要以各场馆实际情况和条件为主要依据，以人为本，坚持"亲民、便民、利民"原则，开放多种所有制的经营场所，走多元化体育设施运营管理模式，从而使场馆的运营水平和服务能力得到进一步提升。

(五)在市政工程设计、建设中纳入全民健身设施

包括工商业、交通、公安、卫生、公用事业、基本建设、文化教育等方面在内的城市基础建设，就是所谓的市政工程，其中，市政工程的重点就是城市建设。城市的社会、经济、文化、居民生活水平往往能够通过市政工程建设水平直接反映出来，因此，市政工程资金的保障不仅是政府部门的工作重点，同时也是一届领导政绩的重要体现。将全民健身设施融入市政工程设计、建设之中，

与自然浑然一体，将市政建设体育化，构建人与自然、社会的和谐优美的体育环境，吸引更多的人参与体育活动。全民健身场地设施融入市政工程建设只需在市政规划、设计、建设中融入体育健身元素，在市政工程建设投入未增加或微量增加的情况下即可获得最大的经济效益和社会效益。具体来说，应该从以下几个方面着手。

1. 改革政府执政理念

制约全民健身设施建设的最大因素就是经济发展水平。发达国家普遍将公共体育经费主要用于体育场地设施的建设，投入以地方政府为主。我国政府也要树立把健身场地设施的开发与服务作为群众体育工作中心的执政理念，增加体育设施的数量，并且通过立法来保障全民健身场地设施的建设，作为政府体育政策的首要目标。

2. 融入江、河、湖、海堤的健身长廊

在江、河、湖、海堤设计建设中加入群众体育健身元素，如将堤面围栏建成肋木式或把杆式，将台阶设计为哈佛台阶，将堤坝设计为岩壁型，为广大的攀岩爱好者提供健身娱乐的场所等，这也在一定程度上赋予了江、河、湖、海堤健身、休闲娱乐功能。

3. 健身广场和健身人行道

可以将体育法规、常见的健身方法、体质的测定方法等以地碑的形式呈现于广场一隅，以此来对广大市民科学合理地进行体育健身活动起到积极的引导作用，除此之外，建设体育健身主题广场也是非常可取的途径之一。

另外，在市政人行道的建设中(非交通主干道)也可以加入一定的体育健身元素，如将传统的人行道平板地砖，按中医保健按摩理论设计为足底保健按摩地砖，建成保健人行道。道路两旁增添大众化的、简单易行的体育健身设施，使市民在日常生活中得到健身锻炼,人行道建设也更具人性化。

4. 体育健身公园

欧美国家的经验是值得我国在城市市政工程建设借鉴的。具体来说,就是在不破坏古建筑、古文物和已经形成的人文景观的前提下将群众体育健身、休闲场地、设施建设融入公园建设之中,营造良好的健身环境,使公园成为人民群众的健身场所,进而使居民的健身积极性得到有效提升。

5. 小区健身场

在居民小区的建设中,政府规划部门能够对房地产开发商在楼盘的开发中必须按比例配套建设健身娱乐场地、设施做出相应的规定,并严格监控管理。鉴于此,建议城市规划部门将小区和居住区作为独立单位,要求开发商兴建达到规定标准的体育设施。对开发单位报建方案中无体育设施或体育设施达不到规定标准的小区,一律不予批准兴建。各级政府要以国家关于居民住宅区体育设施占地面积的规定为主要依据,设立监督机制,在居民区建成竣工后,体育行政部门应作为验收单位参加验收工作,甚至可以拥有一票否决权。

(六)全民健身设施的投资渠道进一步拓宽

一般来说,政府是作为体育健身设施建设的投资主体而存在的,这在很多国家都是适用的。从国外的经验中可以看出,大众健身主要还是需要政府的支持,大力推动和促进大众健身是政府的应尽职责。目前,我国的社会体育设施的配置主要由政府投资,全民健身场地设施建设中国有资金投入占主导地位,体育产业资金筹措的自我发展和良性循环还没有得以实现。

近年来,尽管体育彩票市场越来越繁荣,各地政府也开始利用体育彩票收入,逐年增大社会体育建设投入,但是,在短时间内就解决全部问题是不可能的。也就是说,发展全民健身事业仅靠政府财政的力量是远远不够的，还应积极探索，将民营经济作用充分发挥出来，积极吸引社会力量，形成国家、集体、个人共同参与、共同建设社会体育设施的新思路、新模式。一般来说，全民健身设施的投资渠道主要有体育彩票公益金、开发商的规定配套、物业管理费、社会赞助、社会投资、城市规划等方面。

可以说，我国未来社会体育发展是将体育设施的社会化和产业化作为重要突破口的，因此，这就要求政府在加大对社会体育设施建设投资的同时，对体育设施走社会化和产业化道路进行积极鼓励，支持企事业单位和个人兴办面向大众的体育服务经营实体，对群众的体育消费起到积极的引导作用。同时，还要对适应社会发展和群众需求的新特点加以注意，实现全民健身场地设施建设资金投入的多元化，通过多种渠道筹措群众体育经费，鼓励支持企事业单位、社会团体和个人捐赠、资助或兴建群众健身设施，形成政府投入为主、社会支持、体育彩票公益金补充的多渠道的健身设施投资保障机制，将较为完善的场地设施服务网络建立起来。

(七)改善和开放现有全民健身场地设施

学校系统和企事业系统是我国群众体育资源的主要集中点，二者之和约占总量的70%以上。随着社会的发展，人民群众对社会体育的需求不断增强，但是，以街道为基本层次的体育组织方面仍然存在着较多不足，如社会体协，它的会员构成是以企事业单位为对象，个人会员少，社区居民参加少；开展活动形式方面，主要为组织定期或不定期的体育竞赛，居民健身的经常化得不到保证；管理角度方面，行政管理色彩较浓，组织形式单一，组织之间缺乏互动因素。在这样的形势下，就要求必须通过观念转变，消除体制性障碍，将有利于合理配置和有效利用现有场地资源的管理体制和运行机制建立起来。广泛地依靠市场力量，兴建各种收费合理、形式多样的大众化体育健身场地设施，增加绝对数量；充分挖掘现有场地设施资源的潜力，充分利用闲置空房及建筑空地、公园广场开展全民健身活动，增加相对数量，使体育场地设施资源得到进一步拓展。

学校体育设施本身就是一笔潜在的巨大体育资源，有着分布面广、规格差异大的特点，从简易的篮、排球场到不同标准的健身房，以及颇具规模的比赛场馆，能够使不同健身者的需求得到有效满足。从某种意义上来说，全民健身工程建设能够将体育设施对外开放的学校纳入布局范围，这就为体育设施的维护、管理和更新提供了一定的便利，同时，也能够做到体育资源共享。充分利用学校体育设施，作为群众体育设施的有效补充，缓解社会体育设施紧张状况具有重要意义，能够使由资金、场地匮乏而造成的社区体育资源缺乏的局面得到有效缓解。

（八）以举办大型体育赛事为契机来加大健身设施建造力度

对体育设施的建设产生影响的因素有很多，除了社会发展的带动外，大型体育盛会也是非常重要的影响因素，具体来说，其不仅能够提供健身设施建设的充足资金，还能将人们参与体育健身的热情激发出来，对全民健身运动的开展起到积极的促进作用，因此可以说，依靠大型体育运动会进行健身设施建设确实是一条有力途径。

在我国体育设施发展的最初阶段，其数量变化逐渐趋于稳定，体育设施种类单一，由此可以看出，改革开放初期，社会体育设施建设还没有受到应有的重视。后来，体育设施的数量逐步增加，种类开始丰富，这在一定程度上与我国承办第 11 届亚洲运动会有关。社会各界对亚运会的关注，人民群众对体育的巨大热情，对社会体育设施的建设起到了积极的带动作用，这一阶段的体育设施和前一阶段相比增加了一倍。1995 年是我国体育事业的一个分水岭，体育法制体系的建立和全民健身意识的形成，以及体育彩票的发行，这些都对社会体育设施的迅速发展产生积极的推动作用，体育事业的内外环境随之发生了巨大变化。次年开始，社会体育设施数量的增加幅度迅速加大，这与我国体育事业的发展和城市建设的发展有关。

(九)在遵循因地制宜原则的基础上大力开发体育资源

在进行城市规划、新区规划时，一定要注意做好适合开展群众性体育活动的场所的规划设计，在街道、广场、公园、河道中要对田径场、游泳馆、健身房、球类馆、乒乓球场、武术馆等尽可能满足居民健身要求的健身设施加以建设；在公园和自然景区要做好梅花桩、平衡桥、秋千、鹅卵石路、休闲桌椅等大众参与的简易设施的建设工作；在居民生活区要做好单杠、双杠、爬杠、乒乓球台、羽毛球场地等休闲锻炼的场地设施的建设工作；以天然和人文景观为主要依据，依托冰雪、山川、草原、江河湖海等自然资源和历史名胜来对体育资源加以开发；城市用地要出台相关政策，对房地产开发商进行规范，从而使房地产开发中预留全民健身场地得到有力保证，努力营造一个有利于居民安居乐业、休闲、健身的和谐社会环境。

除此之外，还要将现有学校、企事业单位的体育场地充分利用起来进行全民健身锻炼，随时随地、因地制宜地开展全民健身活动。充分开发体育资源，还需要对身体状况、工作性质、年龄特征、经济条件、兴趣爱好、社区环境等实际情况进行充分考虑，将一些具有区域性特色的、适宜不同层次的健身内容、方法和器材开发出来，从而与不同阶层的群众需求相适应，使大众多元化的体育健身需求得到较好满足。

(十)遵循通用设计原则设计好健身设施开发

健身设施中能够将平等、正义、公平、民主、开放的价值观充分反映出来，可以说，其必须使人人都享有这些设施的公平使用权，不分种族、不分贫富、不分职业、不分年龄，尤其是要让那些弱势群体有同样的机会参与和享受，这是一个基本的理念。因此，公共健身设施的设计、投放使用要考虑根据通用设计(无障碍设计)“平等、参与、自强、共享”的目的合理设计，设身处地地为老年人、残疾人这一弱势群体着想，使之最大限度地满足全体公众的需要，追求社会价值的最大化。为此，健身设施的开发设计要遵循使用的安全性、操作的便利性、选择的多样性等原则。除此之外，健身设施的开发设计中，还要对选址、布局、造型、材料等方面加以注意。

二、全民健身的法律保障体系

（一）现行全民健身政策法规

与全民健身相关的现行的政策法规主要有以下几个方面。

1.《中华人民共和国体育法》

1995年8月29日，第八届全国人大常委会第十五次会议审议通过了《中华人民共和国体育法》（以下简称《体育法》）。《体育法》不仅是我国全民健身事业的发展和健身活动广泛开展的强有力的法律依据，同时也是我国体育领域最高立法层次的体育基本法律。《体育法》（草案）经全国人大常委会审议，修改了多处关于提高健康素质，充实全民健身的内容条款方面的内容。颁布后的《体育法》对“国家推行全民健身计划”进行了明确规定，并且将“开展群众性的体育活动，提高全民族身体素质。体育工作坚持以开展全民健身活动为基础，实行普及与提高相结合，促进各类体育协调发展”作为关注的重点，并且对社会体育、学校体育进行了专章规定，在其他各章中也对许多与群众体育有关的条款进行了设定，这就在一定程度上影响到了全民健身活动在全国的推广和开展、健身市场的规范，群众健身意识的提高，同时，也使国家对全民健身事业全面施行和保障的制度得以进一步强化，《全民健身计划纲要》的法律效力有所提升，全民健身活动的法律地位得以凸显。

《体育法》中，关于健身活动的规定条款有很多。其中，较为典型的有，第二条："国家发展体育事业，开展群众性的体育活动，提高全民族身体素质。体育工作坚持以开展全民健身活动为基础，实行普及与提高相结合，促进各类体育协调发展。"第十条："国家提倡公民参加社会体育活动，增进身心健康。"第十一条："国家推行全民健身计划，实施体育锻炼标准，进行体质监测。"第十二条："地方各级人民政府应当为公民参加社会体育活动创造必要的条件，支持、扶助群众性体育活动的开展。"第十六条："全社会应当关心、支持老年人、残疾人参加体育活动……"第二十三条："学校应当建立学生体格健康检查制度。教育、体育和卫生行政部门应当加强对学生体质的监测"等。

除此之外，《体育法》还对与农村特点相适应的健身活动的开展进行了规定，比如，第十二条："农村应当发挥村民委员会、基层文化体育组织的作用，开展适合农村特点的体育活动。"

2. 全民健身行政法规及部门规章

国家行政机关制定和发布的规范性文件，就是所谓的行政法规和规章。这就在一定程度上体现出了国家行政机关依据宪法和法律的规定行使职权。相较于宪法和法律，行政法规的法律效力是要低一些的。目前，我国的健身活动法律规范形式主要是行政法规和部门规章。通常情况下，可以将这些行政法规和部门规章分为由国务院、国务院体育行政主管部门、中央军委、国务院其他部委制定和颁布的有关健身活动的行政法规和规章，同时，几个部委联合制定颁布的行政法规和部门规章也是存在的。

(1)国务院制定的行政法规

作为最高国家行政机关的国务院，根据并且为实施宪法和法律而制定的关于国家行政管理活动方面的规范性文件、行政法规是我国重要的并且数量很大的一种法的表现形式。行政法规的法律效力比宪法和法律是要弱一些的，它是国家通过行政机关行使行政权、实行国家行政管理的一种重要形式。通常情况下，会将这类规范性文件的名称定为条例、规定和办法。

作为最高权力机关的执行机关，国务院制定和颁布的有关健身活动方面的规范性文件，在很大程度上影响着全国范围内的执行情况。一些体育行政法规都是由国务院颁布的，其中，较为典型的有：2003 年 6 月 28 日，公布的《公共文化体育设施条例》；2003 年 12 月 31 日，公布的《反兴奋剂条例》；2007 年 8 月 29 日，公布的《大型群众性活动安全管理条例》，等等。这些行政法规都对全民健身活动的组织、运行，起到直接指导和规范作用。

（2）国务院各部委规章

国务院各部、委员会、中国人民银行、审计署和具有行政管理职能的直属机构，根据法律和国务院的行政法规，在本部门的权限范围内制定的规范性法律文件，就是所谓的部门规章。从具体意义上来说，需要将部门规章的事项归纳到执行法律或国务院的行政法规、决定、命令的事项的范畴。从法律效力上来说，部门规章比行政法规是要低的，且其内容必须与宪法、法律相适应。全民健身部门规章主要是就国家有关健身法律、行政法规的实施问题制定相应的实施办法、细则等规范性法律文件，从而使法律、行政法规的实施得到有力保证。

国家体育总局（1998 年国家体委改为国家体育总局）是我国体育行政主管机关，有关健身活动的部门规章实际上就主要是由其制定和颁布的一系列规范性文件。这些行政规章涉及健身活动的各个方面，最主要的有：行政组织机构、人事、经费、教育、科研、对外交往等。其中，我国健身活动法规政策中较多的有关于中国体育彩票、全民健身工程管理、大型运动会档案管理、全国综合性运动会工作人员纪律等方面的规章。

除此之外，国家教委、财政部、总工会、国务院其他部委也将许多本系统体育行政法规制定出来。比如较为常见的有：《学校体育工作条例》《体育彩票公益金管理暂行办法》《少年儿童体育学校管理办法》等。

3. 全民健身地方法规

关于地方性法规和地方政府规章，很多人都会混淆，下面就对这两个方面进行阐述。

地方国家权力机关及其常设机关为保证宪法、法律和行政法规的遵守与执行，与本行政区内的具体情况和实际需要有机结合起来，依照法律规定的权限通过和发布的规范性文件，就是所谓的地方性法规。

地方国家行政机关为保证法律、法规和本行政区内的地方性法规的遵守和执行制定的规范性文件，就是所谓的地方政府规章。

从法律效力上来说，地方性法规是要高于地方政府规章的。

随着我国地方体育立法速度的不断提升，一些能够有效推动全民健身事业发展方面的法律也不断被制定出来。一方面，《国家体育锻炼标准施行办法》《学校体育工作条例》《关于加强城市社区体育工作的意见》等关于全民健身的规范，已经在各地《体育条例》、实施《体育法》等综合性体育立法和有关体育场馆保护、体育市场与经营活动管理等法规中出现；另一方面，各个省市都将全民健身条例等地方性法规制定并颁布出来，这也在一定程度上标志着为全民健身制定专门法规的地方越来越多。

4. 全民健身计划纲要及政策性文件

《全民健身计划纲要》的核心思想在于：最大限度地满足人民群众日益增长的体育需要，动员和引导广大人民群众积极参加体育健身活动，普遍增强人民体质。同时，其还将建设中国特色的全民健身体系的奋斗目标树立了起来，将以全国人民为对象、以青少年儿童为重点的各类人群的体育发展要求提了出来，并且将多方面的工作对策与步骤措施明确了下来。

《全民健身计划纲要》以最广大人民群众的健康权利、体育权利保护为着眼点，使以国家权力保护公民体育权利得到进一步强化，将现代法治宗旨充分体现了出来。

国家体育总局 2000 年制定的《2001—2010 年体育改革与发展纲要》属于全民健身发展的综合性法规的范畴，其将全民健身的发展目标明确了下来，将“把增强人民体质、提高国民素质作为体育的根本任务”，“充分重视群众体育工作，全面落实全民健身计划。切实把工作重点放在增强人民体质这项基本任务上”作为关注的重点。

(二)健身法律救济制度

健身法律救济制度主要有以下几个方面。

1. 宪法救济制度

宪法救济，实际上就是一种能够解决一系列问题的途径，具体来说，这一途径主要适用于当公民的基本权利受到某法律规范的约束，或者说法律规范中规定的对当事人的惩罚，侵害到了宪法中规定的公民的基本权利时。

在我国，由国家性质和现实国情决定，《立法法》中对我国的宪法救济程序进行了明确规定，从而使广大人民群众的基本权利不受侵害得到保证。

2. 社会救济法律制度

通常情况下，与全民健身相关的社会救济法律制度主要有两种：一种是健身责任保险制度，另一种是健身公共补偿制度。

(1)健身责任保险制度

公众责任险是基本公共服务保障体系的重要组成部分。在各种健身活动中，意外事故是经常会发生的，这就会造成他人的人身伤害或财产损失，致使责任人不得不依法承担相应的民事损害赔偿责任。

第一，健身设施公众责任险制度的建立。建立健全体育设施风险防范体系，能够使健身者的个人利益不受损害得到最大限度地保障，能够使公众体育健身意外伤害事故得到有效预防和妥善处理。

第二，部分项目强制责任险制度的实施。要求在蹦极、漂流等风险程度大和危害严重的健身活动项目中实行强制责任保险，而对其他风险较小的项目，政府则要给出积极的引导，并且根据实际情况将一些有益的行政建议提出来。

(2)健身公共补偿制度

建立推进全民健身活动，增加公共体育的经费投入制度，就是所谓的健身公共补偿制度。一般来说，补偿的费用有专项用处，即用于公共体育健身设施的建设。

3.行政救济法律制度

《行政复议条例》《行政诉讼法》和《国家赔偿法》等在我国颁布和实施，并且将行政复议制度、司法审查制度和行政赔偿制度设定了出来，由此，我国较为完善的行政救济法律制度便形成了。

(1)行政复议制度

行政机关在行使其行政管理职权时，与作为管理对象的相对方发生争议，以相对方申请为主要依据，由上一级国家行政机关或者法律、法规规定的其他机关依法对引起争议的具体行政行为进行复查并做出决定的一种活动，就是所谓的行政复议制度。

(2)司法审查制度

人民法院依法对具体行政行为的合法性进行审查的国家司法活动，就是所谓的司法审查制度。

(3)行政赔偿制度

国家行政机关及其工作人员在行使职权时，违法侵犯公民、法人或者其他组织的健身合法权益造成损害的，国家负责向受害人进行赔偿，就是所谓的行政赔偿制度，其往往也被称为国家赔偿制度。

4.司法救济法律制度

司法救济法律制度，主要包含民事诉讼制度、行政诉讼制度以及法律援助和司法救助制度。

(1)民事诉讼制度

人民法院在双方当事人及其他诉讼参与人的参加下,审理健身民事案件和解决健身民事纠纷所进行的司法活动,以及由这些活动所产生的诉讼法律关系,就是所谓的民事诉讼制度。

(2)行政诉讼制度

人民法院对行政机关行政行为进行合法性审查的诉讼救济制度,就是所谓的行政诉讼制度。

(3)法律援助和司法救助制度

法律援助,是直接面向社会困难群体,解决他们请不起律师、打不起官司的问题。由此,能够使人民群众的合法权益得到有效维护,实现司法公正。

司法救助制度,则主要是指审判机关在民事诉讼、行政诉讼中,通过对当事人缓交、减交或免交诉讼费用的救济措施,减轻或者免除经济上确有困难的当事人的负担,从而使其能够正常参加诉讼得到保证,依法对其合法权益加以维护的法律制度。

从某种意义上来说,这两项制度都具有有效救济全民健身活动纠纷的作用。

5.其他

除了上述几种法律救济制度之外,还有其他一些有效的法律救济制度,比如,可以通过诉讼制度来解决分歧较大、难以和解的健身活动纠纷;可以通过调解制度、仲裁制度和申诉制度等来解决难度不大、事实较清楚的纠纷。

第二节　全民健身的监测体系

全民健身体系包含着多个方面的内容,其中国民体质监测就是非常重要的内容之一。因此,这里所说的全民健身的监测体系,主要就是指全民健身体质监测体系。

国民体质监测，不仅是全民健身体系的重要内容，同时也是检验全民健身计划的实施效果、提高群众体育管理工作科学化的必要手段。通过国民体质监测，可以客观准确地了解不同地域、不同年龄、不同人群的体质水平和特点，使测试者了解自身的体质水平状况，更好地选择有效的健身方法，提高体育锻炼的效果。

一、全民健身体质监测体系的构建意义与工作任务

国家和地区为了系统掌握国民体质状况，以抽样调查的方式，按照国家颁布的国民体质监测指标，在全国或某一地区内定期对监测对象统一进行测试和对监测数据进行分析、研究。它通过对个体与群体进行纵向的追踪，对不同群体间的差异状况、不同地区的差异状况给予比较性评价，对全民整体的体质现状给予反馈性评价，这就是所谓的全民健身体质监测。通过体质监测，各级政府部门能够对本地区劳动者的体质状况、健康水平、体育人口以及发展趋势有较为系统的了解和认识，将保障劳动者身心健康的相应政策和法规制定出来，服务好本地区经济和社会发展。同时，锻炼者也可以以科学的测量结果为主要依据，了解锻炼效果，及时调整运动处方。

总之，国民健康水平和体育工作的评估是以国民体质监测为重要依据的，从某种意义上来说，国民体质监测是党和政府把体育工作的政治目标落实在可以进行科学操作和评价的指标上，把国民体质作为国有资源进行科学管理的一项宏伟工程，是全民健身服务实践体系的基础环节。

（一）全民健身体质监测体系构建的意义

在现代社会中，科学构建全民健身体质监测体系，本身就有着非常重要的意义，具体表现在以下几个方面。

1．对我国群众体育逐渐趋于科学化起到促进作用

全民健身体质监测体系的构建，通过观察和比较我国国民体

质状况进行动态监测，将解决以科学方法客观评价群众体育运动效果的问题，从而对我国全民健身工程向着科学化方向迈进起到积极的推动作用。

2. 对于加强人民群众体育锻炼的科学指导有所助益

通过体质测试，能够对大众的体质状况有及时地了解和掌握，针对大众体质存在的问题将科学的运动处方制定出来，为人们提供健身及健康生活方式的指导，使体育锻炼更具有针对性和科学性，进而达到有效改善国民的身体素质和健康水平的目的。

3. 为国家体质监测工作提供基础数据

通过体质监测，将体质监测信息系统建立起来，国民健康档案能够得到进一步的充实和完善，为群众提供健康信息服务，为政府部门科学决策提供信息咨询。

(二)全民健身体质监测体系的工作任务

全民健身体质监测体系的工作任务主要有以下三个方面。

1. 测量体质

通常，在对体质强弱进行测量时，所采用的综合指标主要有：身体形态发育水平、生理生化功能水平、身体素质和运动能力水平、心理发展状态、适应能力等。由此可以得知，体质监测站测量应包括形态指标、机能指标、素质指标三部分。其中，形态指标主要包括身高、体重等身体形态；机能指标主要包括安静心率、血压、肺活量；身体素质包括力量、速度、耐力、灵敏、协调、柔韧。

这里需要强调的是，不同的测试内容针对体质的不同进行检验，较为典型的有："反应时测试"测试反应能力，"闭眼单脚站立测试"测试平衡度，"台阶指数测试"测试心脏功能等。

2. 以监测结果为依据将相应的运动处方制定出来

以不同年龄段的监测结果为主要依据，监测站将开出各种各样的运动处方，比如，是否需要运动、需要什么样的运动、运动量多大为宜等。以这些运动处方为主要依据，锻炼者可以选择进行更为合理的锻炼，从而达到全面健康的目的。

3. 建立健康档案

监测站的功能是多方面的，不仅能够提供健身指导，而且还能够为大众建立健康档案，将他们的体质状况详尽地记录下来。他们可以通过一段时间的档案比较，查看自己的体质是否增强，身体是否健康。

二、我国全民健身体质监测体系发展中的问题

当前，尽管我国已经建立起了全民健身体质监测体系，但是，还不够完善，仍然存在着多个方面的问题，具体来说，可以大致归纳为以下几个方面。

(一)体质监测站数量少，分布不均衡

目前，我国的体质监测站所存在的基本问题主要是：数量少，配套的人员、设备缺乏，分布不均衡。通常来说，大部分体质监测站主要集中在城市中的社区、学校以及医院。通过相关的调查发现，分布在乡镇和农村的监测站数量非常少。而在城市方面，监测站也主要分布在经济发达的大中型城市；在经济欠发达地区，体质监测站主要分布在省会城市和经济情况较好的城市。总的来说，目前我国的体质监测站还无法使广大群众的体质监测需要得到较好的满足。

(二)体质监测站利用率较低

通过对国民体质进行监测，使人们对自己的身体状况有清晰的了解，并根据自己的体质状况进行相应健身锻炼，是全民健身体质监测站的主要作用。然而，通过相关的调查发现，北京、上海

等经济发达或较发达地区，体质监测活动开展较好，仪器设备保持一定的更新频率，常年有体质监测活动车进行流动服务，以辅助体质监测站的监测工作。但是，在经济欠发达地区，大部分体质监测活动站没有将其应有的作用充分发挥出来。虽然当地政府相关机构也进行过宣传，但群众对体质测试的认识水平很低，许多测试者对体质监测的作用、意义还不理解，更不用说体质测试的内容了，许多受试者应付测试，这就对测试结果的可靠性和有效性产生了非常不利的影响，从而进一步导致体质监测的质量非常低。一些地区由于配套资金不到位、监测仪器设备陈旧或不全，也对体质监测活动的正常进行产生了不利的影响，有些体质监测站甚至常年荒废；有些地区没有设置体质监测人员编制，没有专业监测人员指导，体质监测时临时抽调体育研究所或体育院校教师等相关人员组成体质监测工作人员。总的来说，导致体质监测站利用率低下的一个主要原因就是不同城镇居民人均可支配收入水平的差异。

(三)体质监测人员缺乏，素质良莠不齐

体质监测人员是体质监测活动实施的主体，他们的素质高低直接影响体质监测活动的效果。从相关的调查中发现，目前我国体质监测站所配备的体质监测人员数量上还非常欠缺，质量上也是良莠不齐，这也在很大程度上与经济发展水平有着密切联系。具体来说，在经济较发达地区，体质监测人员工作岗位属于常规编制，在数量上能够满足群众日常体质监测活动，但在某些特定的时间(如全民健身日)，就显得人手不足；而在经济欠发达地区，体质监测工作人员往往都是临时抽调的，并不设编制。从体质监测工作人员业务素质方面来说，经济较发达地区的体质监测人员往往具有相关专业背景，在上岗之前都接受过专业培训，不管是理论知识的掌握还是对仪器设备的操作使用，都能达到国家有关规定，有些工作人员还具有为被监测人员开健身处方的执业资格；而经济欠发达地区的体质监测人员，则往往是临时抽调的，相

关专业背景显得比较弱，专业知识水平也相对较低，经过短期培训临时承担测试任务，而且由于临时抽调，工作人员在培训的内容的兴趣和态度上都不理想，体质监测行为的规范性、操作仪器设备的熟练性都较为欠缺，再加上引起体质测试结果误差的因素复杂多变，对测试技术要求较高，如此一来，测试结果的可靠性就很难得到保证了。

除此之外，监测人员与被监测人员之间无法就体质问题进行有效的沟通，这样就会导致被监测者对体质监测的意义无法进行深刻的理解，从长远来看，这一定会对国民体质监测活动的持续开展产生一定的影响，进而对全民健身的科学发展产生影响。

（四）体质监测存在的其他问题

关于我国全民健身体质监测体系，其中除了上述几个方面的问题外，还有一些问题也较为典型，具体如下。

1. 体质监测群体样本方面

目前，我国实施的国民体质监测主要以群众自发参与或单位组织参与为主，流动体质监测行为也很少触及乡村，可以说，目前国民体质监测获得的数据的科学性还有待进一步提高，这在城乡、年龄、性别、地域、经济收入、职业、学历等结构不合理上都有所体现。许多测试者对体质测试的内容、作用和意义并不了解，测试方案和评价标准各地也是各有各的特点，没有统一起来，这就导致监测数据的真实性、典型性等方面不够完善。

2. 体质监测仪器不完善

从当前的形势来看，我国标准化国民体质测试仪器的研究还存在着较为薄弱的环节，大部分地区使用的体质监测仪器都比较陈旧，有些指标测试的可靠性还不能达到要求。而新型的体质监测自动化、智能化器材，由于受到价格昂贵的特点的限制，还无法全面应用和推广。

三、全民健身体质监测体系的结构

作为一个完整体系，全民健身体质监测体系主要是由监测站工作人员、监测仪器设备、运行资金以及相关监测标准信息组成的。下面就对这几个方面的结构加以分析和阐述。

(一)全民健身体质监测人员

1. 监测人员的总体构成情况

在全民健身体质监测站中，监测人员是处于核心部分的，其与全民健身体质监测站各项制度的建立健全以及具体体质监测活动的实施之间都有着非常密切的关系。全民健身体质活动监测站的工作人员主要由各级体育科研所的科研人员、体育职能部门的工作人员、监测工作人员、体育院校教师、医生组成，其中有全职和兼职之分，处于核心部分的是监测工作人员。

2. 监测人员的知识结构

理论知识和实际操作能力，是体质监测和测定人员必须具备的。其中，理论知识主要包括对国民体质测定的有关政策法规、测定内容和方法、测定工作的组织、测定结果的评价等的了解；实际操作能力则主要包括对全部测定项目的操作技术的掌握。

3. 监测人员的专业技能

对于一名合格的监测人员来说，其从事体质监测工作的前提条件就是掌握体质监测的相关知识，但是，这并不能作为能否真正胜任监测工作的唯一标准，他是否掌握全部测定项目的操作技术也是需要考虑的重要方面。

对于监测人员来说，其监测工作的关键在于是否能够科学正确地使用监测设备，指导被检测人员进行有效操作，获得相对准确的评价指标。通常情况下，可以将监测人员掌握的专业技能内容概括为：身高和体重的测试技能、呼吸机的测试技能、心肺功能适应能力的测试技能、握力的测试技能、男子肌肉耐力的测试技能、女子腰腹肌力量的测试技能、下肢爆发力的测试技能、身体柔韧性的测试技能、平衡能力的测试技能、反应能力的测试技能等基础专业技能，以及运动康复与保健的相关技能和管理技能。

(二)全民健身体质监测设施的建设

关于全民健身体质监测设施，主要指的是硬件设施和软件设施两个方面。

1. 硬件设施

测定体质的相关器材，就是体质监测站的硬件设施。通常，可以将全民健身体质硬件设施分为以下三种类型。

(1)测试身体形态类

这一类型所包括的内容主要有：体重秤（电子体重秤、电子人体秤测试仪、针式体重秤、杠杆式体重秤）、身高坐高计、皮脂厚度计、骨盆测量器（内、外两种）、足高足长测量尺、围度尺、测宽计、婴儿秤、电子婴儿秤、婴幼儿卧式身高坐高计、儿童秤。

(2)测试生理机能类

这一类型所包括的内容主要有：肺活量测试仪、空盒气压计、肺活量计（电动肺活量计、电子肺活量计、浮标式肺活量计）、polar表、血压计、跑台或功率自行车、自动气体分析仪、双向活瓣呼吸口罩等。

(3)测试身体基本素质类

这一类型所包括的内容主要有：包括握力计、握力计测试仪、风速仪（翼状风速仪、热球风速仪、数字风速仪）、三杯风速计、电子背力计、电子摸高器、电子反应时测试仪、50米跑测试仪、立定跳远测试仪、坐位体前屈测试仪、台阶实验测试仪、标准对数视力表灯箱、幼儿对数视力表灯箱、计步表、机械秒表、纵跳计、闭眼单腿站立测试仪、人体反应速度测定尺、电子节拍式台阶箱(单人)、电子节拍式台阶箱(双人)。

2. 软件设施

处理体质数据、分析体质状况的相关软件,就是所谓的软件设施。国民体质监测软件有着非常强大的功能,具体来说,主要表现在以下几个方面。

(1)能够将国民体质测试系统、人体成分分析仪、骨密度分析仪、动脉硬化检测仪等连接起来,同时,对上述设备数据的自动采集功能也能得以实现。

(2)在中国人的体质监测数据库和评价标准的基础上,以体质测试及其他辅助设备内容为主要依据,出具包括形态、机能、身体素质等内容的专业评测报告。同时,还能够综合评价人体机能(国民体质测试各项结果)、身体成分、骨质状况及动脉硬化程度等体质。

(3)能够以体质测评及其他辅助设备的结果为主要依据,出具包括运动项目、运动强度、运动时间等内容的个性化运动处方。

(4)能够以评测结果和运动处方为主要依据,出具包括热量摄入、三餐配比、营养素的摄入量、营养素供能百分比和膳食营养改进建议等内容的膳食营养及运动营养处方。

(5)能够以受测人员的综合体质评价结果为主要依据,自动给出包括健康改进方向、减肥塑身方向、增肌健美方向的三种体质干预方案,每种干预方案落实到可执行的个性化的运动处方与营养处方。需要强调的是,处方是能够进行适当的人工调整的,调整过程中具备科学合理的校验功能。

(6)能够将个人体质健康档案建立起来,从而为评估和管理提供一定的便利,个人历史体质指标分析、群体分析功能具备。

从当前的形势来看,我国体质监测软件设施的建设还处于起步阶段,体质监测软件还较为欠缺。因此,监测人员只能以单一的检测标准为依据来进行衡量,这对于从整体上评价被监测人员是不利的。因此，努力构建一套适应我国国民的体质测试软件系统，对于全民健身体质监测站的建设有着非常重大的意义。

(三)全民健身体质监测标准

2003年11月，国家体育总局颁布了《国民体质测定标准》，这是深入实施全民健身计划的又一具体措施，是我国群众体育科学化水平有了新的提高的重要标志。同时，《国民体质测定标准施行办法》也颁布实施。

《国民体质测定标准》对于年龄为3至69岁的人都是适用的，以不同年龄人群在体质方面的特征为主要依据，可以将测试指标分为四个部分，即幼儿、儿童青少年、成年和老年。《国民体质测定标准手册》对人的体质的评定分为两个方面：一个是单项指标评分，一个是综合评定，这两个方面都是采用百分位数法来制定的，综合评定采用各单项指标得分按等权相加的方式制定。体质监测指标见表5-1、表5-2、表5-3、表5-4。

表5-1　3～6岁幼儿测试指标

形态	素质
身高 体重	10米折返跑 立定跳远 网球掷远 双脚连续跳 坐位体前屈 走平衡木

7～19岁儿童青少年部分采用《国家学生体质健康标准》。

表 5-2　20～39 岁成年人测试指标

形态	机能	素质
身高 体重	肺活量 台阶试验	握力 俯卧撑(男) 1 分钟仰卧起坐(女) 纵跳 坐位体前屈 选择反应时 闭眼单脚站立

表 5-3　40～59 岁成年人测试指标

形态	机能	素质
身高 体重	肺活量 台阶试验	握力 坐位体前屈 选择反应时 闭眼单脚站立

表 5-4　60～69 岁老年人测试指标

形态	机能	素质
身高 体重	肺活量	握力 坐位体前屈 选择反应时 闭眼单脚站立

(四)全民健身体质监测体系建设发展资金

全民健身事业属于公益性事业的范畴。作为一项公益性的社会事业,全民健身体质监测活动是不能向消费者收费的,因此,这就决定了全民健身体质监测站的建设经费主要来源于国家支持,除此之外,还可以借助于社会赞助和自身经营收入,政府、社会、公民各自承担相应的责任,由此,政府拨款、单位投入、社会和个人投资的多渠道、多层次、多形式相结合的多元化资金投入格局便形成了。

四、全民健身体质监测体系的科学构建

全民健身体质监测体系，对于全民健身有着非常重要的指导作用，因此，构建科学的全面健身体质监测体系是非常重要的。具体来说，可以从以下几个方面着手。

(一)通过大力宣传来使人们对国民体质的认识提升

从当前的形势来看，我国国民对体质测定的认识水平较低，因此，这就要求各级部门要将电视、广播、报纸等媒体以及板报、专栏等形式充分利用起来。除此之外，还要将节假日和活动周充分利用起来，在相关国民体质网站中设立"体质测量""健康指导"等栏目，设立一定数量的流动监测站等，由此来进一步加大对体质监测工作的宣传力度，使人民群众对体质测试的意义和作用有充分认识和了解，积极配合并投入到体质监测工作中来，从而将体质监测在全民健身中的作用充分发挥出来。

(二)进一步完善管理体制和法规体系

通常情况下，可以将现行的国民体质监测分为三级管理：一个为国家级，即国家国民体质监测中心负责编写培训教材、培训各省(区、市)和地市监测和测定工作骨干人员；一个为省(区、市)级，即各省(区、市)国民体质监测中心负责管理和培训本省监测点的监测和测定人员，并指导本省各地(市)的监测和测定人员的培训和管理；还有一个是地(市)级，即各地(市)的国民体质监测中心负责管理和培训本地(市)监测点的监测和测定人员，并上报本省(区、市)国民体质监测中心备案。

各管理部门不仅要完成各自分内工作，还要将各体质监测中心和监测点对外开放，为单位、个人提供体质测评、健康咨询、健

身服务等业务，把完成国家体质监测任务和长期为群众健身服务结合起来，把义务监测和有偿服务结合起来。同时，还要将国民体质监测和测定人员培训和管理的政策法规制定出来，将培训课程内容和考试标准确定下来。从目标入手，制定相应的切合实际的国民体质监测和测定人员的发展目标，再根据目标的需要，制定保证目标有效实施的法规制度，从而使国民体质监测和测定人员的组织和管理得到进一步加强。

（三）将心理指标纳入全民健身体质监测体系中

体质监测是一个复杂的系统工程，随着社会的进步、科学技术的发展以及人们认识水平的提高，体质的内涵的完善程度也会进一步提升。从体质概念的演化过程和身心统一性来看，体质包括的因素主要有两个方面：一个是身体，一个是心理，因此，这就要求体质监测要从身心两方面着手进行。目前大量的研究理论和测量工具，也提供了从身体和心理进行总体监测的可行性。因此，与身体指标相互影响较直接并进行过大量测试的心理指标，是纳入国民体质监测体系中非常理想的选择。由此，能够将更加适合我国国民特点的体质测定方法和测定标准制定出来，从而为我国国民体质监测工作的更加完善作出应有的贡献。

（四）将科学统一的监测方案和评价标准制定出来

首先，要将国民体质监测方案和评价标准内容科学统一起来。

其次，在体质测试评价方法的研究方面要进一步加强，从而使评价的科学性得到有效提升。一般地，往往采用加权法来综合评价成年人体质，从而使综合评价的准确性得到保证。

最后，当前，包括儿童、学生、成年人、老年人的体质测试方案及评价标准已经在我国出台，由于学生体质测试内容及评价方法与其他人群之间没有连续性、系统性，这就在很大程度上加大了系统研究国民体质的难度。鉴于此，就要求通过各种方式和途径保持测量指标的一致性，从而使不同年龄人群体质测试指标及评价方法的连续性和系统性得到保证，同时，还要对国民体质监测的电子化、自动化、智能化的测试仪器进行开发和研究，将全国性的国民体质监测数据网络建立起来，从而保证国民体质监测体系的系列化、规范化、科学化。

（五）大力提升体质监测人员的专业水平

当前，通过相关的调查发现，我国体质监测人员不管是在基础理论知识上，还是在实际操作能力上，都存在着较大的不足，这就在很大程度上制约了全民健身体质监测体系的发展和完善。鉴于此，就要求借助于多种多样的培训方式对体质监测人员加以培训，使其专业水平得到有效提升。同时，还要在社会体育指导员中进行体质监测内容的培训，将社会力量充分调动起来，大力支持国民体质监测工作，尤其是要将高等体育院校的管理、教学、科研、场馆设施和人才资源充分利用起来，采用自愿和选修的形式，培训、组织在校大学生直接参与体质监测和全民健身的指导服务工作。

（六）使体质监测现场测试管理更加规范

全民健身体质监测本身就是一项复杂、繁重的系统工程，可靠准确的监测数据唯一的获取途径就是科学、高效、安全的现场体质测试，可以说，现场测试的质量对国民体质状况分析和判断的准确性起到重要的决定性影响。因此，要想使现场测试工作科学化、规范化得以顺利实现，对国民体质监测现场测试进行机构设置、人员配备、计划制订、组织实施、效果评估等规范化的管理，是保障监测工作顺利完成的首要环节。

（七）优化和改善测试仪器、场地质量状况

第一，测试器材的精密和标准能够将体质监测的真实情况反映出来，是体质监测顺利进行的物质基础。因此，这就要求研制

并推广与之相配套的自动化、智能化的体质测试器材，从而使国民体质监测的质量得到有效提升。

第二，对现有生产仪器器材的厂家，应针对不同厂家的不同测定器材产品，择优选用设计先进、科学优质的测评器材，使所有企业产品在国民体质监测工作中“优化组合”，并保持相对稳定。

第三，全部监测站使用的监测器材必须经国家体育总局器材委员会审定合格，由各省体委根据不同监测项目的特点统一优化配齐，使每个监测站在单位时间内完成较多的样本测试任务。

第四，体质监测站测试器材要配齐。与此同时，体质监测站场地选址要方便市民，环境好，便于管理，室内面积也要适宜。

（八）将流动监测站—市民体质监测车的效用充分发挥出来

市民体质监测车，实际上就是一种具有流动性特点的市民体质监测系统，其目标群体为成年人、老年人，具有进行监测、研究、服务、宣传的功能。该监测车的运行，对于国民体质监测体系的完善，高科技市民体质研究的平台的构建，“亲民、便民、利民”的体质测定体系的建设都会起到积极的促进作用。因此，在未来的全民健身体质监测中，在建设体质监测站的同时，应大力提倡流动的体质监测车的投入使用。

第六章　具有现代意义的全民健身路径

现代社会已经进入休闲社会，社会大众参与体育运动健身，更加注重运动本身的休闲娱乐价值和健美价值，同时追求多样化的体育运动健身项目内容与方法的尝试，以满足自身的更高层次的健身需求，即将健身与休闲、娱乐、健美充分融合在一起，使全民健身的运动目的更加立体和丰富。本章就结合现代人的多元健身需求，对具有不同健身特点的休闲娱乐类健身运动、形体健美类健身运动以及水上运动类健身运动的具体运动项目的健身方法进行系统阐述，以期为健身者提供科学健身指导。

第一节　休闲娱乐类健身运动

运动的健身性和休闲娱乐性是相辅相成的，健全的精神寓于健全的身体之中，身体乃精神之载体。全民健身是一种全面的健身，是在自愿、自主的基础上，通过直接的身体活动，达到强身健体、身心愉悦、陶冶情操的目的。当前，就我国全民健身的体育人口基础的年龄阶段划分，轮滑、高尔夫、广场舞是青少年人群、中年人群和老年人群三个年龄阶段最受欢迎的休闲娱乐类健身运动，因此本节着重介绍这三个项目运动的健身技术方法。

一、轮滑

(一)轮滑概述

轮滑运动,又称“滚轴溜冰”“滑旱冰”,是运动者借助带轮子(一般为四个)的轮滑鞋的场地滑行运动。

轮滑运动历史悠久,起源于1815年的法国,于20世纪30年代初期从欧美传入我国。1980年9月,我国正式加入国际轮滑联合会(International Roller－skating Federation, FIRS),1985年,我国首次在河南省安阳市举行了全国轮滑速滑、花样滑锦标赛。1992年第25届奥运会上,轮滑首次被列为表演项目。2010年亚运会上,轮滑列入正式比赛项目。2016年2月1日,FIRS授予南京“世界轮滑之都”称号,南京成为世界上第一个,也是唯一一个被授予该荣誉的城市。2017年9月,由FIRS开创的首届全项目世界轮滑锦标赛在南京成功举行,该次赛事进一步扩大了轮滑运动在我国,尤其是在青少年群体中的广泛影响。

轮滑运动集健身、竞技、娱乐、趣味、技巧、休闲于一身,深受青少年喜爱。

(二)轮滑健身

轮滑健身技术学练方法具体分析如下。

1.站立技术

(1)平行站立。两脚平行分开,与肩同宽,脚尖稍内扣,屈膝,重心在两脚之间(图6-1)。

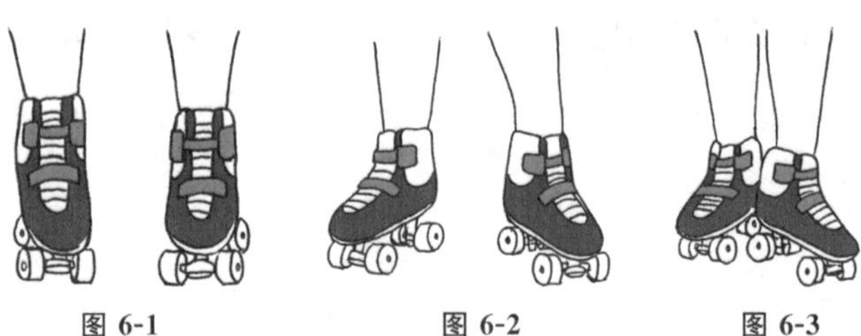

图6-1　　图6-2　　图6-3

(2)“八”字站立。两脚跟靠近,脚尖自然分开,上体稍前倾,屈膝,重心落在两脚之间(图 6-2)。

(3)“丁”字站立。两脚呈“丁”字步站立,前脚跟卡住后脚的脚弓,上体稍前倾,双膝自然弯曲,身体重心落在后脚上。然后两脚交换位置,再呈丁字步站立,到站稳为止(图 6-3)。

2.蹬地技术

(1)单脚蹬地,双脚前滑。“丁”字站立,左脚在前,左脚尖稍外撇前滑,重心随之移至左腿,右脚收,双脚着地,向前滑行。

(2)两脚交替蹬地,两脚交替单足前滑。“丁”字站立,左脚在前,屈膝,右脚用内侧轮向体侧后蹬地,左脚屈膝向前滑行,重心移至左腿,成单脚支撑前滑。右脚蹬地后在左脚的侧后方自然放松收至靠在脚外落地滑出,脚尖稍外展,再用左脚内侧蹬地。

(3)前滑压步转变左脚支撑滑行。以左转为例,身体左倾,右脚在右后侧蹬地,蹬地后摆越左脚,在左前侧落地,重心移至左脚。同时左脚用外侧在右后侧蹬地,蹬地后前移至左前侧落地滑行。

(4)后滑压步转弯。以后滑压步右转弯为例,右脚支撑后滑,身体右倾,左脚在左前下方蹬地。左脚蹬地后摆越右脚尖,在右侧下方落地,重心移至左脚,左脚在右侧前下方蹬地,蹬地后移至右后侧下方落地滑行。

3.滑行技术

(1)前滑

①单脚向前直线滑行。“T”形站立,右脚内刃蹬地,重心移至左腿,右腿蹬直后右脚蹬离地面,成左脚向前滑行。收右脚在左脚侧面落地,换左脚蹬地,双脚交替完成动作(图 6-4)。

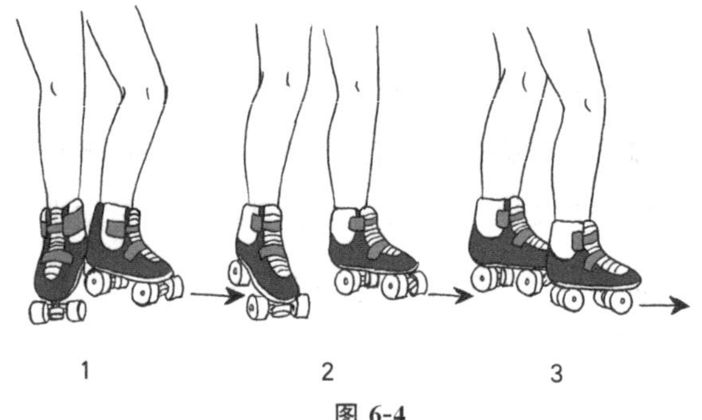

图 6-4

②前葫芦步滑行。双脚内刃站立，屈膝，两脚尖向外，两臂自然张开，双脚向前外滑出至最大弧线时，内收靠拢双脚尖，恢复至开始姿势。双脚连续分开、靠拢（图 6-5）。

图 6-5

③前双曲线滑行。左脚以内刃向侧肩蹬地(4 轮不离地)，重心在右脚，向右滑双脚曲线，右脚内刃向侧后方蹬地，重心偏左脚，向左滑双脚曲线，连续前滑（图 6-6）

图 6-6

④双脚滑行。右脚内刃向侧后方蹬地，重心移到左脚，蹬地后的右脚迅速收与左脚平行，两脚依次交替蹬地。

(2)后滑

①向后葫芦滑行。两脚平行站立，脚尖稍向内，屈腿，两脚内刃向前蹬地，两脚跟向两边分开，向后外滑至最大弧线时，两脚跟收拢，直膝，恢复至开始姿势，重复上述动作（图 6-7）。

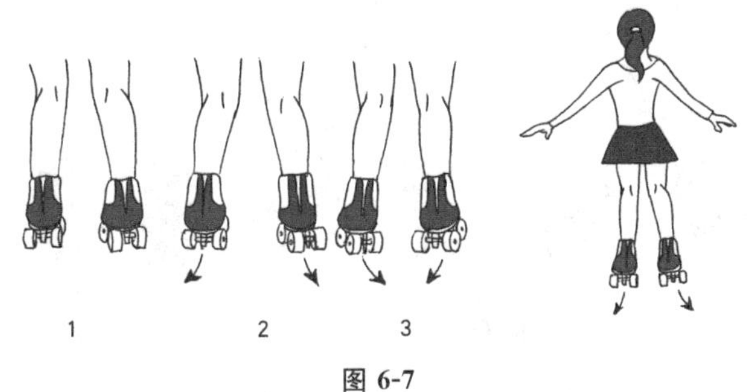

图 6-7

②向后蛇形滑行。两脚分开，屈腿，稍向内转脚尖。向前下方用右脚内刃蹬地，重心左移，左脚后滑。伸直右腿，右脚放在左脚侧面，恢复开始姿势。左脚蹬地，重心右移，依次重复动作。

③单脚向后滑行。身体前倾，左腿支撑，屈膝，单脚踩平刃，抬右腿，两手平伸，利用身体前倾推动身体后滑。

4. 转弯技术

(1)前滑压步转弯。以左转弯为例，身体左倾，右脚步向右侧后方蹬地后，收腿提至左脚的左前着地；左脚向右脚右侧后方蹬地，推动右脚左滑，重心移至右脚，上体略左转（图 6-8）。

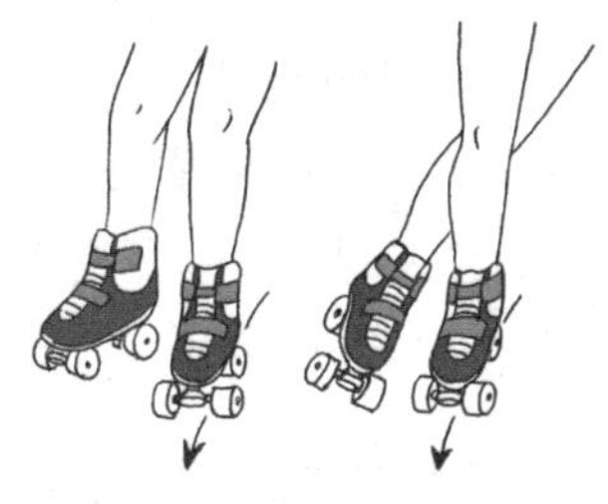
图 6-8

(2)后滑压步转弯。右脚在前，左脚在后，重心在右脚。提左脚,在右脚左后方落地,重心移至左脚,左脚右侧蹬地,右脚移至左脚左前方,屈右膝,两脚交叉,压步,上体左倾。

5. 停止技术

(1)"T"形停止法。滑行中,浮足在滑行脚的后跟处呈"T"形放好,以内侧轮柔和地压紧地面停止(图 6-9)。

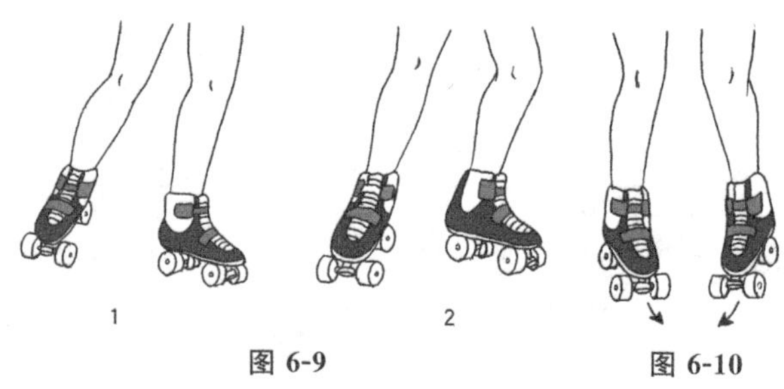

图 6-9　　图 6-10

(2)内"八"字停止法。滑行中,两脚以内侧轮柔和地压紧地面减速停止(图 6-10)。

(3)双脚急停法。两脚同时做顺时针方向急转减速停止。

(4)向后滑行停止法。抬双脚跟,用两脚的制动器摩擦地面减速停止。

二、高尔夫

(一)高尔夫概述

高尔夫球起源于 15 世纪的苏格兰,是一项古老的贵族运动,早期在王公贵族中开展。随着高尔夫运动的日益普及,高尔夫运动开始向社会中层阶级流行,并在世界范围内流行。

1896 年,中国上海高尔夫球俱乐部成立,高尔夫运动正式传入我国。随后,高尔夫运动在我国发展迅速,目前,在高尔夫竞技运动中,我国高尔夫运动选手在世界比赛中屡获佳绩。2015 年,第 21 届沃尔沃中国公开赛在上海落幕,吴阿顺夺冠。2018 年,中国高尔夫运动表现出蓬勃发展之势,职业赛事方面,男子中巡赛和美巡中国赛一争高下，创造了中国男子职业高尔夫赛事的历史。2018 年 4 月，中国国际高尔夫球博览会在上海成功举办，参展企业和人数众多，引起广泛关注，这也充分说明我国大众高尔夫的参与人数不断增多。高尔夫运动是青年体育人口的重点健身、休闲和娱乐项目。

(二)高尔夫健身

运动者参与高尔夫运动注重休闲，但也必须掌握正确的高尔夫技术，否则不能真正体会高尔夫运动带来的运动休闲娱乐和健身效果。高尔夫运动技术方法具体如下。

1. 握杆技术

(1)重叠式握杆

高尔夫重叠式握杆如图 6-11 所示。左手手掌贴握柄，球杆握柄从食指的第二关节起斜向通过掌心，以小指、无名指和中指将球杆握在小鱼际和小拇指指根间，食指自然收拢。右手手掌张开，掌心紧贴球杆握柄右侧，握杆的纵长从食指第二关节开始通过中指与无名指指根，小指勾搭食指与中指间隙上，食指呈钩状弯曲，双手的拇指与食指指根均呈“V”形。

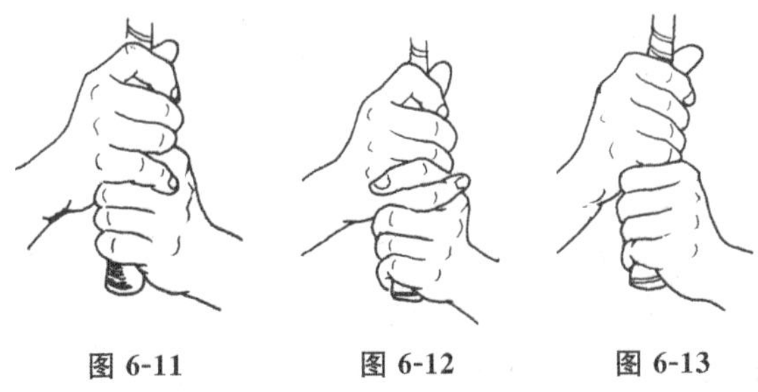

图 6-11　　图 6-12　　图 6-13

(2)互锁式握杆：左手手型同重叠式，右手的小指插入左手食指与中指之间，与左手食指勾锁(图 6-12)。

(3)十指法握杆：两手手掌相向，不重叠，十指握杆(图 6-13)。

2. 击球准备

（1）脚位

正脚位：两脚尖连线与准备击球路线平行（图 6-14）。

开脚位：左脚略后于右脚（图 6-15）。

闭脚位：右脚略后于左脚，两脚脚尖的连线朝向目标的右侧（图 6-16）。

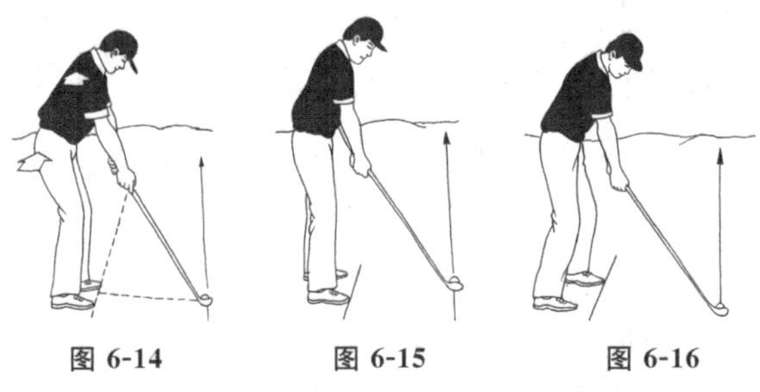

图 6-14　　图 6-15　　图 6-16

（2）球位

球位是指高尔夫球被击出前所处的位置。脚位与球杆、球位的关系为：球手握好球杆站好，左脚固定不动，球位靠近左脚，球杆越短，双脚间距越窄，离球越近。

（3）身体姿势

身体侧向目标，两脚分开，约同肩宽，上体稍前倾，挺背，双手握杆，球杆底部轻轻着地，屈膝，稍屈髋，目视杆头。

3. 瞄准技术

站在球后，两脚尖的连线与球和目标的连线平行，双臂平行伸出，右臂、球在一条直线上。球和目标在一条直线上，球杆放在地上标出目标线的方向，球杆的击球面对准球。

4. 挥杆击球

（1）后引杆：杆面瞄准球的后方，两臂与肩构成三角形，向球正后方引杆 30 厘米左右，头和肩不动。

（2）上挥杆：左肩右转，左臂伸直，右上臂固定，右腋夹住。头颈部与脊柱保持一体，目视球，下颌抬起稍向右倾，左肩最终旋转至下颌的下方。胸部几乎对着目标相反方向，屈左肘，右肘屈曲到最大限度时，球杆的杆身基本与地面平行，背部朝向目标。

(3)下挥杆：左腿支撑，右腿蹬地送髋。借助臀部旋转力量带动手臂击球。球杆下挥至离球 30 厘米时，突然甩腕，使杆头力量通过球。

(4)击球：保持手腕弯曲，至离球 30 厘米时，突然甩腕，杆头以最快的速度到达挥杆轨迹的最低点——球的位置，杆头面触球背的正中部位，将球击出。

(5)顺摆与结束动作：球杆触球后，左腿支撑，右踵提起，腰继续左转，身体仍绕轴心转动，右臂逐渐伸直，右肩逐渐对准球飞出的方向。头部始终保持不动。顺摆充分时，右臂伸直，左腋夹住。左臂肘向上弯曲，腰和肩左转，左腿支撑，臂到达右肩平直高度时，头部转向目标方向，目视球(图 6-17)。

图 6-17

5. 推杆技术

两脚开立，重心置于两脚之间，两腿微曲，轻微向前突出膝盖；弯腰，让肩、手臂和双手整体运动；头部保持不动。

三、广场舞

(一)广场舞概述

广场舞(Chinese Fitness dancing,Chinese Square Dance)是由我国人民群众创造的舞蹈,它以集体舞为主要表演形式,以娱乐身心为主要目的,在广场、公园、院坝等开敞空间均可开展,深受我国中老年人的喜欢。

当前在全民健身背景下,我国广大人民群众积极投入体育健身运动,中老年人广泛参与广场舞,广场舞的集体运动形式,伴随高分贝、节奏感强的音乐,为中老年人健身、休闲、娱乐、交际提供了良好的条件。2015 年 11 月 7 日,18 431 人在中信国安天下第一城跳起改编版的广场舞《小苹果》,创造了世界最大规模排舞(单场地)纪录。

近两年来,随着广场舞的流行,中国广场舞随着中老年人的出行,在世界各地都留下了身影(广场舞快闪活动),也吸引了许多青年人加入到广场舞的健身队伍中。

2017 年 11 月 13 日,国家体育总局发布《关于进一步规范广场舞健身活动的通知》,进一步规范了我国广场舞的发展。

(二)广场舞健身

广场舞运动健身在我国各地广泛流行,因地域的不同,群体的不同,广场舞的舞蹈形式也不同。

广场舞的健身舞蹈元素多种多样,包括民族舞、现代舞、街舞、拉丁舞等,多结合流行曲目进行,在领舞者的带领下,跟随音乐完成一曲(一套)健身动作。初学者和新曲目舞蹈动作健身练习方法具体如下。

(1)分节练习:每节动作分别练习。

(2)分段练习:将全套动作分成几段,每次专门练习一段,最后将各段连接起来练习。

(3)对称练习:一节动作中,按左右路或前后排,在方向、部位、方法等方面做对称练习。

(4)连续练习:全套动作从开始至最后不停地连续完成。

(5)断连练习:在某一两节动作暂停,分节练习。

(6)重复练习:每节动作先练二八拍后纠正,再重复练习。

第二节　形体健美类健身运动

一、健美操

(一)健美操概述

健美操是在音乐伴奏下,以有氧健身为主要运动内容的强身健体、塑造形体、休闲娱乐体育运动。

健美操的起源可以追溯到2000多年前。考古发现的我国古代导引图上彩绘着不同性别、不同年龄、栩栩如生、做着不同姿势的人物,有站、立、蹲、坐等基本姿势,臂屈伸、方步、转体、跳跃等各种动作,几乎和当今的健美操动作相仿。

现代健美操起源于20世纪70年代的美国,20世纪70年代末80年代初,健美操传入我国,并迅速普及发展。1992年,中国健美操协会成立,2006年第9届健美操世锦赛中,我国健美操选手获得男子单人和集体6人操的冠军,实现中国队在世锦赛上金牌"零的突破"。健美操运动进入2013—2016年周期,体育总局体操中心调整了全国健美操联赛、锦标赛、冠军赛,我国健美操运动进入一个新的国际化、科学化、规范化发展阶段。

健美操内容丰富、形式多样,运动量可调节,男女老少均可参与。长期参与健美操运动,可强身健体、减肥减脂、美体塑形,因此，在我国具有广泛的群众基础。

(二)健美操健身

健美操健身动作丰富，变化和组合变化无穷，但各种动作变化都是建立在健美操基本动作基础之上的，这里重点解析健美操基本健身动作方法。

1.基本手型

健美操基本手型多借鉴舞蹈动作，常见手型动作主要有合掌、分掌、拳、推掌、西班牙舞手势、芭蕾手势、一指式和响指。各手型动作具体如图 6-18 所示。

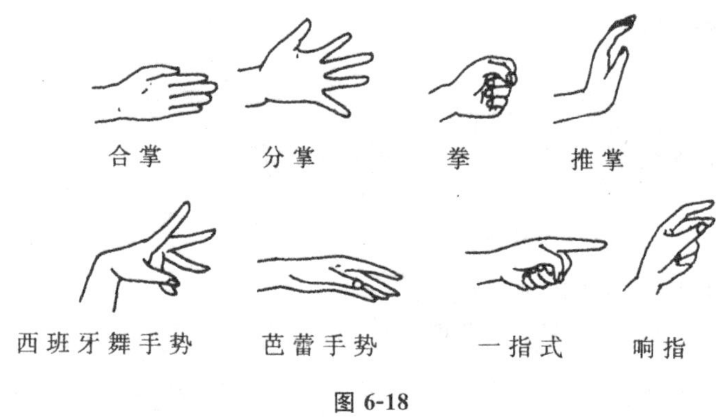

图 6-18

2.头颈部动作

(1)屈：身体正直，头部分别向前、后、左、右 4 个方向做颈部关节弯曲的运动(图 6-19)。

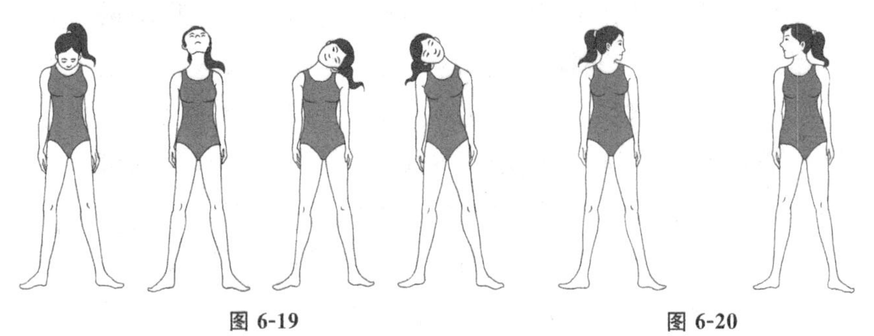

图 6-19　　图 6-20

(2)转:头保持正直,下颌平稳地左右转动 90°(图 6-20)。

(3)环绕:头保持正直,头颈部沿身体的垂直轴向左(或右)转动 360°(图 6-21)。

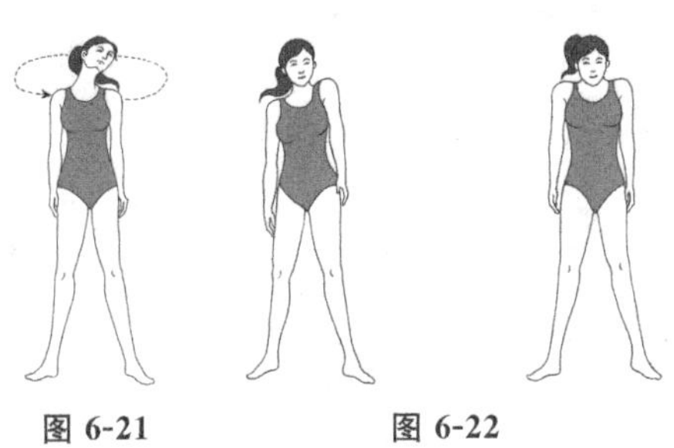

图 6-21　　图 6-22

3.肩部动作

(1)提肩:两脚自然开立,身体正直,肩部(单肩或双肩)沿身体垂直轴尽量向上提起(图 6-22)。

(2)沉肩:准备姿势同提肩,肩部(单肩或双肩)沿身体垂直轴向下沉落(图 6-23)。

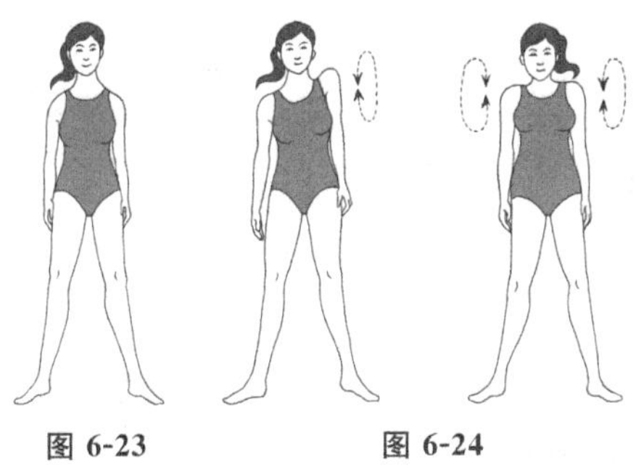

图 6-23　　图 6-24

(3)绕肩:准备姿势同提肩,肩部(单肩或双肩)沿身体前、后、上、下四个方向绕动(图 6-24)。

4.上肢动作

(1)举:两脚开立,以肩关节为中心,手臂进行前举、后举、侧举、侧上举、侧下举、上举等活动(图 6-25)。

图 6-25

(2)屈:两脚开立,肘关节由弯曲到伸直或由伸直到弯曲的动作,如平屈、侧屈、侧上屈、侧下屈、上屈、头后屈(图 6-26)。

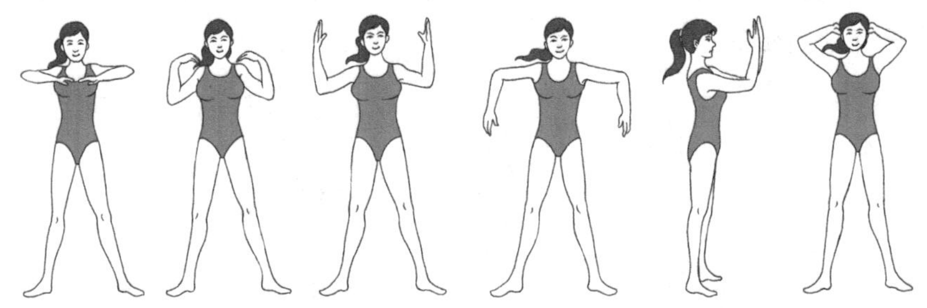

图 6-26

(3)绕、绕环:两脚开立,两臂或单臂以肩为轴做向内、外、前、后的弧线运动(图 6-27)。

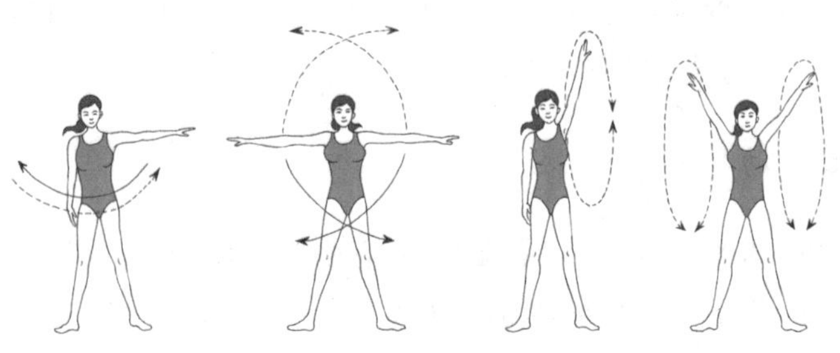

图 6-27

5.躯干动作

(1)移胸:髋部位置固定,腰腹随胸部左右移动。

(2)含胸、挺胸:含胸时低头收腹,收肩,形成背弓,呼气;挺胸时,抬头挺胸,展肩,吸气(图 6-28)。

图 6-28　　图 6-29

(3)腰屈:两脚开立,腰部向前或向侧做拉伸运动,如前屈、后屈、侧屈(图 6-29),腰部动作应充分伸展,运动速度不宜过快。

(4)腰转:两脚开立,结合迈步,腰部带动身体沿垂直轴左右灵活转动(图 6-30)。

图 6-30　　图 6-31

(5)腰绕和环绕:两脚开立,结合手臂动作,腰部做弧线或圆周运动,即绕和环绕(图 6-31)。

(6)顶髋:两腿开立,一腿伸直支撑,另一腿屈膝内扣,上体保持正直,双手叉腰,用力将髋顶出(图 6-32)。

图 6-32

(7)提髋：两脚开立，手臂自然弯曲，半握拳，髋向左上提、右上提。注意髋与腿部协调向上(图 6-33)。

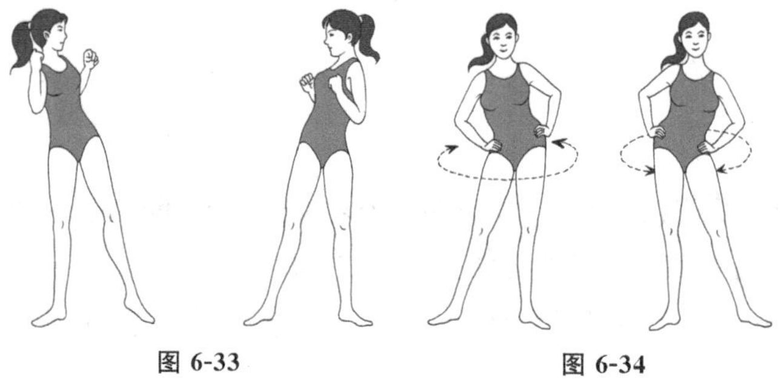

图 6-33　　图 6-34

(8)髋部绕和环绕：两脚开立，双手叉腰，髋做弧线或圆周运动，可分别向左、右方向进行绕和环绕动作(图 6-34)。

6. 下肢动作

(1)直立、开立：自然站立，双腿打开，脚间距同肩宽(图 6-35)。

图 6-35　　图 6-36

（2）点立：先直立，再伸出一条腿做点立或双腿提起做提踵立（图 6-36）。

（3）弓步：自然站立，直立后，大步迈出一腿，做弓步屈的动作（图 6-37）。

图 6-37　　　　图 6-38

（4）踢：自然站立，双腿交换做各个方向的踢腿动作（图 6-38）。

（5）弹：自然站立，双腿正弹腿和侧弹腿（图 6-39）。

图 6-39

（6）跳：自然站立，做并腿跳、开并腿跳、踢腿跳等动作（图 6-40）。

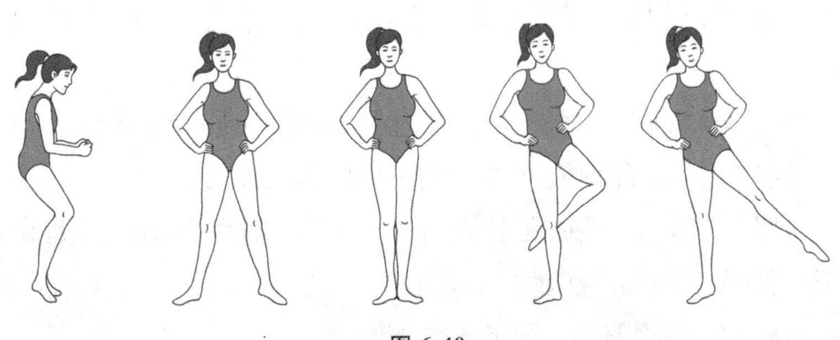

图 6-40

二、瑜伽

(一)瑜伽概述

“瑜伽”为音译词,是梵文“Yoga”的译音,瑜伽是一种健身方式,也是一种健康的生活方式。

瑜伽是东方最古老的强身术之一,它起源于古印度,是古代印度文化的重要内容,瑜伽作为一种心智修炼的方法,集动静于一体,通过姿势、呼吸和冥思的结合,具有重要的健身、修心、养生、美体等功效,是现代人健身、减压、修身养性的时尚运动方式,已经融入很多人的日常生活,成为日常生活的重要组成部分。

瑜伽运动的调息、冥想、饮食观、体位练习等能很好帮助练习者塑造良好形体,这也是瑜伽备受欢迎、尤其是爱美女士欢迎的一个重要原因。

(二)瑜伽健身

瑜伽的体位练习,具有针对性强的特点,通过特定姿势练习,将呼吸、冥想、注意力放在身体某个部位,可使肌肉拉长,促进血液循环,加速脂肪燃烧,进而实现美体塑形的健身效果。

瑜伽常见体位健身健美方法练习具体如下。

1.树式

(1)站姿,双脚并拢,挺身直立,重心在右腿,手心相对,胸前合掌。

(2)吸气,右脚先放于左小腿内侧;左膝外展,双手合掌,目视前方一固定点;后右脚放在左大腿内侧,腿部收紧。

(3)吸气,双手于头顶上方合掌。腹部稍里收,腰部挺直,保持平衡,持续30～60秒,均匀地呼吸。

(4)呼气,慢慢还原(图6-41)。

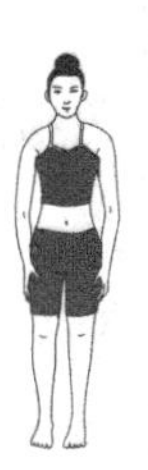

图 6-41

2. 船式

(1)仰卧,双脚并拢,体侧两臂平放。

(2)吸气,上身、双脚与两臂上抬,臀部着地,保持平衡。

(3)双脚以 45°角撑展蹬直,躯干与双脚呈“V”形。两臂伸直,胸背腰挺直,双脚并拢夹紧。屏息,保持 5 秒钟(图 6-42)。

(4)吐气,身体慢慢还原。

图 6-42　　图 6-43

3. 桥式

(1)跪姿,臀部放在两脚脚跟上,脊柱挺直,两手放在地上,抬高臀部,两手两膝着地跪下来。

(2)吸气,伸直两腿,将臀部升得更高。

(3)双臂和背部呈一条直线,头部处于两臂之间。

(4)脚跟撑地,伸展腿腱,保持姿势约 1 分钟(图 6-43)。

(5)呼气,慢慢还原。

4.英雄式

(1)跪姿,并膝,两脚分开,两大腿外侧与相应小腿内侧接触。
(2)臀部在两脚之间,放在地面上。
(3)左臂高举过头,弯肘,左手往下放到两肩胛骨之间。
(4)放下右臂,弯肘,提升右前臂,两手手指相叩。
(5)头颈挺直,向前直视,保持姿势30～60秒钟(图6-44)。

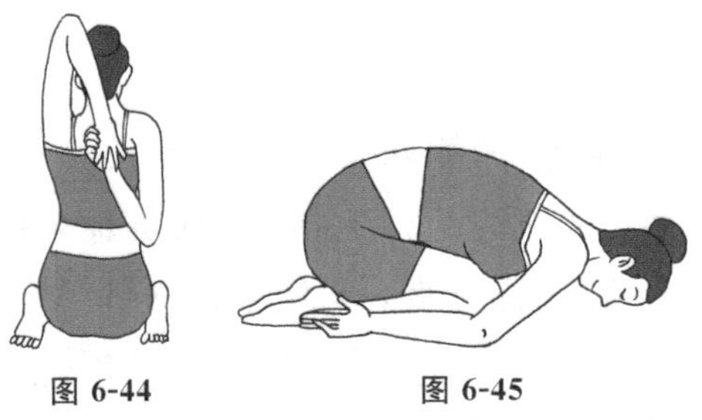

图 6-44　　图 6-45

5.婴儿式

(1)跪坐,臀部在脚跟上,双手掌心贴放在小腿两侧。
(2)呼气,自然屈双肘,额头自然地轻放在面前的地面上。
(3)双手掌心向上,自然放松地置于小腿两侧(图6-45)。

6.轮式

(1)仰卧,背部贴地,双腿伸直,两手放在体侧,掌心向下。
(2)屈膝,脚跟收回,紧贴大腿背后。
(3)双手放在头两侧,掌心平贴地板,指尖指向脚。
(4)吸气,抬起髋部与腹部,背部拱起成桥,保持姿势,均衡呼吸,数1～10(图6-46)。
(5)慢慢还原至开始姿势。

图 6-46

7. 犁式

(1)仰卧,两腿伸直,两脚并拢。两手平靠体侧,掌心向下。

(2)吸气,两掌轻轻用力向下按,收缩腹部肌肉使两腿离开地面举起,升至躯干上方。两腿上升至躯干成垂直角度之后,呼气,两腿继续后摆至两脚伸过头后。

(3)两腿继续后伸,下降,脚趾碰地,直膝,两臂滑向背后,伸直,保持姿势 10～15 秒钟(图 6-47)。

(4)慢慢还原至开始姿势。

图 6-47

8. 肩倒立式

(1)仰卧,背部贴地平卧,两臂平放身体两侧,掌心向下。

(2)两臂下按,保持平稳,向上举腿。

(3)两腿垂直地面时,升起髋部,腿部向后方送,两腿在头上伸展。

(4)两手托起下腰部的两边,撑起躯干。

(5)慢慢尽量伸直,收下巴,顶住胸部,双腿和躯干会完全伸直,与头部成 90°(图 6-48)。均匀呼吸,保持姿势 1～3 分钟。

(6)慢慢放低两腿,还原至开始姿势。

图 6-48　　图 6-49

9. 战士第一式

(1)两脚并拢,自然站立,双掌合十,伸展高举过头。

(2)吸气,两腿分开。

(3)呼气,右脚和上身躯体向右方转 90°。

(4)屈右膝,腿与地面平行,小腿与地面及大腿垂直。

(5)左腿后伸,膝部挺直。头上仰,目视双掌,伸展脊柱。保持姿势 20～30 秒钟(图 6-49)。

10. 战士第二式

(1)以基本三角站立姿势开始。

(2)深深吸气,两脚分开,两臂侧平举。

(3)左脚向左转 90°;右脚稍向左转,不要超过 30°。

(4)屈左膝,大腿与地面平行,小腿与地面和大腿垂直,两手向前直伸,保持姿势约 30 秒钟(图 6-50)。

(5)深呼吸,慢慢还原。

图 6-50

三、普拉提

(一)普拉提概述

普拉提，是“Pilates”的音译，是一种舒缓全身肌肉及提高人体躯干控制能力的运动，其充分融入了西方体育运动对人体肌肉训练的“刚”和东方体育运动强调身心双修的“柔”，是一种独特的有氧健身运动。

普拉提吸收了古老的瑜伽和太极的动作精髓，集二者之长，动作比瑜伽要简单，易于掌握，运动强度不是特别大，但讲究控制、拉伸、呼吸，对腰、腹、臀等身体部位的塑造有着很好的帮助，能达到修塑体形的作用。

发展到现在，作为一项新兴的时尚健身健美运动，普拉提运动在全世界范围内广泛流行，尤其受到年轻人的喜爱。

(二)普拉提健身

普拉提常用健身健美塑形动作方法具体如下。

1. 肩桥上挺

(1)仰卧，屈膝，双足平放在地上，两臂在身体两侧，保持脊柱的中立位。

(2)呼气，脊椎挺直上提，后背离开垫子。

(3)吸气，慢慢有控制地下放(图 6-51)。

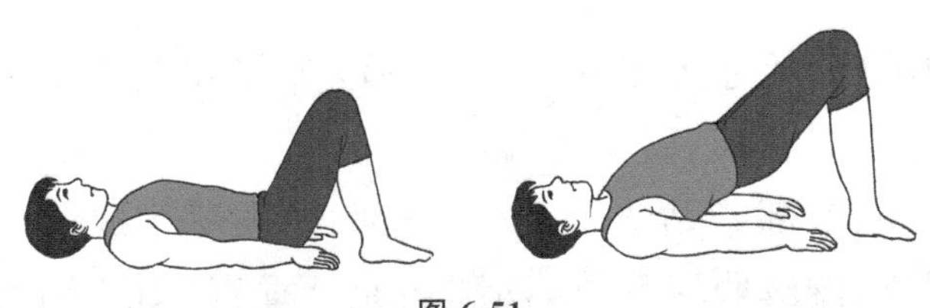

图 6-51

2. 仰卧点地

(1)仰卧,双腿与髋同宽,抬高两腿,屈髋屈膝各 90°,小腿与地面平行。

(2)吸气,膝盖角度不变,慢慢下放一侧腿直至脚尖点地。

(3)呼气,收缩腹部,引领腿部收回至原位。

(4)换另一侧腿部下放,双腿交替进行(图 6-52)。

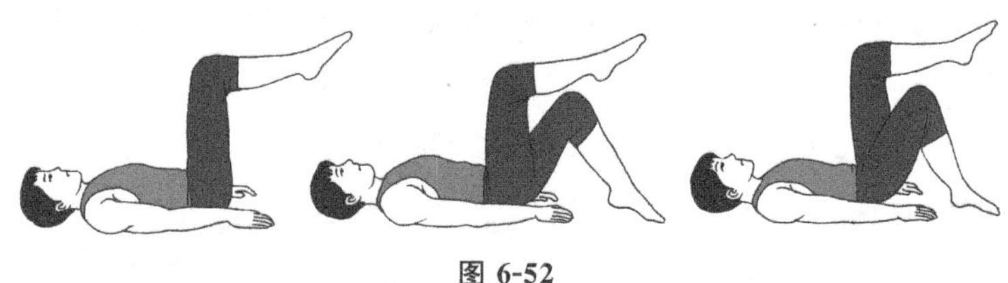

图 6-52

3. 俯卧收腿

(1)俯卧,两手以掌或拳置于垫上,肘在肩下,屈肘支撑,上臂与地面垂直。沉肩,上抬头和躯干。

(2)吸气,屈右膝,右脚跟快速踢右臀两次。换左腿,两腿依次完成踢臀动作(图 6-53)。

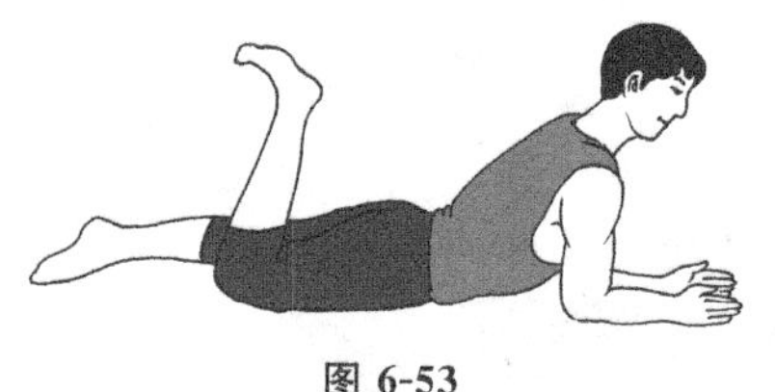

图 6-53

4. 双腿向上

(1)仰卧,两手手掌交叠放在头后,头部和上半身抬离垫子,并拢双腿伸向天花板,微微外旋。

(2)吸气,背部紧贴垫子,收紧腹部,两腿尽量放低。

(3)呼气,继续收紧腹部,两腿还原至垂直(图 6-54)。

图 6-54

5. 侧卧下腿上提

(1)侧卧屈髋,头靠在伸直的下侧手臂上,双腿向前与身体成30°角上下交叠。上侧腿屈膝将脚放在下侧腿前面,上侧手抓脚踝。

(2)呼气,下侧腿上抬,吸气,下放有控制地还原,但不要完全落到地面(图 6-55)。

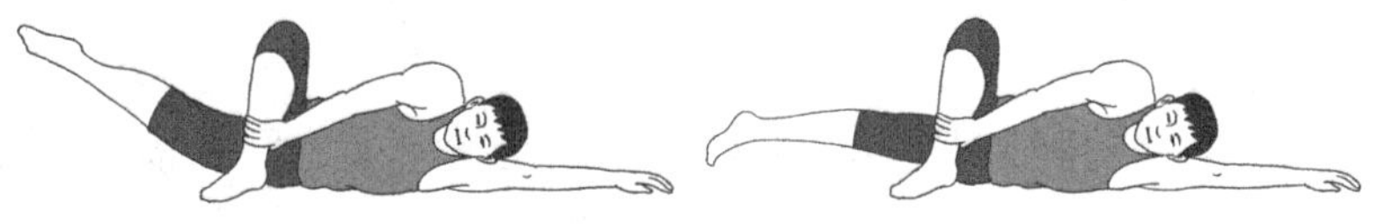

图 6-55

6. 侧卧下腿划圈

(1)侧卧屈髋,头靠在伸直的下侧手臂上,双腿向前与身体约成 30°角上下交叠。上侧腿屈膝将脚放在下侧腿前面,上侧手抓住脚踝。

(2)下侧腿向上离地抬高。吸气,向前向上划半圈。呼气,向后向下划半圈。

(3)交换方向,重复划圈动作(图 6-56)。

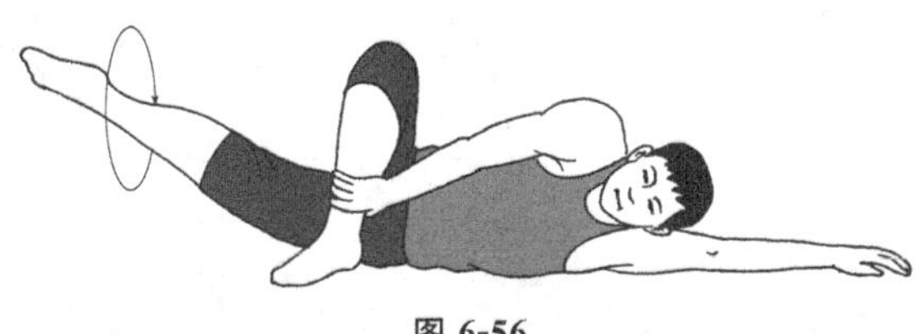

图 6-56

7. 侧卧曲分腿

(1)侧卧，头枕在下侧手臂上方，另侧手放在胸腹前侧的垫上，双腿并拢弯曲膝盖。

(2)吸气，在保持骨盆稳定的前提下，打开上侧腿膝盖。

(3)呼气，有控制地将双膝合拢(图 6-57)。

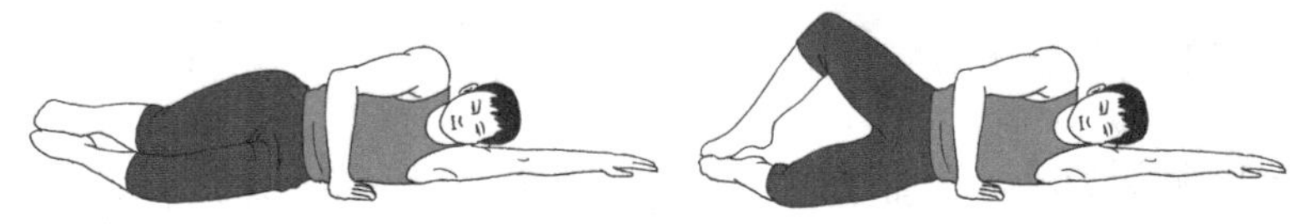

图 6-57

8. "V"形滚动

(1)坐姿开始，屈膝，双手握住小腿靠近脚踝处，膝外展，两脚并拢。身体后倾，屈曲团身，脚离开地板，在坐骨和尾骨的中间找到平衡。

(2)直膝，双腿外展，身体呈"V"形，挺胸直背，目视前方，保持平衡。

(3)吸气，收腹、屈背、团身，两腿呈"V"形打开，身体向后滚动。

(4)呼气，身体向前滚动，回到"V"形坐姿的平衡点，再次伸直脊柱，挺胸、沉肩(图 6-58)。

(5)整个练习过程，手臂和腿部始终保持伸直。

图 6-58

第三节　水上运动类健身运动

水上运动，因为和陆上不同的水环境，具有运动参与的新鲜和新奇感，同时，特殊的水环境，对滋润皮肤、调节肌肉用力、提高人体控制能力等具有良好的帮助作用。各种水上运动成为深受人民群众欢迎的健身新选择。

一、游泳

（一）游泳概述

游泳运动起源于人类早期生存生产技能，早期生活在水域附近的原始群落，为了生存，在水中捕捉水鸟和鱼类作食物，并通过观察和模仿鱼类、青蛙等动物的水中游动，逐渐学会了游泳。

游泳竞技起源于英国，17 世纪 60 年代，英国不少地区各种游泳竞赛非常多。18 世纪初，游泳运动传到法国，继而风靡欧洲。到 18 世纪末期，游泳成为一项工人阶级的休闲健身运动。

现代游泳运动是重要的竞技体育运动和全民健身运动。游泳竞技方面，奥运会中，游泳运动项目多，是各国争夺奖牌的主要项目，我国游泳运动健将，如孙杨，宁泽涛，焦刘洋，叶诗文等，在国际游泳比赛中屡创佳绩，我国游泳运动在世界泳坛处于较为领先的地位，并具有良好的发展空间。游泳健身方面，实践证明，游泳运动能增强心肌机能，加快血液循环，提高内分泌功能，提高人体对冷热的适应能力，完善人体免疫系统。此外，游泳运动还具有塑造形体的运动功效，因此广受社会大众的欢迎。

（二）游泳健身

游泳运动根据泳姿不同可分为自由泳（爬泳）、仰泳、蝶泳和蛙泳运动，一般来说，大众游泳健身，多采用自由泳和蛙泳姿势，这两种游泳姿势技术具体分析如下。

1. 自由泳技术

(1)身体姿势

自由泳过程中，身体尽量保持水平俯卧。头稍抬，目视前下方，头的1/3露出水面，身体纵轴与水平面成3°～5°仰角(图6-59)。

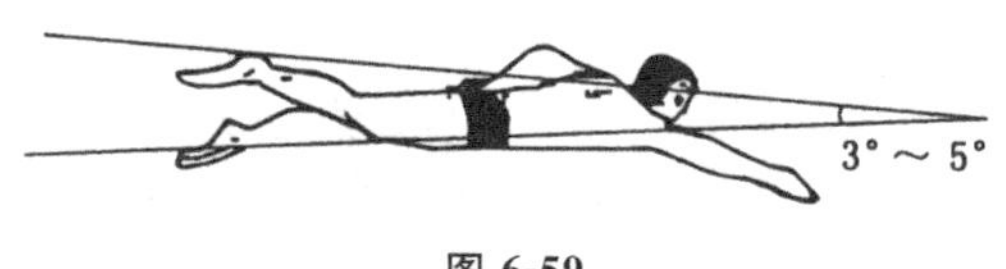

图 6-59

游自由泳时，身体可以围绕身体纵轴做有节奏的转动，转动的角度一般为35°～45°之间(图6-60)。游进过程中，随转头呼吸和臂的动作，形成身体绕纵轴转动。

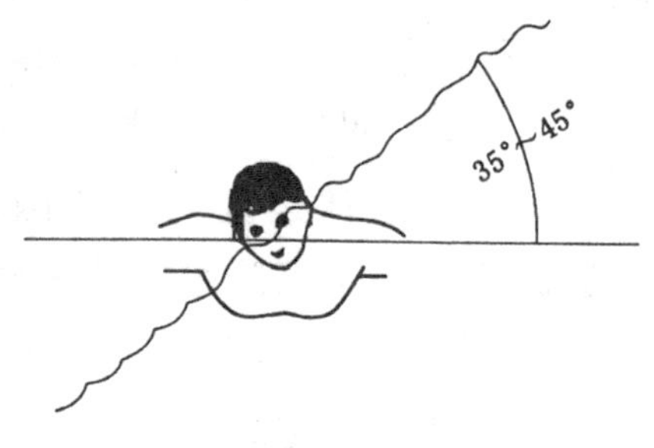

图 6-60

(2)腿部技术

自由泳的腿部技术动作可起到推动身体前行和维持身体平衡的作用。腿打水时，几乎与水平面呈垂直方向进行，从垂直面看，两腿分开的距离约为30～40厘米，屈膝约160°(图6-61)。游进中，腿向上打水时，脚应接近水平；向下打水时，不应超过身体在水中的最低部位。打水应该从髋关节开始，大腿用力，通过整个腿部，最后到脚，形成一个“鞭状”打水动作。

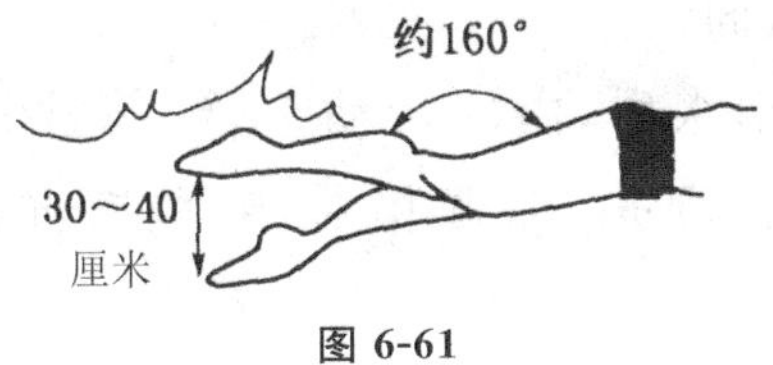

图 6-61

(3)臂部技术

入水:入水点一般在肩的延长线或身体纵轴与肩的延长线之间(图 6-62)。入水时,手指自然伸直并拢,肘高手低,拇指向下,切入水中,手由向前—向下—稍向内的运动变为向前—向下—稍向外的运动(图 6-63)。

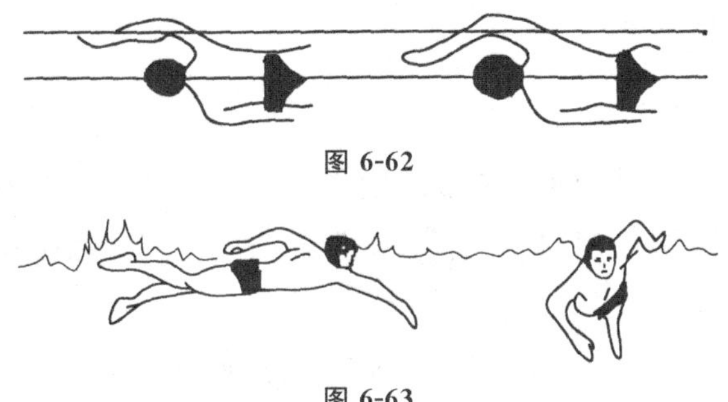

图 6-62

图 6-63

抱水:划水之前有一个抱水阶段,手入水后,积极插向前下方,并逐渐开始屈腕、屈肘抱水,保持高肘,为划水做准备。

划水:从手臂在前方与水平面呈 40°角起之后方与水平面约呈 15°～20°角止,分为拉水和推水两个阶段。拉水时,保持高肘,手向内—向上—向后运动。拉水结束,手接近中线,肘曲约 90°～120°,小臂转为内旋,掌心向外后方(图 6-64),向后推水通过屈臂、伸臂完成。推水时,手向外—向上—向后运动。

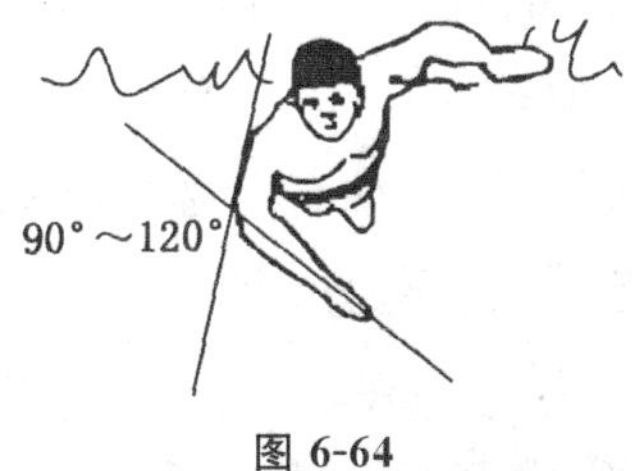

图 6-64

出水:划水结束后,利用肩带肌肉的力量,由肩带动前臂、肘向外上方提拉出水面。

空中移臂：臂出水后，由肩带动上臂、前臂和手做高肘快速移臂。移臂时，肘关节领先，前臂相对慢，前臂向前伸出，为再次入水做准备。

(4)完整配合技术

游自由泳时，呼吸、手臂和腿的配合比例主要有3种，分别是1∶2∶2(即一次呼吸，两次手臂动作，两次打腿的动作)、1∶2∶4和1∶2∶6，其区别为打腿次数的不同。通常，6次打腿技术便于保持身体稳定，臂、腿可协调配合，适于初学者。

2.蛙泳技术

(1)身体姿势

俯卧水中，两臂前伸并拢，稍抬头，前额齐水面，挺胸，收腹，腿伸直呈流线型。身体纵轴与前进方向约成5°～10°角。

(2)腿部技术

蛙泳腿部动作包括收腿、翻脚、蹬夹水和滑行四个连贯动作。

收腿：两腿随吸气动作，自然放下，两膝分开，小腿向前回收，脚跟向臀部靠拢，边收边分。收腿时力量要小，收在大腿的投影截面内，以减少阻力。收腿结束后，大腿与躯干呈120°～140°角，两膝内侧约同髋宽。大腿与小腿呈40°～45°角，小腿尽量垂直。

翻脚：翻脚是收腿的继续、蹬夹水的开始。收腿靠近臀部时，两膝内压，小腿外移，两脚外翻，脚和小腿内侧对蹬水方向。在收腿未结束之前开始翻脚，在蹬腿开始时完成。

蹬水：大腿发力，伸髋，小腿保持尽量垂直，向后做蹬夹水的动作，然后伸膝和踝关节。

滑行：紧接着鞭状蹬夹水动作，两腿并拢伸直借助惯性向前滑行，身体呈俯卧姿势，腿部放松。

(3)臂部技术

蛙泳划臂动作可分成开始姿势、抓水、划水、收手和伸臂5个部分，具体技术动作方法如下。

开始姿势：两臂前伸，拇指相靠，掌心向下，身体保持流线型姿势（图 6-65）。

图 6-65

抓水：紧接滑行，肩前伸，两臂内旋滑下，稍勾手，两臂分开向侧下方压水。抓水结束时，两臂分成约 30°～40°，两臂与水平面约 15°～20°（图 6-66）。

图 6-66

划水：紧接抓水动作，两臂积极地做向侧—下—后屈臂划水，快速有力。划水时前臂与上臂的角度不断变化，在主要划水阶段约为 90°（图 6-67）。

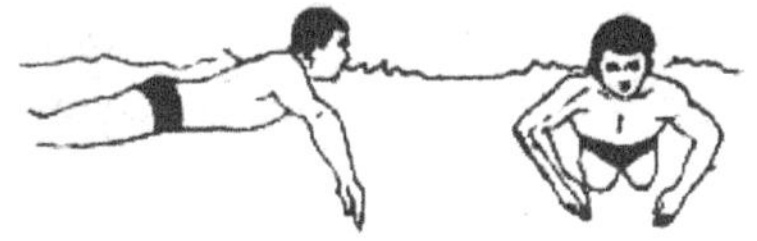

图 6-67

收手：当臂划至肩下方时，手臂向外旋转，两手同时向胸前、向内快速运动（图 6-68）。

图 6-68

伸臂：掌心由收手时的向内逐渐向下，两臂同时前伸，两手拇指并拢（图 6-69）。

图 6-69

(4)完整配合技术

蛙泳配合技术通常采用 1 次腿、1 次臂、1 次呼吸(1∶1∶1)配合技术。游蛙泳时,两腿自然伸直,手滑下时开始收腿,收手时抬头吸气,两臂前移时,两脚向后蹬夹水。

二、潜水

(一)潜水概述

潜水原为水下勘探、修理、打捞的专项水下工作,后发展成为在入水面以下的观赏、体验活动,具有强身健体、休闲娱乐的价值,是当前全民健身中的一种重要时尚休闲健身运动,尤其受到年轻人的喜爱。

潜水运动深受体育运动爱好者喜爱,不仅在于参与潜水可探索水中的奇异世界,给人巨大的精神享受,而且潜水可有效提高并改善人体的心肺功能。当前,潜水运动的费用较高,运动参与人数在我国总体育人口中的比例较低,但潜水运动的独特魅力使其成为一项广受推崇的水上运动。

(二)潜水健身

1.入水姿势

潜水的入水姿势有四种,具体分析如下。

(1)正面直立跳水:双脚前后开立,一手按住面罩,一手按住空气筒背带。适用于水深在 1.5 米以上的水域。

(2)正面坐姿入水,可供游泳初学者使用。

(3)背向坐姿入水:坐在船帮上,向后仰面入水。

(4)侧身入水,在橡皮艇上浮卧滚身入水。

2.潜降技术

BC(浮力调解器)法是目前潜水者潜降时的常用方法,此方法根据是否配合使用浮力调节器可细分为以下两种方法。

(1)使用浮力调节器并配合配重带,头上脚下潜降。

(2)不用浮力调解器时,头下脚上。

3.上升技术

上升时,切忌速度过快,一般为每分钟上升 18 米以内,为直观观察,上升速度应不超过自己呼出的气泡的上升速度。

4.运动装备

(1)呼吸管:浮潜时,帮助潜水者在水下呼吸。

(2)潜水服:可帮助运动者在深水区保持体温。

(3)面镜:主要用于平衡压力的鼻囊,防止水进入鼻腔。

(4)蛙鞋:潜水时可提供一定的水下推动力。

(5)气瓶:供潜水者在水下呼吸使用。

(6)潜水仪表:包括压力表、深度表、罗盘、潜水计时表等,潜水者可结合潜水任务和目的进行选择。

(7)浮力调整器(BC):BC 在水面上时可以使潜水者轻易地浮在水面上;在水下时,可以通过微调 BC 内的空气来实现最佳的中性浮力状态。

(8)空气压力调节器:调节气瓶里的压力。

(9)配重和配重带:平衡潜水者本身、潜水服、各种潜水设备等所产生的浮力。

5.潜水手语

潜水运动中,为便于水下沟通,潜水者应掌握以下常用潜水手势。

情况良好:OK。

注意(物体)方向:食指指示方向。

上浮:右手握拳,拇指向上。

下潜:右手握拳,拇指向下。

三、冲浪

(一)冲浪概述

冲浪运动是以海浪为动力,在有风浪的海滨开展的水上运动。冲浪时,海浪的高度最少不低于30厘米,高度适合的海浪,再加上冲浪者良好的技术,可使冲浪者滑行800米以上。

冲浪运动起始于澳大利亚,1778年,英国探险家J.库克船长在夏威夷群岛就曾见过当地居民开展的类似冲浪活动。1908年后,冲浪运动传到欧美一些国家。1960年后传到亚洲。近几十年,冲浪运动发展速度快,北美洲、夏威夷、秘鲁、南非以及澳大利亚东部海滨都是冲浪运动爱好者的冲浪圣地,这些地方都曾举行过大型的冲浪比赛。

近年来,随着我国国民经济水平的不断提高,越来越多的人开始尝试新的具有挑战性的健身运动项目,在健身的同时,追求新奇和刺激,冲浪运动成为许多年轻体育运动爱好者乐于和想要尝试的体育运动项目。

(二)冲浪健身

1.冲浪起乘技术

冲浪者先俯卧或跪在冲浪板上,用手划到有适宜海浪的地方做起点。当海浪推动冲浪板滑动时,冲浪者使冲浪板保持在浪峰的前面站起身体,两腿前后自然开立(通常是平衡腿在前,控制腿在后),两膝微屈,双手张开维持身体平衡,跟随波浪快速滑行(图6-70)。

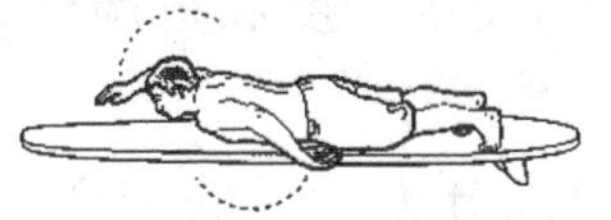

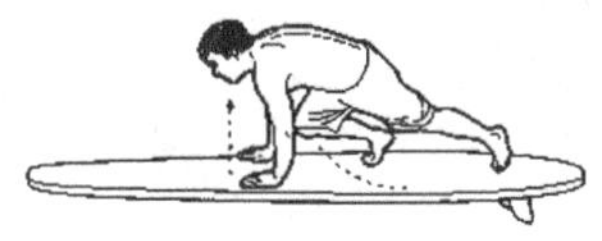

图 6-70

2. 竞速冲浪技术

冲浪运动中，竞速冲浪为直线竞速，大都在极强的风浪下进行，目前，世界上的直线竞速记录为 94 千米，而一般的玩家平常的速度大概是每小时 40～50 千米。

3. 曲道冲浪技术

曲道是采用绕浮标的方式冲浪行进，除了强调速度之外，还强调稳定性、过弯与角度的展示。由于曲道的水域大都是浪况较小的环境，因此安全系数高，即使不慎落水，一般也很少受伤。

4. 浪区冲浪技术

浪区冲浪难度较高，要求冲浪者从基本的过浪、浪前转向，一直到下浪、上浪、飞跃、空翻、浪上 360°空翻等，动作难度较大，不适用于冲浪初学者。

5. 花式冲浪技术

在碎浪区或平水区做较大的动作，如跳跃、空翻、花式转帆和空中转向等，具有一定的技术难度和危险性，学练初期，应在专业教练指导下进行。

不同的冲浪技术可细分为不同的难度，冲浪运动健身爱好者可结合自己的健身需求和兴趣需要选择其中一种参与，不管选择哪种冲浪技术学练，都应注意运动安全。

第七章　具有民族传统意义的全民健身路径

民族传统体育是各族人民在生活实践中用于健身、防身、娱乐的健身活动。随着全民健身理念的迅速传播，民族传统体育的健身性逐渐得到关注与重视，其在全民健身中发挥了积极的促进和推动作用，参与民族传统体育健身的群众越来越广泛。本章主要就民族传统体育健身路径进行分析，主要包括球类健身运动、搏击类健身运动以及气功类健身运动。

第一节　球类健身运动

一、毽球健身

（一）毽球健身技术

1. 发球

（1）正面脚背发球

双脚前后开立，左手轻抛球，重心前移，右脚踝关节绷直，抬大腿、踢小腿，在离地面 20 厘米高度击球。脚的击球部位应在脚背正面食趾的跖趾关节处（图 7-1）。

图 7-1

(2)正面脚内侧发球

双脚前后开立,左手轻抛球,重心前移,右腿、髋、膝关节外翻,屈膝向前摆动,支撑脚向后蹬地,右髋、膝关节猛力外翻,右脚踝关节背屈用脚弓内侧中部把球发入对方场区,发球脚迅速着地,注意身体的平衡(图 7-2)。

图 7-2

(3)正面脚外侧发球

左脚在前,右脚在后站立,将球抛到右脚前,右腿向前摆动,右踝内转,脚外侧用力击球(图 7-3)。

图 7-3

2. 传接球技术

(1)肩部传接球

当来球到达肩侧时，屈膝，下移重心，快速沉肩插到球下方。在垫球瞬间，蹬伸腿、耸肩，力求将球垫落在身前(图 7-4)。

图 7-4

(2)头部传接球

以助跑起跳前额正面传接球为例，直线助跑 2～3 步，左脚跨出最后一步，右脚迅速并在左脚侧面，双脚起跳，身体腾空，上体后仰，张开两臂，目视来球。在击球刹那，快速收腹，上体前屈，用前额顶球(图 7-5)。

图 7-5

(3)膝盖传接球

一腿支撑身体重心，另一腿屈膝上提，插于来球下方，在球距离膝关节 10 厘米时接球，使球落在身前(图 7-6)。

图 7-6

(4)胸部传接球

如果来球偏低,屈膝接球,如果来球偏高,跳起接球。击球时,两臂微屈,挺胸、伸膝,使球小弧度下落(图 7-7)。

图 7-7

3. 攻球技术

(1)脚部攻球

以里合脚背倒勾攻球为例。

背对球网,微屈双膝,对二传来球进行判断,在此基础上将准备姿势调整好。充分助跑起跳,手臂和下肢的摆动要协调有力,并做好向左侧转体的准备。起跳腾空后,摆动腿膝关节外展,身体左转,击球腿由外向内里合摆腿。击球时,膝关节迅速发力,踝关节勾踢球。击球后摆动腿先落地,然后击球腿落地。

(2)头部攻球

在限制线后 1.5 米的位置站好,面对来球,对二传的传球情况仔细观察,从传球弧度和落点的实际情况出发选择不同的方式助跑起跳,挺胸展腹,扭腰,向后预摆头,身体呈反弓形。当球与头相距10厘米左右的距离时，收腹转腰，用头发将额前的球攻入对方场区，抽球动作如挥鞭子抽击。落地时，从前脚掌向全脚掌过渡，同时注意缓冲下落力量。

4.拦网技术

(1)原地拦网

拦网队员在网前30～40厘米的位置站好，微屈膝，收腹，上体前倾，目光注视攻球者。对方攻球后，拦网队员迅速用力蹬地起跳，两臂在体侧稍前夹紧，挺胸收腹、提腰，跳起拦网。

(2)移动拦网

微屈两膝，收腹，上体前倾，将起跳时机准确把握好，对方攻球时，及时移动到位，将主要封堵线路选好，用力蹬地起跳，把球拦到对方场地。击球后，身体自然下落，屈膝缓冲。

(二)毽球健身战术

这里重点解析毽球运动的进攻战术。

1.二传队员配合战术

(1)直接一次传组织进攻配合

当对方将球发到3号位中前场时，3号位的二传队员迅速组织进攻，②号队员及时移动到网前倒勾进攻，①号队员向限制区内迅速移动提供保护(图7-8)。

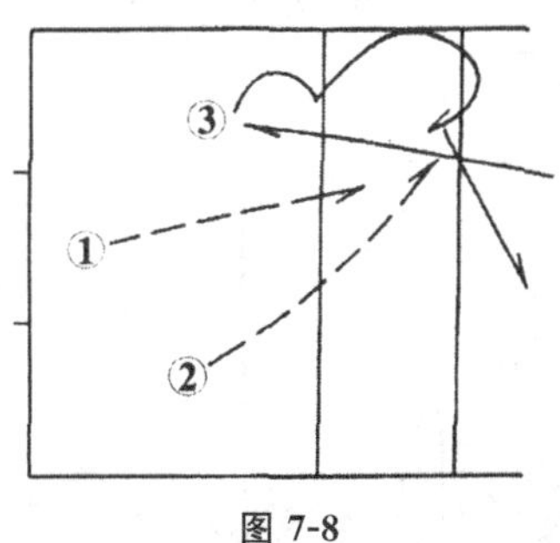

图7-8

(2)自传自攻配合

②号队员接起给③号二传队员，二传队员自传网前高球，然后迅速上步抬腿用脚掌踏球，把球攻入对方场区(图 7-9)。

(3)突然助攻配合

当对方将球发到 2 号位中前场时，②号队员及时给 3 号位的二传队员③号传球，二传队员③号用脚掌踏球(图 7-10)。

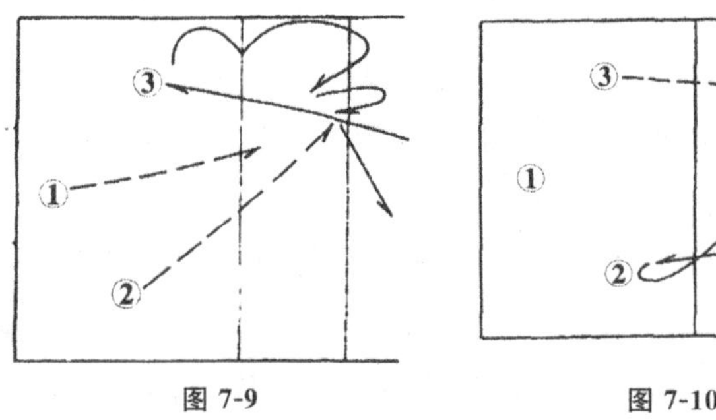

图 7-9　　图 7-10

2. 封网队员配合战术

(1)里合倒勾的配合

在防反中，当③号队员两次击球防起，落点又在②号队员体前时，②号队员可向完成封网落地的队员传球，使其实施里合倒勾进攻(图 7-11)。

(2)封网队员担任二传的配合

当二传队员上网封堵时，后排防守队员把球防到中间网前，担任封网任务的二传迅速转身后撤，向移动到网前的后排队员传球，使其前踏进攻(图 7-12)。

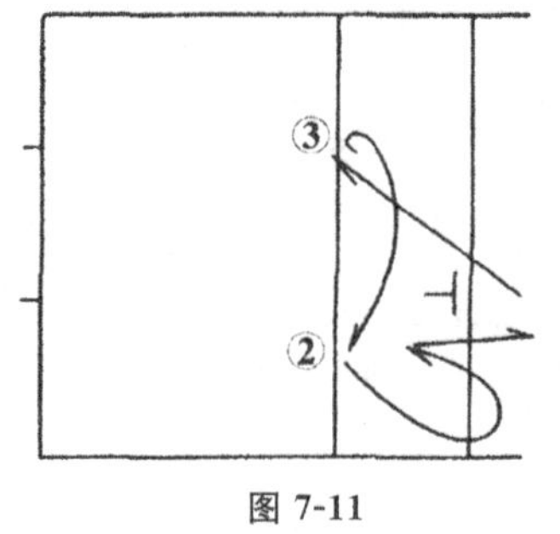

图 7-11

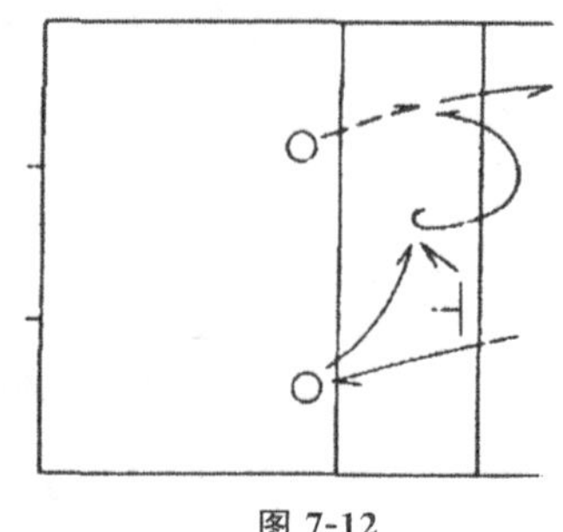

图 7-12

3. ①号队员配合战术

(1)外摆倒勾配合

当对方给②号队员发球时，②号队员一次起球到位，③号二传队员给移动到网前的①号进攻队员传球，使其倒勾进攻(图 7-13)。

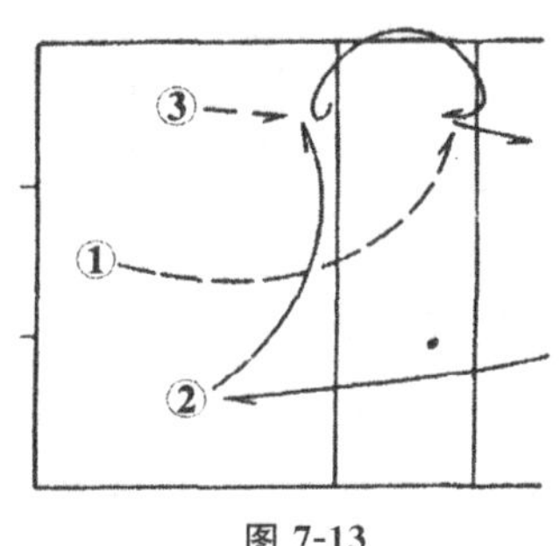

图 7-13

(2)正面头攻二传球的配合

当②号队员起球到位后，①号队员选好正面头攻的位置，及时移动到位，做好准备，③号二传队员把球传起。①号队员迅速直线助跑完成正面头攻(图 7-14)。

(3)侧面头攻二传球的配合

当①号队员(或②号队员)起球到位后，担任二传任务的③号队员把球传起，①号队员迅速斜线助跑完成侧面头攻(图 7-15)。

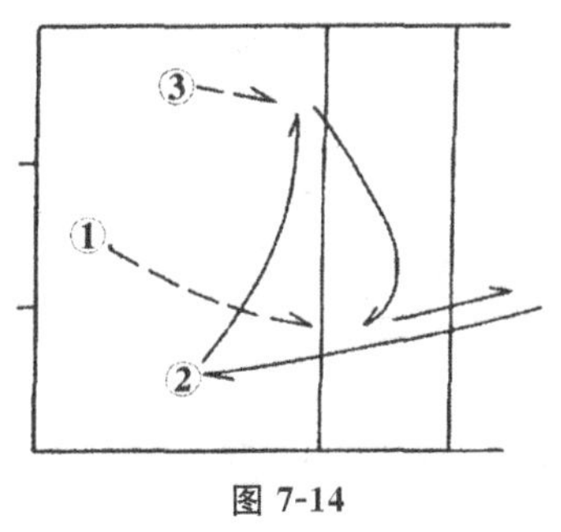

图 7-14

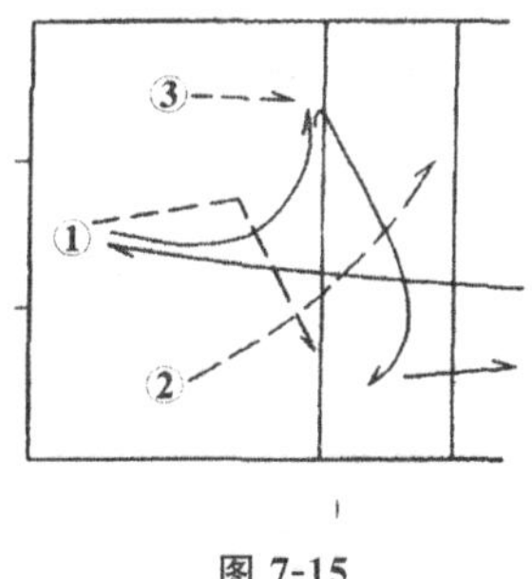

图 7-15

4.②号队员配合战术

(1)前踏二传球的配合

①号队员起球到位后,③号队员向网前迅速移动,担任二传任务,并把球拉开向②号队员体前上方传球,使其前踏进攻(图 7-16)。

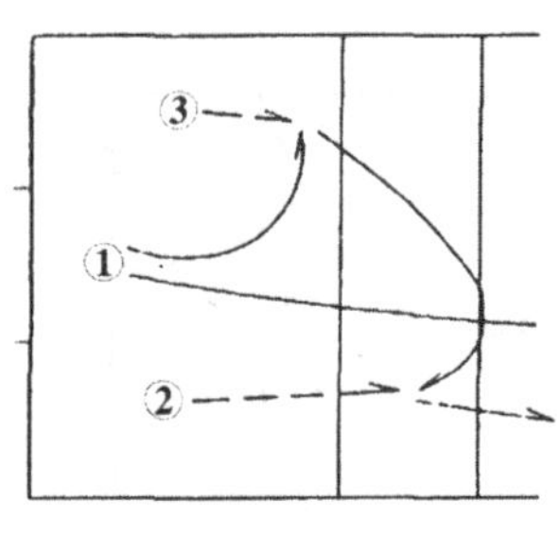

图 7-16

(2)外摆倒勾配合

当①号队员起球到位后,③号二传队员向移动到网前的②号队员传球,使其外摆倒勾进攻(图 7-17)。

(3)倒勾的配合

①号队员一次接起到位,②号队员向网前移动,担任二传的③号队员给②号队员传球,使其倒勾进攻,①号队员起球后向限制区内移动,施加保护(图 7-18)。

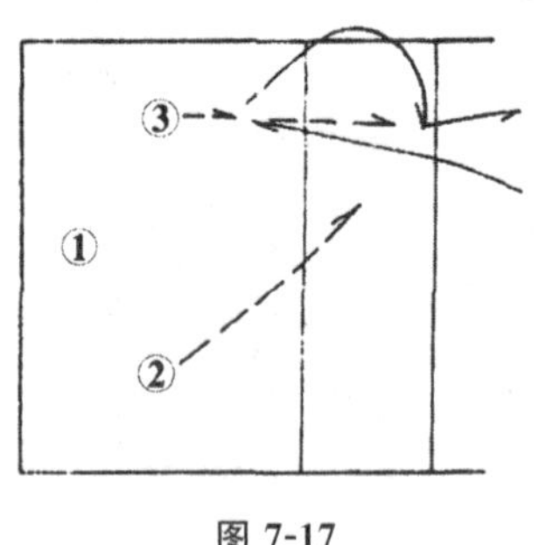

图 7-17

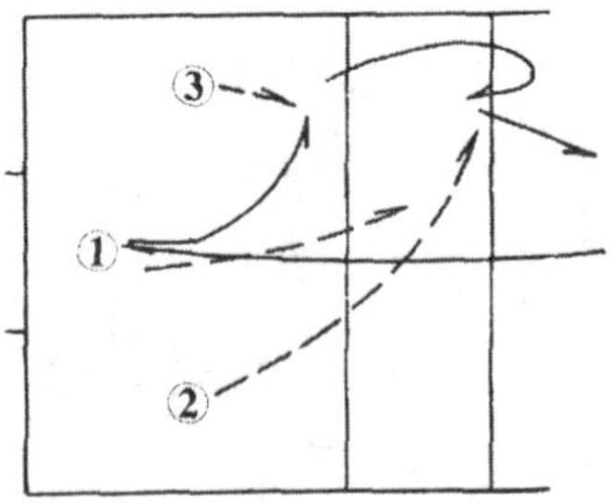

图 7-18

二、蹴球健身

(一)蹴球健身技术

1. 蹴正撞球

以左(右)脚为支撑脚,在距离球 20 厘米的侧后方处,脚尖外展,与出球方向形成 45°的夹角,微屈膝;以右(左)脚跟在距离球 15 厘米的正后方处着地,脚掌前部在距离球 2 厘米左右的上方,脚与进攻方向对准,用脚掌将球轻轻压住,不要让球移动,压紧后目视进攻目标,髋关节做屈,大腿向前上方抬,同时通过脚前掌用力向前蹴动,使球上旋向前滚动。

2. 蹴柔力球

在进攻方向的延长线上与要进攻的球相对,两脚前后分开而立,右脚在前(以右脚进攻为例),向进攻的目标球瞄准后,右脚放在本球上,球稳定后,脚上柔和发力向前蹴出。

3. 蹴侧撞球

支撑脚和最后用力的动作参考蹴正撞球,但要注意用本球的球心瞄准目标球的一侧边缘,使蹴球脚跟中心点、脚的中轴线、本球球心、目标球一侧边缘位于一条直线。

4. 蹴加力球

两脚前后分开而立,右脚在前(以右脚进攻为例)。瞄准时,将右脚脚尖在目标球和本球延长线上,此时脚的中轴线和目标球、本球的延长线是重合的。然后以右脚脚跟为着力点,前脚掌在本球轻靠上,稳定后,脚上发力将球向前蹴出。

5. 蹴回旋球

面向进攻方向，两脚开立站在本球后，按常规方法瞄准球，右脚前脚掌在球上贴靠，然后向下后方发力，用力挤压球。

需要注意一点，完成这个动作时，需要全身协调发力，而仅仅靠脚上的力是不够的。

(二)蹴球健身战术

1. 发球战术

(1)首轮发球战术

比赛开始，按 1、2、3、4 号顺序，每人将自己的球从同号发球区蹴入场内。经发球进入场内的球就是有效球，有进攻和被进攻权(图 7-19)。

①号球的发球位置：将球发在停球区附近。

❷号球发球战术主要是将球通过中心圆发向❹号位附近的地方。

③号球的发球战术一般是将球通过中心圆发向❷号球附近的地方。

❹号球的发球战术：远离对方和本方的球。

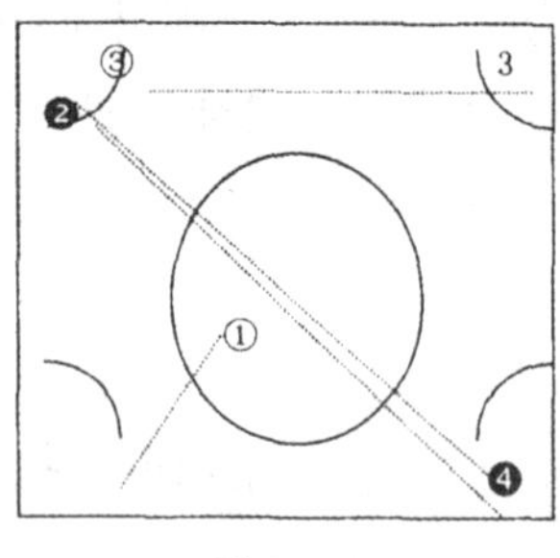

图 7-19

(2)后发球战术

当①号球被蹴击出界后将球发向❷号球，再用①号球蹴击❷号球，此时，通常会使❷号球远离中心圆，为避免失误，经常采用主动失误的方法，即将①号球不经过中心圆靠近❷号球，虽然被判罚一分，但更加保险（图 7-20）。

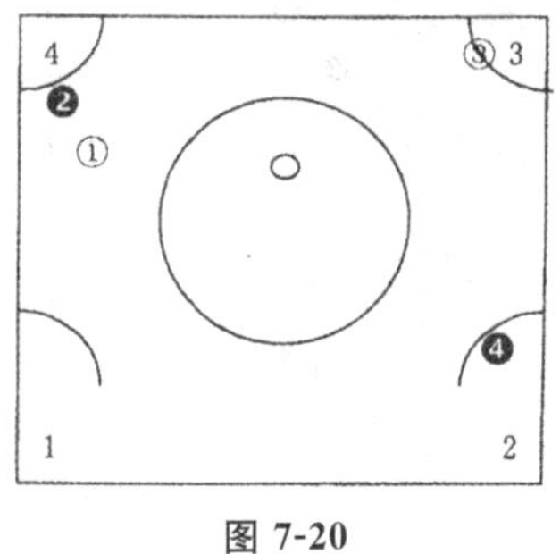

图 7-20

2.5 分球战术

用对某一目标球的连蹴得 5 分。当该红方运动员蹴球时就应选用得 5 分的战术。利用③号球先轻蹴❷号球得 1 分，不使❷号球出界，并得到一次连蹴机会；然后再用该球蹴❷号球使其出界，这样就造成 1＋4＝5 分的机会（图 7-21）。

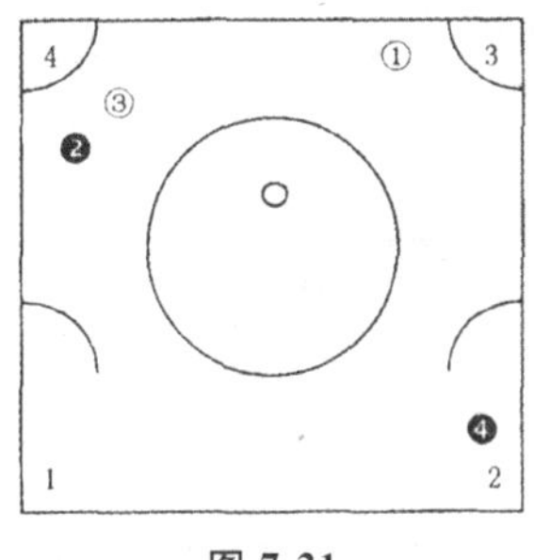

图 7-21

3. 犯规战术

本方发球后，由对方进攻，在本号发球区的有效发球范围内对方已处于有利位置时，利用发球不到位的主动失误战术，将本方球发向与对方球距离较远的位置，使对方球难以进攻。①号球发球时，①号球和❹号球已占据了①号球不失误发球的有效位置，①号球为躲避对方，只好向 4 号发球区发球（图 7-22）。

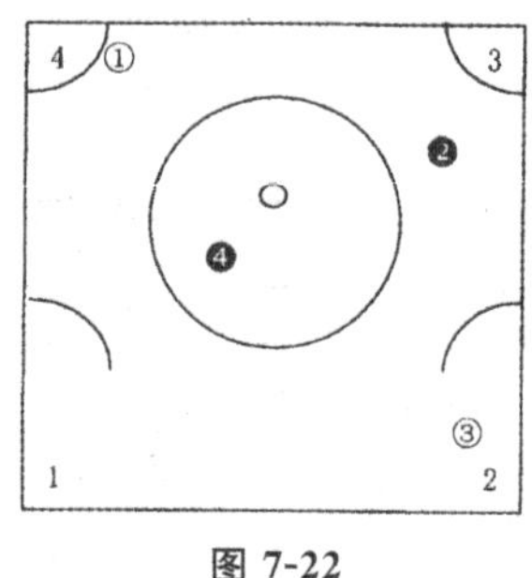

图 7-22

4. 借球战术

③号球为刚进入停球区的球，用①号球蹴击③号球，这样虽然被罚 1 分，③号球却被击活，获得一次连蹴机会。然后再利用靠近❹号球的本球作为主球将❹号球击出界外（图 7-23）。

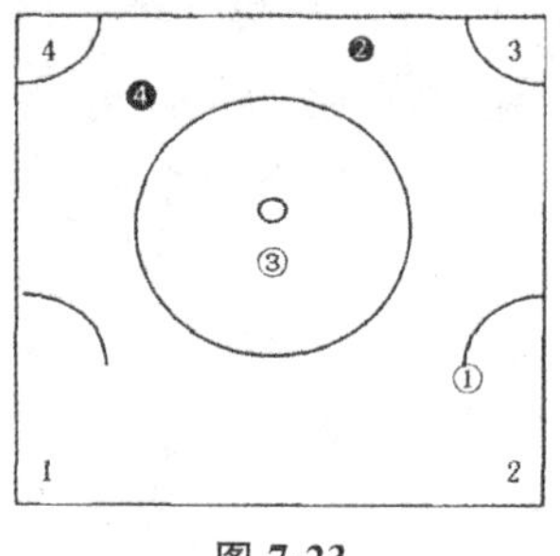

图 7-23

5. 双球战术

用①号球轻蹴❷号球擦皮球，不使❷号球出界，并碰撞❹号球，获得 2 分和两次连蹴权。再用①号球分别将❷号球和❹号球击出界外（图 7-24）。

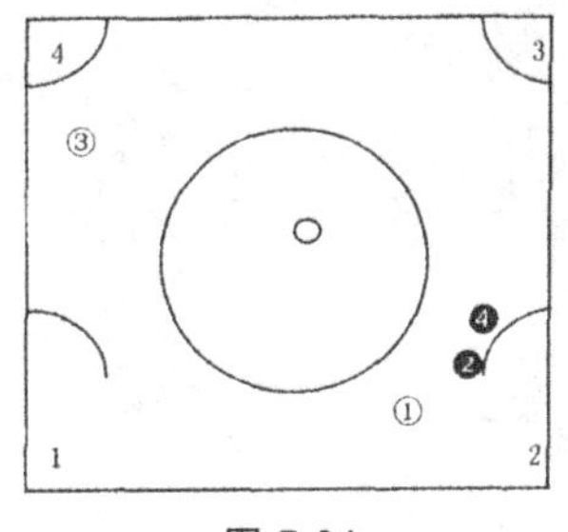

图 7-24

6. 失分战术

对方❷号球在停球区，当本方③号球放球时应紧贴❷号球，做好下一轮用①号球蹴击连蹴两次的准备；当①号球蹴击两个目标球后被判得1分和失1分，但获得了两次连蹴机会，这样得分机会也多了(图7-25)。

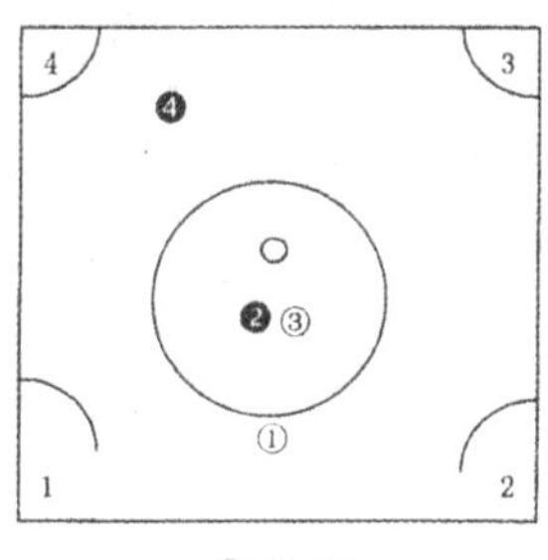

图 7-25

第二节 搏击类健身运动

一、散打健身

(一)拳法

1. 冲拳

(1)左冲拳

前脚蹬地，重心前移，左拳击向前方，右拳在下颌处待发，原路收拳成实战步(图 7-26)。

图 7-26

(2)右冲拳

动作方法参考左冲拳,注意直出拳,快速完成(图 7-27)。

图 7-27

2. 掼拳

(1)左掼拳

右转体,左拳向外、向前、向里横掼,左臂肘关节微屈,拳心朝下,力达拳面,右拳在右腮位置做保护准备(图 7-28)。

图 7-28

(2)右掼拳

右脚轻轻蹬地并向内扣转，腰左转，同时右拳向外、向前、向里横掼，力达拳面；左拳在左腮位置做保护准备(图 7-29)。

图 7-29

(二)腿法

1.蹬腿

(1)左正蹬

右腿膝盖稍屈，左腿上抬，大腿靠近胸腹，脚尖上勾，脚前蹬，力达脚前掌(图 7-30)。

图 7-30

(2)右正蹬

左腿膝盖稍屈，稍向左转体，右腿上抬，脚尖上勾，脚跟先前蹬，力达脚跟；送髋，下压脚掌，力达前脚掌。

2. 踹腿

(1)左踹腿

右腿直立支撑重心；左腿屈膝抬起，小腿向外摆，脚尖内勾，脚掌对准目标，展髋，膝盖伸直用力踹脚，力达脚掌(图7-31)。

图 7-31

(2)右踹腿

左腿伸直支撑体重，身体左转180°，右腿膝盖弯曲向前抬，小腿外摆，脚尖内勾，脚掌对准目标，展髋，右腿膝盖伸直用力踹脚，力达脚掌。

(三)摔法

1. 抱腿压摔

对方左腿向己方上体进攻，己方右手迅速将对方左脚踝抓住，左臂屈肘夹住对方左腿膝窝。右脚后撤，屈膝下蹲。左臂紧紧夹住对方左膝不放，右手向左后方拽拉对方，然后把对方左小腿往上扳，直至对方失去平衡倒地(图7-32)。

图 7-32

2. 抱腿别摔

对方左腿向己方上体攻击时，己方右手抓握其左脚踝，左臂肘关节弯曲，用左肘窝夹对方左膝窝。屈膝下蹲，左手穿过对方裆下，将对方右膝窝扣住，右手把对方的左踝向右后扳拉。直至对方无法保持平衡而倒地(图 7-33)。

图 7-33

3. 抓臂按颈别腿摔

对方右拳向己方头部击来，己方身体迅速左转，用左前臂上架格挡，左手抓其右腕，随向左转体，上右脚，用右腿别对方右腿，身体再向左拧转，左手用力拉对方右臂，右臂挟拧其颈部，直至将对方摔倒(图 7-34)。

图 7-34

4.格挡搂推摔

对方左拳向己方头部击来时，己方右臂上架来拳，同时右臂屈肘顺势卡住对方左臂。之后上左腿，右手下滑到对方左大腿时，向回按扒，同时左手用力推对方左胸，使其倒地(图7-35)。

图 7-35

5.闪躲穿裆靠摔

对方左拳向己方头部击来时，己方迅速屈膝降重心，躲开击打。屈膝的同时上右脚，左手抓其左膝，右臂伸进对方裆内别住其右膝窝，用头顶对方胸，使其倒地(图7-36)。

图 7-36

6. 接腿搂颈摔

对方右脚向己方上体蹬来时，己方左臂将其右小腿抓住，右手搂其颈部并外旋。左手向上举对方右腿，右手继续边搂边抓压，右脚同时截对方左腿，使其失去重心而倒地（图 7-37）。

图 7-37

（四）组合进攻

1. 左冲拳＋左踹腿

一方用左冲拳快速击向对方面部，并直接以左踹腿踢对方胸部（图 7-38）。

图 7-38

2. 右踹腿＋左右冲拳

一方右踹腿踢向对方腹部，并用左右冲拳连续击打对方面部（图 7-39）。

图 7-39

3. 左踹腿+右踹腿

一方左踹腿踢向对方腹部，随后右踹腿踢对方的胸、头部位(图 7-40)。

图 7-40

4. 左冲拳+抱腿前顶摔

一方左冲拳击向对方面部，随后屈膝下蹲，双手抱对方双腿摔倒对方(图 7-41)。

图 7-41

5. 左侧弹腿+左右冲拳+左踹腿

一方左弹腿踢对方腿，随后左右冲拳连续击打对方面部，最后左踹腿踢对方胸部(图 7-42)。

图 7-42

二、擒拿健身

(一)缠臂推击

对方从背后用右手将己方右肩抓住(图 7-43);己方迅速向左后方转体,同时用左臂抓握对方右臂,右掌击向对方颈部(图 7-44)。

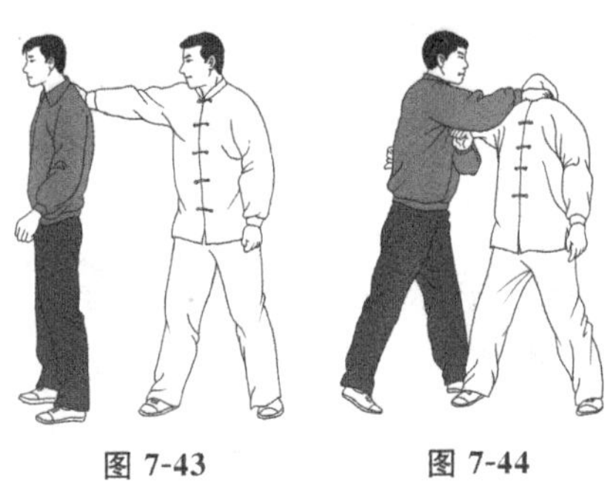

图 7-43　　　　图 7-44

(二)掀压击肘

对方正面双手将己方双肩抓住(图 7-45);己方双手从对方双手中间环抱,左臂上掀右臂下压对方肘部,以此解脱(图 7-46);然后左手顺对方右臂内侧下捋,刁抓对方右手腕,同时左脚上步,右臂屈肘向对方左颊部横击(图 7-47)。

图 7-45　　图 7-46

图 7-47

(三)挑掌抓拧

己方手腕被对方左手抓握后,左脚向左前上半步,脚尖内扣,同时右肘下沉,右手呈八字掌上挑(图 7-48、图 7-49);小臂内旋,右掌由上向右下翻切,将对方左手腕反抓握住,然后右脚向斜后撤半步,右手从外向内翻拧(图 7-50、图 7-51)。

图 7-48

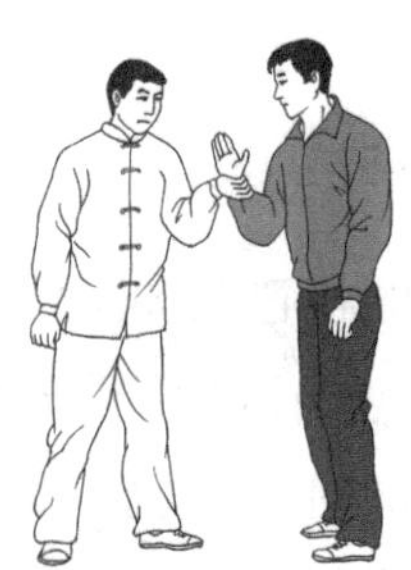
图 7-49

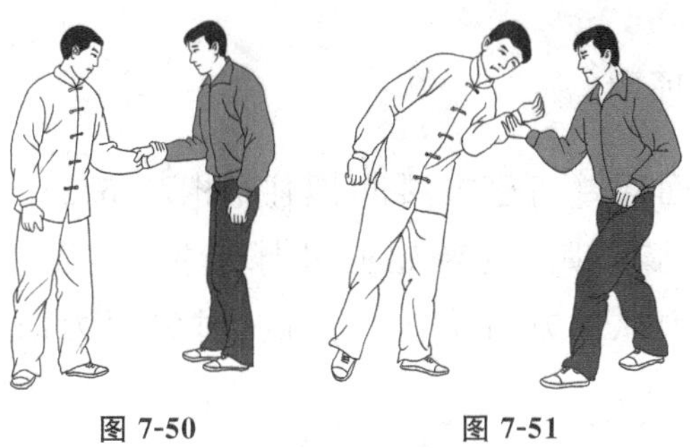

图 7-50　　图 7-51

(四)扣腕格肘

己方右手腕被对方右手抓握后,左手由上向下将对方右手扣握住,同时屈右肘横抬(图 7-52、图 7-53);随即左脚向左前上半步,右手成掌将对方右手腕反抓握住向内拉,同时上体左前倾,左肘向下格压对方右肘(图 7-54、图 7-55)。

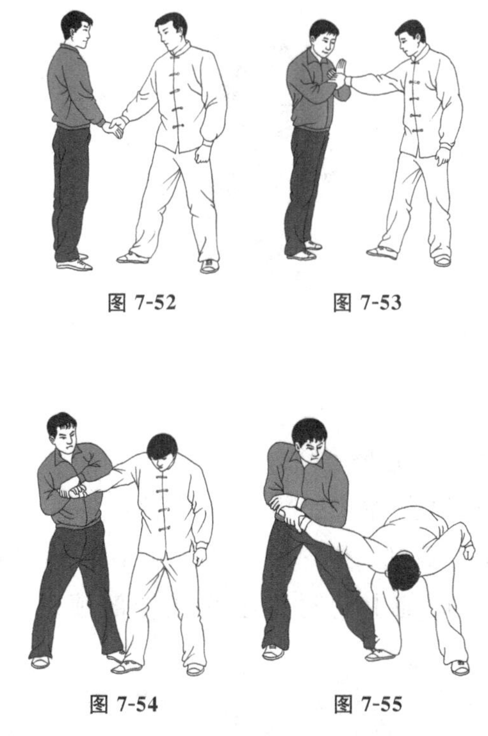

图 7-52　　图 7-53

图 7-54　　图 7-55

(五)撑脱顶肘

对方在后面双臂将己方腰间抱住(图 7-56);己方右脚向后半步撤退,同时屈膝下蹲,两臂屈肘外撑上抬,从而解脱(图 7-57);然后左手顺势刁抓对方右手腕,同时右肘尖用力向对方肋部顶击(图 7-58)。

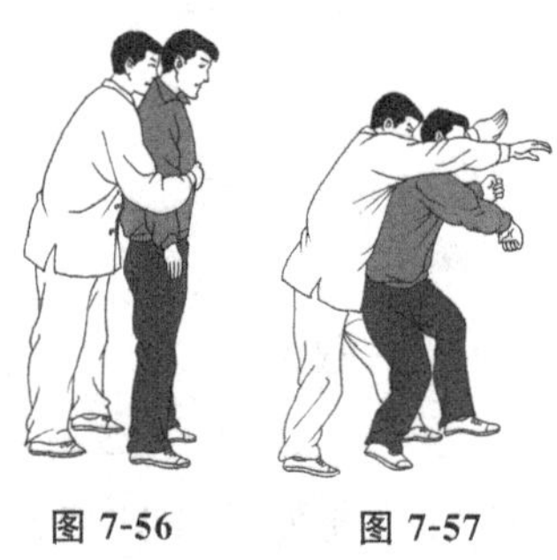

图 7-56　　图 7-57

图 7-58

(六)抓颈顶裆

对方双手将己方颈喉部掐住,己方右脚后撤,双臂肘部弯曲向上抬,两小臂从里向外将对方小臂格挡(图 7-59);然后顺势两手变掌向对方颈部砍抓(图 7-60);随即两手将对方后颈部用力回抓,同时屈抬右膝向前上向对方小腹或裆部顶击,使其失去抵抗能力(图 7-61)。

图 7-59　　图 7-60

图 7-61

(七)拧颈顶裆

对方双手正面搂抱己方腰部(图 7-62);己方右手扳对方后脑向怀里猛带,左手同时对对方下颏进行推按,双手合力将对方头部拧转,以此解脱(图 7-63);然后己方左膝斜上抬向对方小腹顶击,削弱其抵抗力(图 7-64)。

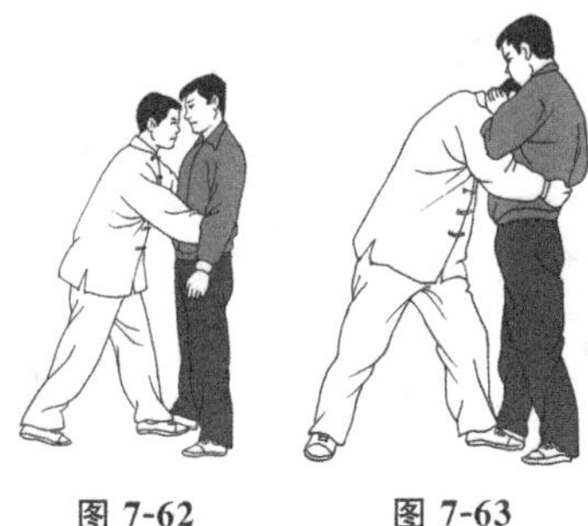

图 7-62　　图 7-63

图 7-64

(八)拉臂侧摔

对方在后面用右臂将己方喉部锁住，左手向后拉己方左手腕时，己方迅速用右手将对方右小臂抓拉(图 7-65、图 7-66)；左脚向对方腿后撤步并靠牢，以腰为轴向左转身，同时左臂向后下外拨对方身体，使对方失去重心而摔倒(图 7-67、图 7-68)。

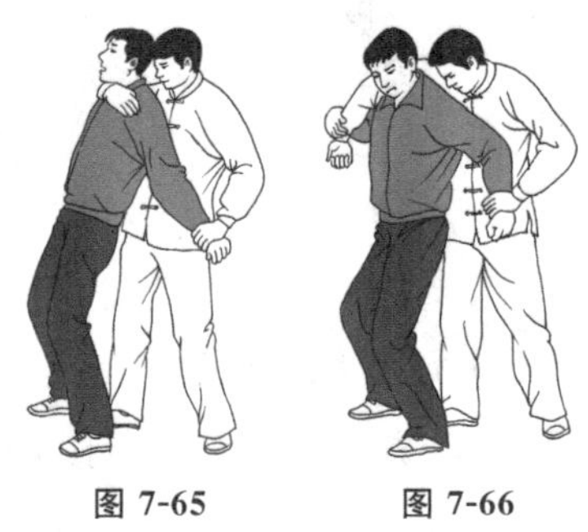

图 7-65　　图 7-66

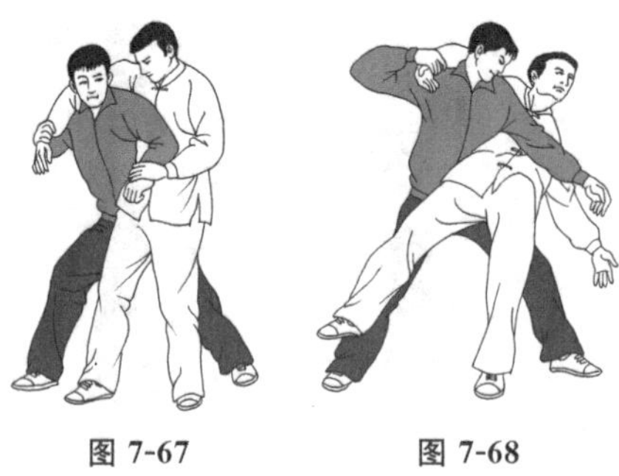

图 7-67　　图 7-68

第三节　气功类健身运动

一、易筋经健身

(一)拱手当胸

(1)自然直立姿势,双脚并拢。
(2)左脚侧移,两臂屈肘平举至胸部高度。
(3)屈膝,同时两掌合拢(图 7-69)。

图 7-69

(二)两臂横担

下肢不动,两臂侧平举,手背向下(图 7-70)。

图 7-70

(三)掌托天门

(1)手臂收回,掌心贴近耳部。

(2)腿伸直,上提脚跟。两臂向头顶上举,掌背向上,双手指尖保持相对(图 7-71)。

(3)脚跟落地,同时放下双手,落在体侧,保持放松。

图 7-71

(四)摘星换斗

下面主要分析左摘星换斗的动作方法,如图 7-72 所示。

(1)两臂侧高举,掌心侧相对。

(2)屈膝转体,右手的姿势像是“摘星”一样。

(3)腿伸直,身体还原。右手向右上方摆动;用左手手背轻触命门,停留片刻。

(4)逐渐还原。

摘星换斗式

图 7-72

(五)倒拽九牛尾

下面主要分析右倒拽九牛尾的动作方法,如图 7-73 所示。

(1)做右弓步动作,左手握拳伸直;右手握拳举到与肩成水平高度。

(2)左膝弯曲,身体右转,身体重心顺势向后移动。

(3)身体左传,回到弓步动作,两臂前后伸展。

(2)(3)重复练习 3 遍。

(4)慢慢还原。

图 7-73

(六)出爪亮翅

(1)双手于体前环抱,变柳叶掌。

(2)扩胸,手臂向前充分伸展,成荷叶掌(图 7-74)。

(3)手腕放松,屈肘还原,成柳叶掌。

(2)(3)重复练习 3～7 遍。

图 7-74

(七)九鬼拔马刀

下面主要分析右九鬼拔马刀的动作方法,如图 7-75 所示。

(1)稍向右转动身体,向左转动头部,右肘向左绕头半圈;右手在头部左后方。

(2)身体还原,扩胸,手臂伸展。

(3)两膝微屈,向左转动上体,收右臂,含胸;左手上推。

(2)(3)重复练习 3 遍。

(4)腿伸直,身体、两臂逐渐还原。

九鬼拔马刀式

图 7-75

(八)三盘落地

(1)左脚向左侧移动一步,双膝微屈,身体下蹲,两肘在体侧稍屈,两掌向下压(图 7-76)。

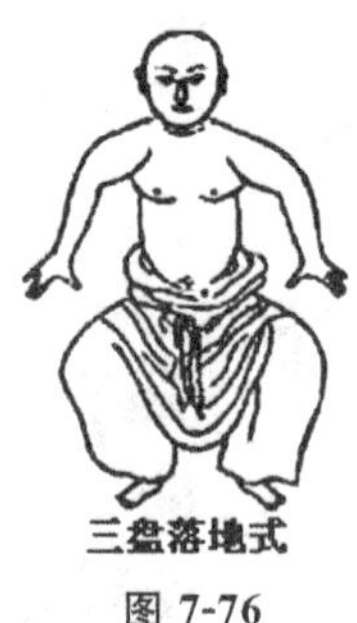

三盘落地式

图 7-76

(2)双臂在体侧平举,与肩呈一条水平线。

(3)膝盖伸直,慢慢还原。

重复练习 3 遍,三次重复练习中,双腿弯曲及下蹲幅度越来越大，即第一次为稍蹲，第二次为半蹲，第三次为全蹲，以此不断增加练习难度，提高练习效果。

(九)青龙探爪

下面主要分析左青龙探爪的动作方法，如图7-77所示。

(1)左脚侧移，双手握拳。右拳变掌伸直外展。

(2)右掌变“龙爪”，伸向左前方，同时身体微左转。

(3)“右爪”变掌，屈体下按，直至左脚外侧。

(4)挺身还原至准备姿势。

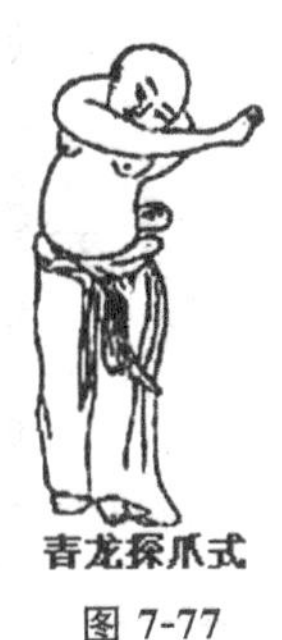

青龙探爪式

图7-77

(十)卧虎扑食

1.左卧虎扑食

(1)左脚靠向右脚，右脚内扣。身体左转，两手握拳。

(2)左脚前移，两拳变“虎爪”，向前扑按。

(3)逐步展体，两手同时绕环一周。

(4)俯身，手掌撑在地面。后腿稍屈膝，抬头注视前方。

(5)起身直立，两手放在腰间两侧。

2.右卧虎扑食

动作方法与要点参考左卧虎扑食，但注意方向相反(图7-78)。

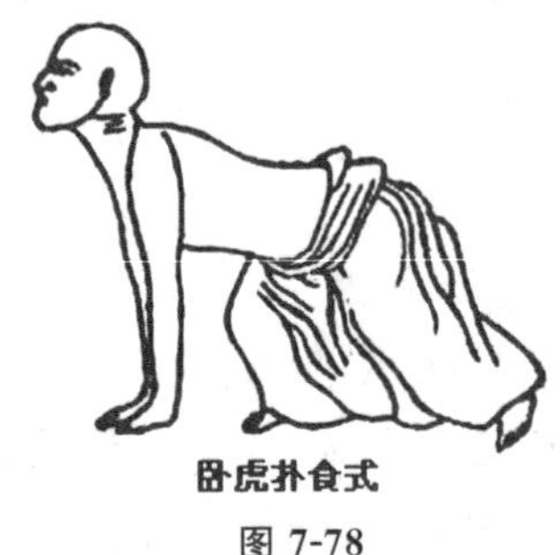

图 7-78

(十一)打躬势

(1)左脚向左移动一步,下肢做马步姿势。双肘弯曲在后面抱头。

(2)腿伸直,充分向前俯身,双手食指、中指、无名指在脑后交替轻弹数次(图 7-79)。

(3)慢慢直体还原。

(2)(3)重复练习 3 遍。

图 7-79

(十二)掉尾势

(1)向前充分俯身,抬头注视前方,手臂伸直(图 7-80)。

(2)头向左后方向转动,同时臀部向左前方向移动。

(3)头、臀慢慢还原。

(4)重复(2)的动作,方向相反。

(5)完全还原。

(2)～(5)重复练习 3 遍。

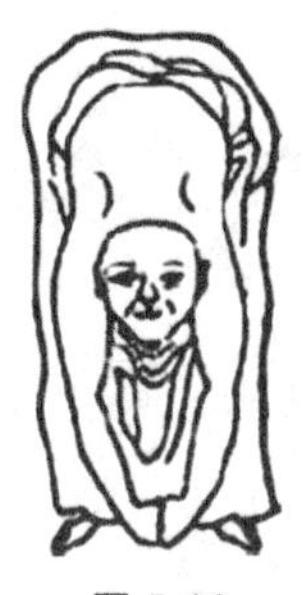

图 7-80

二、太极养生杖健身

(一)基本手法

1. 卷杖

环握杖,手腕内卷。

2. 旋杖

环握杖,一臂外旋直到手心向上呈夹持状;另一手配合完成。

3. 卷旋

掌心朝上,虎口夹杖;内侧手屈腕,从小指到拇指依次握杖,手腕内旋,呈环握姿势。

4. 滑杖

一手环握杖,保持该姿势,另一手沿杖滑向一侧。

5. 摩运

双手环握杖,手间距同肩宽,在体表轻按杖,缓慢按摩运行杖。

(二)基本功法

1.旋杖练习

(1)双手环握杖,手间距与肩宽相近。

(2)一侧手臂外旋,手心向上,夹持杖,然后内旋,还原;另一手配合完成。

(3)两手交替练习。

2.滑杖练习

(1)双手持杖环握,右手掌心和左手掌心分别向上、向下,手间距与肩宽相近。

(2)左右手同时转动杖,使杖竖立,左手从左向下转,右手从右向上移。

(3)两手相向沿杖滑动,环握杖,转动180°,还原。

(4)反方向练习、两手交替练习。

3.按摩穴位

(1)承山穴

①两腿交叉,屈膝下蹲,呈高歇步姿势,后腿膝关节抵在前腿承山穴。

②左右腿交替练习。

(2)大椎穴

两手环握杖放在肩上,使杖沿颈椎从大椎穴向玉枕穴滚动,再还原,反复练习。

(3)肩井穴

两手环握杖放在肩上,左右转腰,将杖按压在一侧肩井穴位置,两侧肩交替练习。

第八章　不同社会群体参与全民健身的科学指导

要想实现全民健身的目标，不仅要对不同年龄群体的运动健身予以指导，还要对不同社会阶层群体的运动健身予以指导，也要对弱势群体的运动健身予以指导，只有保证不同社区群体都科学有效地参与运动健身，才能最终实现国民身体素质大幅度提升的目标。为此，本章分别以不同社会群体的运动健身为研究对象，对他们参与运动健身提供理论指导和实践指导。

第一节　不同年龄群体的全民健身指导

一、儿童健身指导

通常情况下，从六七岁至十一二岁的年龄阶段是所谓的小学阶段，也被人们称为学龄初期。儿童期是生长发育的两个快速增长的中间阶段，所以说个体形态机能发育的增长在这个阶段趋于稳定。从总体来分析，身高发育速度要比体重发育速度快一些，绝大多数孩子会表现为细长型。通常男孩和女孩进入青春发育期的年龄是有差异的，女孩往往要比男孩早大约两年。

(一)儿童身心发展特点

1.儿童身体发展特点

(1)骨骼发育

生长发育是儿童身体的主要特点,儿童的骨骼弹性大而硬度小,柔韧性较好,因而不易完全骨折,但易弯曲变形,需要引起关注。身高的发育要比体重的发育速度快,多呈现细长型。

(2)肌肉发育

肌肉方面,肌肉中含水量较高,蛋白质、脂肪以及无机盐类较少,肌肉细嫩。相较于成人来说,儿童期的收缩能力较弱,耐力差,易疲劳,但恢复速度相对较快。

(3)关节发育

因为发展儿童关节灵活性和柔韧性的难度偏小,所以建议适度安排一些可以活动关节以及发展关节柔韧性的健身活动,但千万不能忽视儿童的关节不牢固、极易脱位的现实问题。

(4)智力发育

儿童的神经系统已经大体发育成熟,同时已逐步拥有完成各类复杂运动的身体能力,此外儿童的智力也已经达到很高水平。

2.儿童心理发展特点

在儿童持续接受各类新型事物的过程中,儿童的形象思维会慢慢变成逻辑思维。与此同时,在儿童掌握的日常生活知识持续增加的情况下,儿童思考问题时的目的性特征、独立性特征以及灵活性特征会越来越显著。

(二)儿童运动健身指导

1.培养儿童的健身兴趣

一般来说,儿童都存在贪玩的天性,把儿童运动健身和不同形式的游戏充分融合在一起，往往能有效激发儿童参与运动健身的主观能动性。详细地说，在儿童体育活动的组织环节与设计环节，应当有针对性地引导与教育。组织和开展针对儿童群体的健身活动时，一方面要保证负荷量安排的适宜性，另一方面要保证“玩”的过程能使儿童有所收获。借助这种手段来增加儿童体育活动的趣味性，在潜移默化中培养和增强儿童参与运动健身的意识，对儿童自觉参与运动健身产生引导性作用。

2.合理组织健身活动

对于儿童参与的健身活动来说，组织环节一定要达到科学性要求以及安全性要求。第一，以儿童为主要对象的健身活动安排一定要密切联系并兼顾儿童的心理特征，最大限度地推动儿童实现全面发展，并且使儿童各个方面的素质都获得大幅度提升。第二，组织的儿童健身活动一定要确保运动负荷达到科学性要求以及合理性要求，一定要将运动强度控制在合理范围内，基本动作技术应当占据较大比例，一定要把侧重点设定为促使儿童逐步具备运动健身的意识与习惯，严禁只侧重于提高儿童的运动技能。因为儿童正处在生长发育的重要时期，身体比较脆弱、安全意识和自我保护意识都有待增强，所以针对儿童开展的各类体育活动一定要把安全工作做到位，立足于多个维度来保证儿童始终处在安全状态下。

3.重视家庭体育的作用

家庭环境的好坏往往会对儿童的发展产生至关重要的影响。尽管我国义务教育自很早起就开始减负，但儿童的学习时间依旧在全天时间中占据很大比例，儿童在学校体育课堂中参与的体育活动有很大的局限性，从整体来看对儿童运动健身产生的实际成效有很大的局限性。针对这种情况，家长就有必要适当开展适宜儿童参与的家庭体育活动，如此不仅可以增进儿童和家长的感情，还能在一定程度上锻炼儿童，对儿童的全方位发展显然是有益而无害的。

就现阶段来说，要想更好地吸引广大儿童自觉成为各类健身活动的参与者，就一定要把家庭体育与体育课、课外体育活动等形式的体育运动充分融合在一起，想方设法使各种运动形式形成优势互补，最终将各项体育活动形式的价值和作用发挥得淋漓尽致。通过综合分析能够发现，这是提高儿童身体素质和推动儿童健康成长的可行性途径。

(三)适合儿童的健身项目

全方位分析儿童的身心发展特征以及兴趣爱好等能够得出，截至目前适合儿童参与的健身项目分别是自由活动、走、跑、攀爬类的活动，跳绳、垫上运动(滚翻)、体操、足球、篮球、滑板、投掷、垒球、游泳、冰球、摔跤、武术等活动。

二、青少年健身指导

少年期指 12～17 岁这个年龄阶段。由于青少年是一个相对特殊且尤为重要的群体，所以青少年时期也是组织和开展体育运动训练以及健身的重要时期。

(一)青少年身心发展特点

1. 青少年身体发展特点

青少年的身体发育是其人生中的一个高峰阶段，从儿童期进入少年期，少年的身体形态的各种指标增长速度会突然变快。整体来看，少年期的发育过程中是身体长度发育在前，横向发育在后。从手脚与躯干、四肢的发育状况上来说，是手脚和四肢的发育在前，躯干的发育在后。男女少年的身体发育会表现出明显的性别差异。

2.青少年心理发展特点

通常来说,青少年的人际关系存在显著的复杂性特征,他们的抽象思维能力以及独立学习能力同样呈现出比较明显的增强趋势。但不容忽视的是,他们的心理发展依旧有很多需要发展和完善的地方,突出反映在以下几个层面。

(1)独立性和依赖性同时存在,认识水平有待提高,自控能力有待增强被暗示的可能性偏大。

(2)兴趣爱好出现转变以及转移的可能性偏大。

(3)身体形态与机能在短时间内的快速发展会作用于青少年的心理发展,进而会产生很多变化。

(4)因为很多青少年都会产生叛逆心理,所以在青少年参与体育健身的过程中一定要对其进行行之有效的引导。

(二)青少年运动健身指导

一般来说,学校是组织并开展青少年运动健身活动的重要场所,所以这里仅对青少年学生的科学体育健身进行着重阐析,并在此基础上提出指导性建议。

1.增强青少年的健身意识

在年龄持续增长的情况下,青少年的身体发展与心理发展也会出现多重变化,同时青少年的知识经验也会持续增加,所以他们对体育活动持有的观点和看法同样会出现或多或少的变化。就这个阶段来说,青少年参与身体锻炼的主观能动性会有所增加,参与体育活动的目的性也会越来越明显,开始想要达到竞技体育运动中相关动作技术的标准和要求。从整体来说,这个阶段是青少年掌握与提高有关技术动作的关键阶段。青少年形成良好的运动健身意识,往往会对其参与运动健身产生强有力的引导作用,所以说一定要把培养青少年健身意识当成一项重要任务。

青少年运动健身活动需要达到的要求是:一方面,最大限度地满足青少年在运动健身方面的需求，在有限的闲暇时间内循序渐进地培养青少年的锻炼习惯。此外科学选择适宜青少年身体发展特征和心理发展特征的体育活动；另一方面，以青少年的身体发育特征、心理发育特征以及实际喜好为依据，指导青少年选择最感兴趣的体育活动，逐步启发并培养青少年的健身意识，从而为他们未来的体育健身或者体育事业奠定稳固的基础。

2.重视学生对正确运动技能和科学健康保健知识的掌握

对于青少年来说，不仅要着重向他们传授运动健身知识，还要采取多元化手段使他们掌握相关的运动技能。运动健身知识与运动技能可以使学生受益一生。

在传统的体育教学中，只注重学生的基础知识和基本技术的传授，忽视了学生群体的差异性，体育方面具有天赋的学生并没有真正地掌握相应的较高水平的动作技术，不利于其今后的发展。另外，学校对健康保健方面的知识传授较少，再加上学生掌握的动作技术相对较为浅显，从而使得其毕业之后便很难再进行相应的体育锻炼。因此，在教学过程中，应使学生真正在进行相应的体育健身锻炼过程中正确掌握并熟练运用动作技术。另外，还应加强对学生的体育健身知识的教授，使学生能运用所学的知识指导健身活动。

3.注重培养青少年良好的思想品德

少年期是一个特殊的时期，学生会表现得比较叛逆，因此该时期是学生价值观念、人生态度等形成的重要时期，应注重对其道德观念以及意志品质的塑造和培养。体育教学并不仅仅是对学生的运动技能和知识等方面的培养和提高，也是对其心理、道德、意志品质等方面的发展，其目的是促进学生的全面发展。因此，在教学过程中，应运用和创造各种条件来发展学生这方面的素质，使学生养成积极进取精神、团队合作意识、遵纪守法意识等。还需要补充的是，要在适宜的时间鼓励学生参与体育健身活动，使学生逐步形成积极向上、自信、乐观的良好性格。

（三）适合青少年的健身项目

1. 跑跳类运动

跑跳类运动项目主要有短跑、长跑、跳高、跳远等，可发展青少年的奔跑能力，下肢力量及灵巧协调能力，还能较全面地促进青少年身体各器官机能，促进生长发育，但跑跳时要注意强度不要太大。

2. 球类运动

球类运动有益于发展青少年的灵巧协调反应。

3. 体操

体操对发展青少年的身体柔韧性具有重要作用。

4. 游泳与滑冰

游泳、滑冰、滑雪作用类似跑步，且能引起青少年极大的健身兴趣，对青少年的身体健康发育影响较为全面。

三、青壮年健身指导

（一）青壮年身心发展特点

1. 青壮年生理发展特点

青壮年是指在 18～35 岁年龄阶段的人，这属于个体的黄金期。就这个时期来说，分布在身体各个部位的器官组织的生长发育已经大体完成，身体素质相对较高。因为青壮年时期的身体素质是一生中的巅峰时期，所以承受较大运动负荷量的能力比较强，可以相对容易地适应各类运动健身活动。

2. 青壮年心理发展特点

通常青壮年都有很丰富的情感以及人生理想与抱负，特定的价值观念以及个性特点会在这个时期形成，对事物有自身的态度和观点。除此之外，青壮年的意志力与自控力会得到质的提升，但某些情况下不可避免地会出现冲动的问题。

就体育健身而言，青壮年时期的人们参与运动健身活动的主观能动性是各个年龄阶段人群中最弱的，原因在于他们对自身的健康水平比较自信，所以往往不会重视运动健身，这种思想必然会对他们长期维持身体健康产生负面影响。有为数不少的青壮年会过度挥霍健康，身体产生不良症状后才会参与运动健身活动，被动参与运动健身活动的现象在青壮年群体中比较普遍。

(二)青壮年运动健身指导

1. 深刻领会运动健身的重要性和必要性

受各种因素的影响(如错误健身观念、没有时间健身等)，现实生活中，青壮年大多忽视体育健身锻炼，从而使其身体机能出现下降，体质向不健康的方向转变，呈现“亚健康”状态，并且非常容易疲劳，这一趋势在中年期将更加凸显。很多人感到中年便百病缠身，严重影响其工作和生活，其中很大程度上是因为其在青年时期不注重体育锻炼而造成的。就现阶段来说，青壮年认识运动健身活动出现的常见误区是：第一，青壮年的各项身体机能处于最佳水平，所以他们理所当然地认为参与运动健身活动是对体质状况较差的人说的，自己参与运动健身活动的必要性不大；第二，现阶段没有时间和必要参与运动健身活动，年龄大了再参与运动健身活动也为时不晚。

针对青壮年人群对体育健身认识的错误认知，应有必要有目的、有意识地对青壮年进行必要的宣传和教育，增强其对体育锻炼的认识和了解，培养其健身观念和健身意识。让青壮年人群认识到“没有必要参与体育健身锻炼”的观念是错误的，它没有认清进行体育锻炼的重要性和必要性，缺乏真正的体育锻炼知识和体育锻炼观念。青壮年应注重体育健身活动，并养成有规律的体育健身习惯，使体育健身成为日常生活的重要组成部分。以下两种手段能够使得青壮年的体育健身观念出现转变，便于引导和组织青壮年群体科学健身。

(1)可以通过宣传教育，使青壮年人群明白健身锻炼的重要性，在人生的不同时期和阶段都应注重体育锻炼对身心健康的重要作用。尤其是青壮年时期，学习、工作和生活的压力大，生活节奏的进一步加快，健康则是开展相应的工作、学习和创造美好事业的物质基础。青壮年更应该加强体育锻炼，进行长效的健康投资，树立科学的健康理念。

(2)组织与安排青壮年参与体育运动时，不仅要把青壮年的个体差异性考虑在内，还要把青壮年当前掌握运动技能的实际情况考虑在内，也要把青壮年的身体发展特征和心理发展特征考虑在内，从而保证运动健身活动达到针对性要求。

2.重视健身知识与技能的掌握

不管运动健身人群正处于哪个年龄阶段，参与运动健身活动都离不开健身知识的科学指导以及掌握相关的运动技能，组织和开展者一定要高度重视知识传授环节和技能传授环节，从而使青壮年掌握的基础知识和运动技能对其产生正面影响。

3.建立科学健康的生活方式

在社会竞争日益激烈的社会背景下，青壮年需要正视的学业压力、求职压力、升职压力、家庭经济负担都在持续增加，所以很多青壮年长时间保持着不健康的生活方式，即熬夜、睡眠不足、饮食不规律、吸烟、酗酒等，长此以往必然会对青壮年的身心健康产生威胁。由此可见，青壮年一定要建立并保持良好的生活方式，同时通过诸多努力来增强自身的社会适应能力与心理承受能力。

诸多实践与事实表明,科学参与运动健身活动是人们形成健康生活方式的一项有效手段,如此不仅能扩大青壮年的社会交往,还能使其人际关系更加融洽,在科学参与的过程中逐步形成顽强的意志品质以及拼搏精神,使其文化素质和生活品质得到大幅度提升,此外能使其业余生活更加多样化。

4.青壮年运动健身注意事项

(1)保证运动健身达到科学性要求与有效性要求,从而使其运动锻炼的效果有所增强。

(2)青壮年组织和安排运动健身活动时间,一定要把自身的工作状况以及生活状况都考虑在内,保证锻炼计划的科学性和有效性,逐步养成良好的运动习惯。

(3)安排青壮年的运动健身活动时,要保证运动项目、运动内容、运动形式都达到多样性要求,从而对不同兴趣爱好的青壮年产生更大的吸引力。

(4)青壮年要对自己提出坚持参与身体锻炼的要求,如此能够使其身体素质得到大幅度提升,也可以为其终身体育锻炼奠定基础。

(三)适合青壮年的健身项目

青壮年可以结合自身的具体实际,自由地选择运动健身项目。这一阶段,青壮年在选择体育运动健身项目时,会依据自身的身体条件、运动兴趣以及生活习惯等做出相应的判断。一般而言,适合青壮年人群的健身项目主要有散步、慢跑、自行车骑游、爬山、跳操、跳舞、象棋、扑克、麻将、垂钓、拳击、散打、高尔夫球、保龄球、网球、足球、台球、水上运动、登山、赛车、射击、溜索、潜水、冲浪、滑水、赛艇、漂流、飞伞、热气球、卡丁车等。青壮年人群可结合自己的兴趣爱好和经济条件,有选择性地参加健身运动锻炼。

四、中老年人健身指导

(一)中老年人身心发展特点

1.中年人身心发展特点

中年人是指年龄在35～60岁的人群，他们的身心发展特点如下。

(1)中年人的身体发展特点

人到中年之后，身体的各项机能以及各方面的素质逐渐开始下降。中年人各方面的身体机能出现下滑，在工作和生活的压力下，很多人进入到疾病多发的困难时期。物质生活条件的改善也容易造成中年人的营养过剩，再加上中年人的精力开始减退，很多人开始发胖，体力也明显衰退，进行相应的运动之后产生的运动疲劳也不容易恢复。

(2)中年人的心理发展特点

通常中年人会积累丰富的工作经验与生活经验，事业方面同样会取得相应的成就，许多中年人在工作单位中都扮演着重要角色。中年人需要承受的工作压力与生活压力比较大，但运动量却普遍偏少，这使得很多中年人的心理存在不同程度的紧张与抑郁。尽管中年人的心理比较成熟、经验相对丰富，但在工作和生活的双重重压下，往往需要承受很沉重的心理压力，有很大可能会出现抑郁、失眠等心理疾病。在中年人年龄持续增加的过程中，他们的心理疾患与生理疾病的发病率会呈现出持续上升的趋势。

2.老年人身心发展的特点

老年人是指年龄在60岁以上的人群，他们的身心发展特点如下。

(1)老年人的身体发展特点

在我国经济快速增长、物质生活条件持续改善的大背景下，人均寿命同样在持续延长。在年龄持续增长的过程中，老年人身体各个部位的器官和组织呈现出的衰退变化会日渐明显，适应能力与抵抗疾病的能力会大幅度减退，反应迟缓、智力下滑以及运动困难等状况都会相继出现。因此，个体在老年阶段的患病率也会呈现出上升趋势，他们要想维持健康生活就必须正视各种疾病相继发生的问题。

(2)老年人的心理发展特点

一般来说，老年人会从工作岗位上退休，他们的社会角色会出现巨大转变，这些变化会对他们的心理产生很大影响。首先，无所事事的状态极易使他们产生消极心理；其次，子女工作繁忙极易使他们产生孤独感和失落感；最后，身体各项机能的衰退极易使他们产生紧张情绪及恐惧情绪。这三个方面都会对老年人的身心健康产生或多或少的负面影响。

(二)中老年人运动健身指导

针对中老年人开展的运动健身活动一定要以其身心发展特征为出发点，同时在全面兼顾中老年人锻炼目标、锻炼需求、兴趣爱好的基础上选择并运用最适宜的体育锻炼内容与体育锻炼方法。为此，一定要结合老年人的实际喜好和身体素质选择最适宜的运动，同时要保证运动负荷量的适宜性。

1.端正态度

面对身心两个方面出现的各种问题，中老年人应该正视这些问题，中年人应确立正确的健康观念，进行必要的健康储蓄，保证现在和未来的高质量生活。

对于健康观念淡薄的中老年人，应加强宣传和教育，使其关注自身的多方面的健康状况，并使其明确进行运动锻炼的多方面的作用和功能。中年人应改变以往的错误想法和认识，把参加体育锻炼变成自觉的要求和行动，科学健身。

2. 量力而行

年龄因素所引起的身心变化会对中老年人的健康产生很大的影响，在体育健身过程中，要量力而行，切不可争强好胜。运动形式主要是以严格控制负荷量的有氧运动，如果负荷量安排不当，则可能对身体造成一定程度的损害，甚至引发意外事故。此外，健身过程中还应进行自我监控，并定期对身体进行健康检查。

3. 因人制宜

中老年人的运动健身应以群体性体育运动锻炼为主，这样更加适合老年人的身心发展特点。中老年人在群体活动的交往过程中，会交流各自参加体育锻炼的心得体会。但是，需要注意的是，中老年人的体质状况具有很大的差异性，因此应做到因人而异，科学进行锻炼。

通常组织运动健身活动时，一定要在分析和联系中老年人身体机能状况和实际心理需求的基础上，制定切实可行的锻炼内容与锻炼手段。对于参与运动健身活动的老年人来说，参与过程中不要参照其他人的运动量来确定自己的运动量，要保证运动健身和自己的身心接受能力相吻合，同时保证运动健身活动达到针对性要求以及实效性要求。还需要补充的是，运动健身过程中要有机统一动与静这对矛盾。

4. 循序渐进

中老年人的体育锻炼应是一个循序渐进的过程，要保持一定的规律性。如果断断续续地进行体育锻炼则不能够起到应有的健身锻炼效果。

5. 安全第一

在进行体育锻炼时，技术动作的难度以及运动的强度应在其可接受范围之内，不可盲目地增加运动负荷，避免造成过度疲劳或身体伤害，保证健身锻炼的安全。

6. 防病与治病有机结合

中老年人参与运动健身活动不仅能够祛病强身、保持健康、延年益寿，还能够丰富和充实生活，提高生活的质量。大量的实践和事实表明，中老年人进行运动锻炼能够有效提高自身的免疫力，起到预防疾病的目的。为此，指导中老年人参与运动健身活动时必须和提高身体素质、防病、治病充分结合在一起，从而更好地满足中老年人的身心发展需求。

(三)适合中老年人的健身项目

中老年人在选择健身项目时，应当优先选择中小负荷、低运动强度的运动项目。通常适合中老年人参与的体育项目有：健身跑、游泳、门球、气功、太极拳、太极剑、体育舞蹈、慢跑、散步、游泳、垂钓、棋牌等。这些项目对于缓解中老年人的身体机能和心智能力下降都具有明显的作用。

第二节　不同社会阶层群体的全民健身指导

为了深层次探讨不同社会阶层群体的健身指导，这里以相关科研机构的研究成果以及职业分类方法为依据，并在此基础上依据文化资源、经济资源、组织资源的占有状况对社会阶层加以划分，最终划分成以下六个阶层，这六个阶层的人群适宜参与的健身运动项目如下。

一、国家与社会管理者阶层适合参加的健身运动项目

国家与社会管理者阶层主要是指那些在政府、事业单位和社

会团体机关单位中的领导干部，他们具有实际行政管理职权。提高身体素质和释放身心压力是这个群体在闲暇时间参与各类体育活动的主要需求。

在从事健身运动时，国家与社会管理者往往会对环境提出较高的要求，同时在健身运动的交往环节会相对注意自己的身份和地位，会很谨慎地选择健身运动项目和运动伙伴。通过全方位分析能够发现，这个阶层的群体在选择健身运动内容时更倾向于选择集娱乐、健身、休闲于一体的体育运动项目，此外具备愉悦身心功能和益智功能的棋牌类休闲活动也深受他们的欢迎。

二、专业技术人员和办事员阶层适合参加的健身运动项目

就当今社会来说，中等阶层的主干群体主要是专业技术人员和办事员阶层，该群体阶层在所有阶层中占据较大比例，此外在生活方式、生活态度、消费观念、经济状况等方面的个体差异性十分显著，这使得该群体在内容选择和价值取向两个层面呈现出的职业特点不够显著。就整个群体来说，一些人收入水平不高，但想要保持健康、优美体型、发达肌肉的情况下，往往倾向于选择锻炼价值高、手段简便的健身项目，如跑步、健美操等有氧运动和器械运动；一些人消费观念相对保守，所以会选择气功、太极等花钱少、有趣味、运动负荷量小或者比较安静的休闲项目；一些收入水平较高、消费观念紧跟时代发展的人，他们往往倾向于选择冒险运动以及极限运动。

三、私营企业主和个体工商户阶层适合参加的健身运动项目

尽管私营企业主和个体工商户在位序上有所不同，但生活方式、消费水平以及休闲方式三个方面却有许多相似之处，两个阶层都是改革开放以来的获益者阶层。在传统意识的长期影响下，这两个社会阶层的政治地位和经济地位至今处于不相配的状态，

所以他们参与健身活动有很大一部分原因是想显示自己的身份以及想要跃入上一阶层。

由此可见，健身活动成为他们建立良好的人际关系，特别是与自己的业务有关的人际关系，当自己的业务伙伴对某一项健身运动项目十分偏爱时，他们常常会投其所好，在健身活动中融入业务工作，以此来达到既可以进行休闲又能够工作，使得休闲与工作两不耽误。事实上，这也与“请人吃一顿饭，不如请人流一身汗”的社会新时尚不谋而合。由于他们在经济方面拥有较多的资源，这使得他们在选择内容方面不受限制，只不过更加倾向于选择那些环境较好的经营性健身运动场所。由于其职业特征的缘故，他们从事健身运动有着较强的随意性，并没有相对固定的健身运动时间。

四、经理人员阶层适合参加的健身运动项目

经理人员阶层是指在各个大中型企业中处在高层和中层的管理人员，这一阶层是整个社会市场化改革的积极推动者，同时也是市场制度的创新者。随着现代社会竞争越来越激烈，这一阶层的人们有着更为繁重的工作压力。所以，这一阶层参与健身运动活动的价值取向与上一阶层有着很多共同之处。此外，还有蕴含着展现自我人格魅力，不断进行自我完善，突出社会影响，对企业形象进行宣传的深刻内涵。

经理人员阶层的社会地位比较高，学历较高、专业知识储备丰富，这是他们区别于其他阶层的显著特点。就整个社会阶层结构来说，经理人员阶层是主导阶层之一，由于他们是整个社会中的富有阶层之一，因而他们对很多经济资源有支配权。对于职业经理人而言，他们在多数情况下会选择一些极限运动，他们倾向于在赛车、赛马等项目中消费，此外会前往世界各地登山旅游；一般情况下，这个阶层能够享受高品质的服务，能够进入许多高档的健身运动场所，他们是高档健身运动场所或者俱乐部的重要消

费群体。从整体来看，经理人员阶层的年龄往往在40岁以上，网球、高尔夫、保龄球都是他们经常会选择的健身运动内容。但他们参与高对抗、大负荷运动的积极性不高。

五、商业服务业员工和产业工人阶层适合参加的健身运动项目

从时间结构、经济状况、社会地位、价值认同四个方面来分析，商业服务业员工和产业工人阶层之间的差异不是很明显，他们最常见的谋生方式就是简单技能以及自身劳力，他们的工作时间往往比较长，工作结束后身体和心理会比较疲劳，所以他们参与健身运动项目的主要需求是愉悦身心、消遣娱乐、尽快恢复身体机能。

总而言之，这个社会阶层在经济资源以及组织资源两个方面都存在或多或少的匮乏问题，他们的体育消费倾向于实惠和简化，选择高档健身运动娱乐场所的可能性较小，对时间短、成本低、简单易行的健身运动项目很感兴趣，如慢跑、散步、羽毛球等。

六、农业劳动者阶层适合参加的健身运动项目

对于农业劳动者阶层来说，农业收入是他们唯一或者主要的经济收入来源。在社会经济持续发展的过程中，尽管城乡差距以及城乡居民收入水平之间的差距都在持续缩小，但农业劳动者的经济资源占有量依旧有待增加。因为农业劳动者阶层的文化水平不高、家庭负担大、体力消耗大，所以他们更倾向于选择消遣、放松的健身运动项目。

第三节　弱势群体的全民健身指导

通常情况下，人们把弱势群体的概念界定为缺乏政治、经济

和社会机会而在社会中处于不利地位的人群。在我国经济社会持续发展的大背景下，弱势群体健身运动项目的开展情况受到越来越多人的重视，本节就着重对弱势群体的运动健身进行指导。

一、残障人士健身指导

(一)残障人士面临的健身障碍

1. 外部障碍

(1)场地设施较少

在大力推进全民健身计划的大背景下，我国体育场馆以及体育设施都在不断增加，这在某种程度上满足了人们的体育健身需求，但只适合残障人士使用的运动场地与运动设施却很少。因为残障人士难免会在健身过程中遭遇困难，所以使很多残障人士害怕参与健身活动。因为专门针对残障人的运动场地设施还有待完善，所以很多残障人士的家属担心运动过程中的安全问题，这从某种程度上加大了残障人士参与健身运动项目的难度。

(2)运动项目不完善

残障人士的自身特征使他们在参与健身运动项目的过程中会受到许多限制，很多针对健全人的运动项目和运动器材并不适宜残障人士。

(3)相应的指导书籍、咨询机构较少

残障人士参与健身运动项目的目的是提高身体素质、最大限度地康复或者减轻残障。通常残障人士参与健身运动项目时，往往会参照专业人士的运动处方开展相应的活动。但我国残障人士体育指导员的总人数还有待增加，同时培训制度与考核制度都存在很多不足之处，专业水平与专业素养也急需进一步提高。这些方面的情况使得残障人士了解的健身知识与康复知识十分有限。

(4)社会关注度不高

我国全民健身计划正在快速开展，但残障人士健身运动发展速度则有待加快。就现阶段来说，有许多地方的公共设施建设未将残障人士是否便利考虑在内，残障人士在就业、人际交往以及社会保障等方面都存在许多不便。我国对残障人士运动健身的重视程度还不够，必须尽快提高。

2. 内部障碍

(1)生理缺陷

受生理障碍的影响，残障人士在日常生活中有很多不便，他们在参与运动健身的过程中往往需要付诸更多努力。体力不支和肌肉力量差等原因导致残障人士摔倒和伤病的情况屡见不鲜。基于生理方面不便的原因，许多残障人士往往不会参与健身运动项目。

(2)心理障碍

不少残障人士畏惧在公共场合参与体育锻炼，担心被其他人嘲笑，长此以往就会自我封闭以及疏远社会生活。很多残障人士会在成长过程中和他人以及社会产生一些隔阂，会以消极的方式对待生活。

(3)经济障碍

很多残障人士不参与健身运动项目是受经济收入有限的影响。

(4)文化障碍

残障人士在学习过程中会遇到很多不便利，这也是造成不少残障人士学历低、生活技能低的重要原因。收入水平低产生的直接影响是残障人士会将更多的时间和精力用于改善自身的物质生活条件，满足自身的体育健身需求会被置于次要位置。

(二)促进残障人士参与运动健身的策略

为了从根本上推动残障人士的社会体育事业的发展，有关政府部门应当全方位地发挥自身的组织作用与引导作用，同时适度增加资金投入力度与资源投入力度，为残障人士体育事业的可持续发展注入推动力。首先，政府部门一定要建立健全残障人士体育健身的制度建设，想方设法保障残障人士拥有更多的健身权利与健身机会；其次，政府部门应当更加全面地关注残障人士的体育健身事业，加快有关体育设施与体育场馆的建设速度，鼓励和支持社会各界人士关注残障人士的体育健身开展状况；再次，进一步强化残障人士体育健身理论知识的教育工作，积极开展针对相关人员的培训活动，保证相应人群从根本上掌握体育健身的相关规律与技巧，由此使他们参与体育健身的主观能动性得到有效增强；最后，政府要自觉建立和健全残障人士社会服务体系，积极出台相关的优惠政策，大力引导和支持残障人士参与各类健身运动项目，大力发展有关的志愿服务队伍，向残障人士参与健身运动项目提供尽可能多的便利。

（三）残障人士参与运动健身的方法

通常来说，残障人士都有参与运动健身的强烈愿望，他们都渴望成为特定群体活动的参与者，但因为残障人士的健身指导缺乏科学性，所以使最后的锻炼效果不尽如人意。要想大力推动残障人士参与各类健身运动项目，使其身心残障的改善进程与适应进程有所加快，这里着重对盲人、聋人、截肢人的运动健身方法加以阐析。

1. 盲人的运动健身

（1）触觉训练

触觉是盲人接触外界世界的重要方式，通过相应的触觉运动练习，能够有效促进其触觉水平的提高，主要的方法有如下几个方面。

①用手触摸各种体育器材和设备，了解其形状、硬度及用途等。

②用手触摸他人的身体或某个部分，从而了解做相应的动作

时身体的姿势。

(2)听觉训练

听觉也是盲人感知外界的重要方式,听觉训练主要采用声音信号引导盲人进行体育活动。一般认为,在进行练习时,连续的声音要比间歇的声音好,声源应在前方。

①跟着正前方声音向前走或跑。

②跟随铃声或其他声音在水中行走、游泳等。

(3)定向行走练习

对于盲人而言,了解自己的空间位置并合理利用空间,这是非常重要的。可通过以下几种方式进行练习。

①以一根绳子作为引导线,盲人直线走或跑。

②辅助者站在某一位置拍手,盲人寻找辅助者。

2.聋人的运动健身

聋人在进行体育活动时,应尽量避免强烈的旋转运动,防止颅内压增高。一般其健身方法主要有以下几种。

(1)反应性练习

①看不同颜色的卡片做相应的动作。

②聋人学前面正常人的动作,进行模仿运动。

③聋人观看辅助者的手势,做出相反动作。

(2)协调性练习

①进行直臂拍球,用手接球,跳起接球。

②聋人进行单手拍球练习。

③坐姿双脚夹球,抛球自己用手接住。

(3)平衡性练习

①进行单腿站立练习。

②在垫子上进行前滚翻练习。

③蹦床上跳跃练习。

3.截肢人的运动健身

截肢人的运动健身方法有很多,如篮球、排球、游泳等,其可根据自身的兴趣和爱好来进行选择。当其截肢之后，一般会借助于轮椅来进行相应的活动。截肢人群应熟练掌握轮椅驾驶，使之成为其身体不可分割的一部分。通过驾驶轮椅能够使其完成相应的运动，起到一定的健身锻炼作用。驾驶轮椅也可参加相应的体育运动项目，从而达到锻炼的目的。

通常情况下，截肢人所用的轮椅往往是用手驱动与前进，在参与相应的运动前需要熟练掌握轮椅的各项操作，娴熟地应用驱动、变向、转圈、上下坡和急停等技术。此外应在不同地面完成驾驶轮椅的练习，从而保证自己可以自如应对各种路况。就老年人来说，一定要适度增大轮椅后轮，这样轮椅后倒时可以用扶手支在地面上，保证老年人不会摔伤。独立上下轮椅是截肢人进一步适应运动健身的重要条件。

在轮椅上，每坐 10 分钟左右可用手支撑站立一段时间，这样既能防止褥疮，又可促进血液循环，提高肌体平衡能力。在驾驶轮椅过程中，手用力要匀，不要突然发力。手握推手轮不要太紧，较好的方法是推一压一。待熟练掌握相应的技术之后，可参与一些残疾人篮球赛、乒乓球赛等。

（四）残障人士参与运动健身的注意事项

残障人在参与体育锻炼的过程中，一定要根据自身的身体状况和实际情况参与相应的运动，从而使自身的身体和心理都得到健康发展。与此同时，选择具体的健身方式和运动负荷同样应依据自身的实际状况。具体的注意事项如下。

1.强调科学性

获得更理想的恢复效果是绝大多数残障人士参与健身运动项目的目的，所以说一定要保证健身锻炼达到科学性要求。残障人士参与各类健身运动项目之前，一定要先征求运动与医疗方面专家的建议，保证整个锻炼过程都在严格遵循相应的运动负荷量。除此之外，残障人士参与健身活动时要设法使身体获得全面发展,特别是要有目的、有意识地锻炼内脏器官以及衰退的肢体。

2.强调安全第一

残障人士参与健身运动项目时,一定要把安全放在第一位。一旦健身过程中出现不适,应马上停止运动。对于刚刚参与健身运动项目的残障人士来说,一定要有医务人员和家属的陪同。

3.循序渐进

残障人士参与运动健身时,一定要严格遵循相应的训练计划,并且适度增加对运动时间与运动强度的控制力度,当自身逐步适应负荷量后循序渐进地增加训练量,从而慢慢改善身体状况。

4.健身性和娱乐性统一

残障人士不但要通过身体锻炼来提高身体素质,而且要通过身体锻炼来愉悦身心,增加生活的乐趣与信心,促使人际关系更加融洽。在参与各类健身运动项目时,一定要高度重视这些项目的健身性和愉悦身心的作用,尽可能多地选择一些集体性活动,从而使自身的沟通能力得到有效增强。

5.应因人而异

运动频率、运动强度、运动时间都应当根据个人能力来定,通常专家建议残疾人每天运动。但是精神性残障人参与身体锻炼应严格遵循区别对待的原则,要选择并运用最适宜的锻炼内容和锻炼方法,通常不建议采用同样的要求。

二、农民工健身指导

(一)农民工的基本特征

1.农民工“双重移民”的角色

农民工作为流动性很强的群体,其具有“双重移民”的性质。

改革开放以来，随着社会变革的深化进行，城市与农村之间的壁垒被逐渐打破，从而实现了两者之间的流动。

随着农民大量涌入城市，农民工的劳动场所和生产方式等方面都发生了一定的变化，导致其生活方式和社会心态等也发生了相应的变化。在进入城市之后，农民工接触了现代化的思想、文化和生活，学习了大量的信息。很多农民工阶层其生产和生活空间开始向城镇迁移，有效推动了我国城市化的发展。除此之外，农民工学习并掌握的现代思想会对农村社会结构形成多重影响，会对我国农村的可持续发展产生强有力的推动力。

2. 农民工是现代社会中的“双重边际人”

农民工在社会发展变革过程中成了时代过渡的“边际人”；在社会结构层面，其从农民向工人转化，从农民向城镇人口转化，在社会结构中处于边际的位置。这种在社会角色、身份职业等方面的错位，呈现出转型而又尚不到位的过渡特征。另外，其生活方式和价值观念也呈现出从传统社会向现代社会过渡的特征，边际人格特质在其身上具有明显的体现。

农民工是一个远离社会中心地位的阶层，存在区别于其他阶层的利益需求，但长时间游离在城市体制外，享受国家与政府提供的公共服务以及社会保障有很大难度。

（二）农民工的形成因素

1. 农业劳动力的相对过剩

我国人口基数庞大，人均耕地面积偏少，这两个方面的国情使我国出现了农村劳动力剩余的问题。在经济持续发展和物价水平持续上涨的情况下，土地已经无法供养较多劳动力。在这种情况下，日益增加的剩余劳动力为了更好地生存与发展，不得不朝着城市转移。

2.改革开放的新机遇

在改革开放持续推进以及我国经济持续发展的背景下，城市的发展速度不断加快，城市的劳动力空缺问题越来越显著，而农民工大量涌入从某种程度上解决了城市的建设问题，同时城市建设也为农民工的生存和发展提供了崭新的机遇。

3.户籍制度的限制

城市集结了不同类型的优势资源，人们要想生活得更好，就必须自觉朝城市转移。但我国当前实行的户籍制度比较严格，为农民工从农村人转变成城市人的过程增加了很多困难，所以许多农民工只能充当拥有双重身份与处于过渡状态的特殊群体。

4.双重社会心理的交织作用

自改革开放以来，在市场经济的长期影响下，广大群众在经济利益方面的追求朝着多元化方向发展，由于农田的效益比较低，所以使得许多人尝试借助职业上的改变来增加收入。但中华儿女自古以来就有乡土情结，因而很多农民阶层已然“背井离乡”，依旧心系故土。

(三)农民工的科学健身指导

1.农民工健身概述

农民工健身主要是农民工在城市务工期间进行的多种目的的体育锻炼活动。调查发现，现阶段我国农民工的体育活动较为贫乏，其原因是多方面的。很多人对体育运动健身有错误的认识，认为从事体力劳动的人不必要进行体育健身，正是这一错误思想的影响，使得很多农民工很少参加体育锻炼。除此之外，经济原因和社会支持力度不足同样是影响农民工参与体育锻炼的重要因素，当前很多人只重视维护农民工的经济权益，却极少关注农民工的健身权益。由此不难发现，加快实现农民工的健身权利是我国经济社会发展过程中的关键性问题。

2.农民工健身的意义

(1)促进农民工健身活动的开展是构建社会主义和谐社会的需要

《体育运动国际宪章》明确指出，“参加体育运动是所有人的一项基本权利”，各国政府要做的是：尽可能地保证人们参与体育运动的需求得到满足，权利得到保障。随着全民“健身计划”的开展，加强社会弱势群体纳入到社会体育工作之中具有重要的意义。为了促进社会的全面发展，实现社会的和谐建设，必须开展农民工的健身活动。

(2)参与体育健身活动有助于维持社会稳定

在社会持续发展的过程中，难免会产生不同类型的社会变革，在社会经济持续发展的过程中，社会转型过程中不同类型的矛盾会越来越突出，如社会结构、社会秩序等多个方面的矛盾。倘若未能妥善处理各方面的矛盾，就有很大可能产生与之相对的社会问题。就当前来说，我国恰恰处在这个危险期。如果无法保障农民工的体育权利，就会在某种程度上增加社会的动荡。农民工参与各类健身运动项目的意义是调节心理、释放负面情绪、推动社会稳定。

(3)参与体育健身能够提高自身就业竞争力

工作时间长、劳动强度大、文化生活单一是当代农民工工作的显著特征，这也使农民工在很长时间内都处在疲惫状态。如果农民工在很长时间内都处在疲惫状态，其身体素质必然会呈现出下滑趋势。组织与引导农民工参与体育健身活动可以有效改善农民工的疲劳状况，同时使其沟通能力在健身过程中得到有效锻炼。除此之外，农民工参与健身运动项目可以或多或少地改善其身体发展和心理发展两个方面的问题，促使农民工更好地适应城市生活。

3.农民工健身的特点

(1)农民工参与体育健身活动动机的多样性

相关学者调查和研究农民工参与健身运动项目的动机发现，绝大部分农民工对参与体育健身都有强烈意愿，其中最常见的动机就是强身健体、排解压力、健美减肥、消遣娱乐、祛病康复、社交需求。除此之外，男性和女性参与健身运动项目的动机有显著的差异，通常男性的主要目的和次要目的分别是强身健体、排解压力与社交需要，而女性的主要目的和次要目的则分别是释放压力、健美减肥与消遣娱乐。

(2)农民工参与体育健身活动形式与内容的局限性

对于农民工来说，社会意识和生活方式等多个方面都有区别于其他群体的特色，他们融入城市的困难重重。由于农民文化程度和月收入都偏低，同时在生产劳动过程中需要耗费大量体力，所以他们更倾向于选择舒缓、轻松和消遣式的活动，这使得可供他们选择体育健身项目有很大的局限性。相关学者的研究表明，农民工经常参与的健身活动项目分别是跑步散步、球类活动、棋牌活动、做操和跳绳，女性农民工是做操运动与跳绳运动的主要参与群体。农民工参与各类健身运动项目的主要场所是宿舍或周边、单位场地，次要场所是公园和社区的体育场地。调查结果显示，农民工倾向于和朋友共同参与运动健身，其次是个人锻炼和单位组织的相应锻炼。

很多人虽然具有进行体育锻炼的意愿，但是受客观条件的限制而不能进行运动，而只能被动地回到电视机前观看各类体育比赛和活动，这类人群倾向于选择打牌、下棋、钓鱼、游泳、太极等这些对场地器材要求不高并且运动量相对较小的健身项目。

由此能够得出，农民工参与体育健身活动的内容较为单调，技术要求不高，对场地器材条件要求不严格，消费额较低甚至无消费，且带有较为明显的地缘或血缘性。

4. 农民工健身的指导

(1)设计适宜的健身项目

农民工文化程度较低、工作强度相对较大,收入水平也相对较低,这就造成了其自身体育素质较低的特点。因此,其在进行体育锻炼时,应选择一些花费少,技术要求相对简单,并且对场地要求不高的体育运动项目。政府和企业应鼓励他们积极参与体育健身活动,缓解其工作和生活的压力,增进身心的健康。

(2)适度增加引导力度与扶持力度

政府和企业应帮助农民工组建自己的体育兴趣小组、健身协会,并提供相应的运动健身技术和知识方面的指导,还应为其提供相应的健身场所。可通过举办相应的运动比赛和运动会来促进其参与积极性的提高。通过上述的这些方式能够在一定程度上丰富他们的文化生活,促进他们生活质量的提升。

5. 农民工健身的管理

(1)宣传引导

要想进一步加大农民工健身的开展力度,就有必要适度增加宣传力度,鼓励和引导社会各界人士关注和关心农民工,从而为农民工营造良好的健身氛围。一般来说,广播、电视、街头广告等形式都可以用来实现增加宣传力度的目标,同时要号召社会各界人士关注农民工,促使农民工逐步确立积极向上的体育健身认知,灵活掌握并运用体育健身的运动技能与方式方法。

(2)设施建设

相关政府部门应当大力发展公共体育设施,科学制定有益于农民工生存和发展的公共政策,为农民工健身需求的满足提供强有力的保障。除此之外,要把农民工列为服务管理对象,向农民工开放相应的体育健身场馆,致力于向农民工提供更好的服务。

(3)组织管理

对于企业与社区来说,一定要想方设法把自身在管理方面的作用发挥得淋漓尽致，从而使农民工体育组织顺利建立起来，增加农民工的归属感。要想充分激发企业在管理方面的主观能动性，政府应主动出台相应的政策和规定，从而为农民工拥有合法权益提供保障，此外要制定并贯彻适宜当前状况的鼓励政策。对于企业与社区而言，一定要大力引导农民工自觉充当各类健身运动项目的参与者，激发并培养农民工参与健身活动的兴趣，建立和强化农民工参与体育锻炼的意识。

6.让农民工健身融入城市社区

农民工对城市的快速发展贡献了很大的力量，但城市对农民工的关注力度还有待大幅度增强。很多社会调查的结果显示，绝大多数农民工都是因为多方面原因而无法成为城市社区体育活动的参与者。与此同时，农民工在社会发展的过程中逐步陷入了人脱离农村和难以融入城市的尴尬境地，逐步成为城市与农村两不管的人群，所以说政府与国家应当高度重视这种现象。

进行体力劳动的人无须参与体育锻炼是很多人都认同的观点，但这种观点是错误的。体力劳动会对局部身体产生极大消耗，倘若运动量过大，则会大大增加个体患有职业病的可能性，长时间进行体力劳动会出现人体劳损。科学参与健身运动项目可以愉悦身心，使身体各个部位的器官和组织得到有效锻炼，使个体的身体素质得到大幅度提升。因为农民工在一年的绝大多数时间内都在城市劳动，所以他们的体育活动有必要融入城市社区体育中。在实践过程中，要想使农民工和社区居民维持良好的关系，应当达到以下几项要求。

（1）加强认识

深刻认识到农民工对于城市建设所作出的贡献，为了促进其参与体育运动的权利得到实现，应将其纳入城市的社区体育管理，并享受与社区居民同等的公平待遇。社区应充分考虑农民工的体育锻炼需要，必要时可与用工单位主动联系，让农民工参与社区的体育锻炼。

(2)达到有场地、有指导的双重要求

农民工从乡下来到城市,对城市中的体育锻炼是既新奇又陌生。因此,应该有计划地在运动场地、技术指导等方面予以帮助,使农民工在工余时间可以充分享受体育锻炼方面的“市民待遇”,使他们在城市中生活得更加充实。应秉承平等的理念,在开展活动时,社区成员与农民工地位是平等的,都能够使用相应的器材和设备,享有进行体育锻炼的权利。另外,社区体育指导员与社区居民和农民工之间的关系也是平等的关系,指导员应平等对待每一位体育锻炼者。

(3)相互交流,达到双赢

农民工融入社区,社区体育的人员构成会具有一定的复杂性,其人生观、价值观等方面会有很大的不同,其生活方式、生活习惯等也具有较大的差距。如果人们之间不能够进行有效的沟通和交流,则会造成人际关系的冷漠,甚至出现不必要的纠纷和矛盾。通过社区体育联系到一起的各种组织,在参与体育活动过程中相互了解并相互合作,能够有效促进城市居民和农民工的和谐发展。

三、下岗职工健身指导

(一)下岗职工的基本特征

1.经济压力大,闲暇时间少

尽管下岗职工并未与之前的阶层脱离,但他们所处的状态是半失业状态。和失业不同的是,下岗职工没有领取失业保险金的资格,仅可领取相当于工资收入60%～80%的生活费,有很多人的生活费难以达到失业救济金的标准。在没有生活补助的情况下,他们必须借助其他方式满足自身生存的需求。基于这些原因,他们的生活往往十分贫困,闲暇时间屈指可数。

2. 失衡心理增强，初显“社会震荡力”

在经济尤为困难的情况下，下岗职工在思想上也难免会有很大的压力，收入方面的反差往往会使他们心理失衡程度有所加重。许多下岗职工对接下来的生活没有保障感，对再就业存在很多困惑。社会不公和来自其他社会成员的歧视同样会使他们的不平衡感进一步增强，抵触情绪在极端情况下随之产生，家庭不和谐与社会不稳定也会随之产生。

(二)下岗职工的形成因素

1. 国有企业作为就业主渠道的功能弱化

在社会主义市场经济被确立的背景下，尽管国有企业依旧在国民经济中发挥着主导性作用，但其就业功能已经呈现出了持续弱化的趋势。在市场化持续运作的过程中，现代管理以及雇佣制度正在逐步被引入到国有企业中。此外分配制度和福利制度等都发生了翻天覆地的变革。这些方面的变化是促使人员分配不断调整的一项必然原因。除此之外，我国劳动力过剩同样是出现下岗职工的一项重要原因。

2. 产业结构的调整

要想促使国民经济可持续发展，就有必要合理调整和优化我国的产业结构。当前，劳动密集型产业呈现出了高效率和技术型的转变趋势，同时这个结构的转变正在我国东南沿海地区大规模进行。基于这种状况，失业和下岗职工问题会成为新一轮区域、行业性的社会问题的可能性很大。

(三)下岗职工的科学健身指导

1. 下岗职工健身概述

下岗职工为了达到健身、健美、娱乐等多重目的而参与内容丰富、形式多样的体育活动，就是所谓的下岗职工健身。要想倡导社会各界都关注和关心下岗职工，需要完成的重要任务就是支持和引导下岗职工自觉参与体育健身活动，从而使其内心的压力得以释放，以积极向上的心态应对各种困难。综合分析能够发现，体育健身是健康投资最经济、最有效的投资。社会各界都应当想方设法使下岗职工形成在健身运动项目上投资的观念。

2. 下岗职工健身的意义

(1)体育锻炼是一种健康投资

体育健身有利于下岗职工的再就业，下岗职工参与体育健身可以看作是一种健康投资，健康是人力资本的要素，这种投资形成的资本，体现在下岗职工参与再就业竞争上，主要有两方面的积极意义。一方面，拥有健康的体魄将有利于下岗职工更多地向教育和职业培训等领域进行投资；另一方面，拥有健康的体魄将使下岗职工获得的教育和职业培训更有意义和实际价值。

(2)体育锻炼有助于调整情绪

体育健身有利于下岗职工调整失衡情绪，积极面对社会和人生，体育健身活动的独特功能能使参与健身活动的下岗职工，面对严峻的社会竞争和现实，缓解、宣泄和转移激烈的心理冲突和压力，提高心理健康水平，树立积极乐观的心态去面对自我、面对现实，重新去寻觅和创造生活的乐趣。

3. 下岗职工健身的特点

(1)由于下岗职工的心理处于失衡状态，所以导致他们的健身意识十分淡薄，健身动机偏弱。相关调查表明，下岗职工每周参与健身的次数比体育人口标准低很多，很多下岗职工每周都不会参与健身运动项目。

(2)由于下岗职工的经济收入少、闲暇时间少，进而他们的健身内容存在单一化问题，选择健身场地时倾向于就近选择，此外健身消费水平偏低甚至没有消费。

4.下岗职工健身的指导

(1)有效利用早上和晚上的闲暇时间,对下岗职工进行体育健身指导。

(2)就近开放、免费或低费提供健身场所或健身路径,吸引下岗职工进行健身。

(3)全面发挥社区社会体育指导员的主观能动性,促使他们积极向下岗职工提供技术指导和体质监测。

5.下岗职工健身的管理

(1)动员社会各界支持与关心下岗职工,进一步加大宣传与引导下岗职工参与运动健身的力度,把下岗职工健身和建立健全社会保障机制工程充分联系在一起后再实施科学统筹。

(2)通过全面发挥社区的力量,有效建立下岗职工的健身俱乐部或兴趣锻炼小组,定期、定时组织下岗职工进行体育健身活动,促使下岗职工切身体会到来自社会的关怀,由此使他们重获生活的归属感。

(3)设法将体育的各项功能发挥到极致,认真开展体育健身进万家活动,从根本上提升下岗职工的身体素质与心理素质,使下岗职工再就业的竞争力得以增强。

6.下岗职工的健身项目选择

下岗职工是我国的贫困阶层,也是我国社会结构转型过程中以及体制转轨过程中产生的弱势群体之一。从根本上来说,时间和收入是影响人们参与健身运动项目的决定性因素。对富有群体来说运动健身的主要障碍是时间问题,而对贫困群体来说则主要是收入问题,虽然他们在经济上不富裕,但在时间上却最富余,但他们的健身时间中有很大一部分属于空耗时间,因此他们主要是想通过趣味性、娱乐性强的健身运动来消磨时间,度过并非自愿接受的空闲时间,并且大多喜欢采用自娱自乐形式,或加入自发形成起来的体育群体中去，如到不收费的公园、河边、广场、街边等公共场所进行健身，娱乐、消遣、散步、做操、跳舞、打太极拳、练气功、做器械练习等类型的活动成了他们进行运动健身的首选。

参考文献

[1]李相如,苏明理.全民健身导论[M].北京:高等教育出版社,2008.

[2]王松,张凤彪,巩洪国."全民健身"在"健康中国"中的地位与作用研究[J].中国学校体育(高等教育),2017(4).

[3]刘国永.对"十三五"时期全民健身事业发展的思考[J].北京体育大学学报,2016(10).

[4]董孔楣,陈立民,李永刚.全民健身运动理论和科学实践研究[M].北京:中国书籍出版社,2014.

[5]刘巍,张建,杨忠强.全民健身新论[M].哈尔滨:东北林业大学出版社,2013.

[6]封飞虎、凌波.运动生理学[M].武汉:华中科技大学出版社,2014.

[7]胡桂英.运动心理学[M].杭州:浙江大学出版社,2008.

[8]王莉,孟亚峥,黄亚玲,等.全民健身公共服务体系构成与标准化研究[J].北京体育大学学报,2015(3).

[9]杨毛元.大众健身理论与实践研究[M].长春:吉林大学出版社,2015.

[10]于军,周君华,黄义军.全民健身服务实践体系建设研究[M].北京:中国书籍出版社,2012.

[11]南来寒.全民健身路径[M].长春:吉林文史出版社,2014.

[12]王合霞.轮滑技巧[M].北京:中国社会出版社,2010.

[13]王昆仑.高尔夫球运动教程——体育院校通用教材[M].北京:人民体育出版社,2012.

[14]赵晓玲，马煜澄，蒋嘉陵. 健美操教程[M]. 重庆：重庆大学出版社，2017.

[15]黄宽容. 健美操[M]. 2版. 北京：高等教育出版社，2016.

[16]厉丽玉. 户外运动与拓展训练[M]. 杭州：浙江大学出版社，2012.

[17]杨建华. 游泳与救生[M]. 成都：西南交通大学出版社，2013.

[18]尹珏林等. 瑜伽大全[M]. 北京：华文出版社，2010.

[19]姜航. 实用瑜伽体式汇编[M]. 北京：中国国际广播出版社，2017.

[20]瑞尔·艾萨考维兹，普拉提训练全书[M]. 张展鹏，译. 北京：人民邮电出版社，2017.

[21]张选惠. 民族传统体育概论[M]. 北京：人民体育出版社，2004.

[22]卢红梅. 中华传统体育养生概论[M]. 长春：吉林大学出版社，2009.

[23]王智慧. 散打技术与实战训练[M]. 北京：人民体育出版社，2012.

[24]国家体育总局健身气功管理中心. 健身气功：易筋经、五禽戏、六字诀、八段锦[M]. 北京：人民体育出版社，2005.

[25]周庆海. 传统养生功法[M]. 北京：化学工业出版社，2011.

[26]北京市民族传统体育协会. 民族传统体育100例[M]. 北京：北京体育大学出版社，2006.

[27]曲小锋，罗平，白永恒. 民族传统体育研究[M]. 北京：中国商务出版社，2007.

[28]尹海立. 传统体育养生方法导论[M]. 北京：高等教育出版社，2008.